Die *großen* Spekulanten

Märchenhafte Gewinne und gigantische Verluste

Bibliografische Information der Deutschen Bibliothek
Die Deutsche Bibliothek verzeichnet diese Publikation in der Deutschen Nationalbibliografie; detaillierte bibliografische Daten sind im Internet über http://dnb.ddb.de abrufbar.

Art Director: Eberhard Wolf
Satz: Julia Wolf
Projektmanagement: Sabine Sternagel
Druck und Bindearbeiten: CPI – Ebner & Spiegel, Ulm
Printed in Germany
ISBN: 978-3-86615-683-8

Die *großen* Spekulanten

Märchenhafte Gewinne und gigantische Verluste

Herausgegeben von
Alexander Hagelüken & Harald Freiberger

Süddeutsche Zeitung **Edition**

Inhalt

IV. Spekulieren im Lauf der Jahrhunderte

V. Märchenhafte Gewinne, gigantische Verluste

VI. Die neuen Turbokapitalisten

Vorwort

Da gibt es den Immobilientycoon Sam Zell, der mit seinen Mitarbeitern auf Motorrad-Touren geht, auf denen sie edel essen, Joints rauchen und Armeelieder grölen.

Es gibt den Fondsmanager Alberto Vilar, der sich als Opernmäzen unsterblich machen will und am Ende seine Kunden betrogen haben soll, nur um weiter für die schönen Künste spenden zu können.

Oder es gibt den Meister-Investor Bernard Baruch, der die amerikanische Kriegswirtschaft gegen Hitler organisiert und so der Welt einen bleibenden Dienst erweist.

Alles Beispiele, die nicht so richtig zu dem Bild passen, das sich die meisten Menschen von Spekulanten machen. Spekulation, das ist für Viele rein negativ besetzt: Der skrupelfreie Kapitalist mit der dicken Zigarre, der nur verdienen will, und sei es am Leid anderer. Der das Auf und Ab an der Börse ausnutzt, um Privatanlegern die Taschen zu leeren. Natürlich gibt es solche Beispiele in diesem Buch, es tauchen moderne Turbokapitalisten auf, wilde Hasardeure und ganz einfache Betrüger.

Neben diesen Fällen liefern die 24 Autoren der Süddeutschen Zeitung auf den folgenden Seiten in 46 Porträts aber noch ganz andere Geschichten. Geschichten, die weniger eindeutig sind, über Menschen, die in Nuancen zwischen Gut und Böse schillern.

Da ist der Außenseiter Michael Milken, der einen neuen Typ von Wertpapieren erfindet, um die Wall Street zu demokratisieren.

Da ist die Fondsmanagerin Nicola Horlick, die Kleinanlegern Investments ermöglichen will.

Oder der Investor George Soros, der auf einmal zum Kritiker des Kapitalismus mutiert, an dem er so glänzend verdiente.

Ökonomen finden ohnehin, dass Spekulanten für die Allgemeinheit auch nützlich sind. Weil sie auf eine bestimmte Preisentwicklung in der Zukunft wetten, geben sie allen Marktteilnehmern gewisse Informationen. Wenn viele Spekulanten auf einen steigenden Weizen- und Ölpreis setzen, könnte das heißen, dass Weizen und Öl knapp werden – und mehr angebaut und gefördert werden muss, damit die Menschen nicht hungern und frieren. Moderne Volkswirtschaften brauchen Märkte, auf denen die Zukunft gehandelt wird.

Soweit die Theorie. Natürlich ist die Wirklichkeit viel bunter. Was ist von Fondsmanagern wie John Paulson zu halten, die früh auf eine Finanzkrise wetteten und damit steinreich wurden? Waren sie nützliche Warner vor der Krise oder gemeine Aasgeier? Oder beides?

Ganz schnell ohne körperliche Arbeit sagenhaft reich werden zu wollen, dieser Antrieb eint viele Spekulanten – und empört viele andere Menschen. Dieser Antrieb hat märchenhafte Gewinne und gigantische Verluste produziert, häufig durch ein und dieselbe Person. Er hat zu Palästen, Wohltaten, Gefängnisstrafen und Selbstmorden geführt. Und er hat die Welt über die Jahrhunderte häufig durcheinander geschüttelt: Von John Laws falschen Versprechungen Anfang des 18. Jahrhunderts über James Fisks Halunkereien Ende des 19. bis zur Gewinngier der modernen Investoren Anfang des 21. Jahrhunderts, die viele Bürger am Kapitalismus zweifeln lässt.

Die vorliegenden Porträts umspannen fünf Kontinente und zwei Jahrtausende und zeichnen dabei ein Bild der menschlichen Existenz in allen Facetten. Der Leser wird mit vielen Figuren nicht seinen Frieden machen. Aber staunen über all diese Lebensläufe könnte er schon.

Alexander Hagelüken und Harald Freiberger

I. Kapitel

Wohltäter, echte und *vermeintliche*

Alberto Vilar: Der Mäzen, der sich liebte • Ivan Boesky: Ivan, der ziemlich Schreckliche • Christopher Hohn: Der Spender, der Bosse erzittern lässt • Nicola Horlick: Reich werden für alle • Michael Milken: Der Puppenspieler • Bernard Baruch: Zwischen Hausse, Hotels und Hitler

Der Mäzen, der sich liebte

Alberto Vilar spendete Hunderte Millionen an die Opernhäuser dieser Welt. So lange, bis es an den Börsen abwärts ging. Jetzt steht er vor Gericht.

Mitte der neunziger Jahre hat Alberto Vilar Reichtum angehäuft, doch seinen Namen kennt die Welt nicht. Der Fondsmanager mit dem Jungsgesicht und den abstehenden Ohren beginnt Orchestern, Universitäten und Opernhäusern überall auf dem Erdball Spenden zu versprechen, auf dass sie seinen Namen verbreiten. Insgesamt sagt er 300 Millionen Dollar zu. So viel Geld hat der Musik niemand versprochen, seit dem Bayernkönig Ludwig II. vor 125 Jahren die Leidenschaft für Richard Wagner übers royale Haupt wuchs.

Ludwig II. ertrank im Starnberger See, im Clinch mit einem Arzt, unzurechnungsfähig. Alberto Vilar, 67 Jahre, wird in Kürze der Prozess gemacht. 2005 fingen ihn zwei Zivilpolizisten am New Yorker Flughafen Newark ab. „Wir verhaften Sie wegen Postbetrugs“, sagten sie. „Was ist das?“, fragte er. Sie steckten ihn in eine Zelle ohne Fenster, Waschbecken oder Klo, in der 24 Stunden Licht brannte. In Freiheit hatte er der Opernwelt ein Spektakel geboten, wie sie es seit Ludwig II. nicht mehr erlebt hatte.

Wer immer es hören musste, dem erzählte Vilar die Geschichte eines wilden Lebens. Der Vater Zuckerbaron in Kuba, die ganze Familie durch Castros Revolution aus dem Land getrieben: „Wir verloren alles“. Wer wollte das nachprüfen, Opernintendanten interessierten sich ohnehin mehr für die harte Währung, die dieser kubanische Aufsteiger anbot. Nach Jobs an der Wall Street hatte er sich, 39 Jahre alt, mit einer Vermögensverwaltung selbständig gemacht. Er hatte Mathematik und Physik studiert und erkannte früh die technologischen Trends Computer und Internet. Er setzte alles auf Aktien wie Microsoft, E-Bay oder Amazon und surfte auf der Bugwelle ihres Booms. „Die Risiken seiner Strategie sind enorm", sagte der Silicon-Valley-Investor Roger McNamee. „Seine guten Perioden sind sensationell, seine schlechten furchterregend". Zunächst geht alles gut. Laut dem Magazin Fortune wirft seine Vermögensverwaltung Amerindo von 1989 bis 1999 jährlich 28 Prozent Rendite ab. Der Technologie-Boom Ende der neunziger Jahre macht ihn endgültig zum König, er verwaltet bis zu acht Milliarden Dollar.

Seinen Namen wissen aber nur ein paar Finanzinteressierte. Jetzt wird es Zeit, dass die Welt ihn kennenlernt, ein sorgfältig modelliertes Wesen, den Opernliebhaber Alberto Vilar. Der in seinem Apartment bei der New Yorker UN-Zentrale einen Konzertsaal errichten will. Der Arbeiter zwei Jahre lang damit beschäftigt, eine Innenwand dem Salzburger Mozarteum nachzuempfinden. Der Kronleuchter aufhängen lässt, die aussehen müssen wie in New Yorks erstem Opernhaus Met.

„Kubanische Männer spielen nicht Geige", blaffte sein Vater. Alberto sollte Fußball spielen und Mädchen jagen.

Als Junge wollte er Geige lernen, erzählte er einem Reporter des New Yorker. „Kubanische Männer spielen nicht Geige", blaffte sein Vater, der Zuckerbaron. Alberto sollte Fußball spielen und Mädchen jagen. Er hasste Fußball und mied die Mädchen. Er sperrte sich in sein Zimmer ein und hörte Geigensonaten.

Der erwachsene Alberto kämpft immer noch gegen den Vater. Er spricht bei den ersten Opernhäusern der Welt vor und verspricht Geld. Fünf, zehn, zwanzig Millionen. Sobald er die ersten Beträge überwiesen hat, stellt er Forderungen. Sie sollen seinen Namen nennen und sein Gesicht zeigen, ganz groß. Die

Salzburger Festspiele drucken im Programm ganzseitige Fotos von ihm, in Farbe. Das Londoner Royal Opera House meißelt seinen Namen in die Fassade und nennt die Foyerhalle Vilar Halle. Die New Yorker Met graviert seinen Namen 30 Zentimeter hoch vor die besten Plätze und nennt ihr Restaurant Vilar Restaurant.

Der Mäzen beharrt darauf, er fordere diese Anerkennung für sich nur, um weitere Gönner anzuziehen. Damit möglichst viele Menschen die Oper lieben lernen, so wie er. Sein Gegner, der Immobilientycoon Donald Trump, sieht ihn anders: „Vilar spendet Geld, als sei es Wasser. Er hat einen ernsten Schaden". Der Manager von Placido Domingo, den der Mäzen fördert, erklärt später: „Mein Gefühl ist, der Mann war unsicher und wollte den Respekt und die Liebe von so vielen Menschen wie möglich".

An der New Yorker Met stellt der Opernfreund immer neue Forderungen. Er möchte sein Gesicht im Programmheft sehen. Er möchte seinen Namen in den Aufzügen sehen. Er möchte seinen Namen auf den Displays sehen, über die die Untertitel huschen. Joe Volpe, der sich vom Bühnenarbeiter zum Manager hochgearbeitet hat, findet das alles unglaublich. Er misstraut diesem Neureichen, der mit seiner Bekanntschaft zu Prinz Charles angibt. Er verachtet ihn. Aber sein Geld nimmt er gerne. So halten es viele in der Welt der Künste. Opernhäuser wie die Met machen sich abhängig von Gönnern, statt ihre Ausgaben an den Ticketeinnahmen zu orientieren.

Im März 2000 steigt der Technologie-Index Nasdaq auf ein neues Hoch über 5300 Punkte, dann platzt die Blase. In den kommenden Jahren verliert der Nasdaq 90 Prozent seines Werts. Vilars Gesellschaft Amerindo erlebt das schlimmste Jahr ihrer Geschichte. Der Opernfreund reist weiter um die Welt, auch nach Deutschland, um Geld zuzusagen. Er verspricht 100 Millionen Dollar, so viel wie noch nie. Ein Mitarbeiter sagt: „Alberto um eine Spende zu fragen, ist genauso, wie einem Alkoholiker einen Drink anzubieten".

Einmal fährt Vilar mit der Limousine zu einem edlen Geschäft, um für 60 Dollar Handschuhe zu kaufen. Seine Kreditkartenfirma verweigert die Zahlung. Er muss die Handschuhe zurücklassen.

Kunden, die ihr Kapital aus dem Fonds ziehen wollen, beschwichtigt er oder ruft nie zurück. So ergeht es auch der reichen Klientin Lily Cates, die seit vielen Jahren ihre Millionen zu Amerindo trägt. Opernintendanten, die auf die volle Überweisung der versprochenen Summen warten, behandelt Vilar genauso. Gleichzeitig überrascht er an der Met mit neuen Wünschen: Er möchte nach der Premiere zusammen mit den Sängern auf die Bühne, um den Applaus zu empfangen.

Doch an der Met und anderen Opernhäusern beginnen die Joe Volpes längst, sich an dem großsprecherischen Mäzen zu rächen. Als sein Geld ausbleibt, entfernt die Met seinen Namenszug aus der ersten Reihe, alle 30 Zentimeter. Sein Name verschwindet von den Speisekarten des Restaurants. Am Londoner Royal Opera House kratzen sie seinen Namen aus der Fassade.

Der Opernfreund ist untröstlich, vor allem, nachdem sie ihm auch noch seine Logenplätze wegnehmen. Er verhandelt. Er bittet. Er verspricht. Nach einiger Zeit kann Vilar darauf verweisen, dass die Aktien wieder besser stehen. In einem Jahr steigt sein Technologiefonds wieder um 85 Prozent, im folgenden gewinnt er ebenfalls dazu. Der Opernfreund hat große Pläne. Mancher allerdings, der mit ihm zu tun hat, erfährt verstörende Dinge. Er ist gar nicht in Kuba geboren, sondern in New Yorks Nachbarstadt New Jersey, auf der langweiligeren Seite des Hudson Rivers. In seinem Pass steht auch nicht der Name Alberto, sondern Albert. „Er war nie der, der er zu sein vorgab", erzählt eine ehemalige Fondsmanagerin dem Wall Street Journal. „Und Amerindo schuf auch niemals den Reichtum, den er vorgab".

Im Juni 2005 klicken am Flughafen Newark die Handschellen, Vilar muss ins Gefängnis. Seiner langjährigen Kundin Lily Cates ist der Kragen geplatzt, weil sie ihr Geld nicht bekommen hat. Die Ermittler stellen fest, dass Vilar Cates' Kapital für private Zwecke abgezweigt hat, und: „Dieser Fall könnte nur die Spitze des Eisbergs sein".

Vor den Augen der Weltöffentlichkeit, die seinen Namen vor ein paar Jahren noch nicht kannte, beginnt die Entzauberung des Alberto oder Albert Vilar. Seine Schwestern weigern sich, Sicherheiten für seine Kaution zu leisten. Von all den Opernmäzenen, die er für seine besten Freunde auf Erden hielt, hört er: kein Wort. „Ich wäre so glücklich über eine kleine Nachricht", sagt Vilar. „Er ist ein armseliger Typ und ein richtiger Drecksack", sagt sein Gegner Donald Trump. „Aber er hat Millionen gespendet und sie behandeln ihn wie Scheiße. Das finde ich furchtbar."

In den nächsten Wochen wird sein Fall vor einem New Yorker Gericht verhandelt. Es geht um Wertpapierbetrug und anderes. Das Geld der Lily Cates aber, so stellten die Ermittler fest, hat der Opernfreund nicht etwa in Champagner oder Limousinen gesteckt. Er nahm es, um zu spenden und das Bild vom Mäzen Alberto Vilar in aller Welt zu verbreiten.

Alexander Hagelüken

Ivan, der ziemlich Schreckliche

Durch Spenden brachte es ein reicher Investor zum Volkshelden. Als seine Insidergeschäfte aufflogen, verpfiff er alle.

Die Perspektiven sind nicht unbedingt reizvoll: Wer unberaten genug ist, in dieses Geschäft einzusteigen, dem drohen öffentliche Bloßstellung, Gefängnis und Berufsverbot. Wen das aber nicht schreckt, kann es zum „Master of the Universe bringen", wie ihn Tom Wolfe in seinem Roman „Fegefeuer der Eitelkeiten" von 1987 geschildert hat. Geld nicht bloß wie Heu, sondern wie am Spieltisch, und alles hört auf ihr Kommando. Michael Douglas spielt in „Wall Street" einen ähnlich risikobereiten und erfolgreichen Glücksritter, den wenig sympathischen, aber ungeheuer erfolgreichen Gordon Gekko. Solche Typen würde jeder als unrealistisch betrachten, als Schießbudenfiguren des wildgewordenen Kapitalismus, aber wenigstens einen gab es, der übertraf alles, was sich Schriftsteller und Drehbuchautoren nur ausmalen konnten.

Ivan Boesky war 1986 für den größten Skandal verantwortlich, der bis dahin an der Wall Street durch Insidergeschäfte entstanden war. Obwohl dort Hunderte von Firmen miteinander konkurrieren und Tausende anonymer Finanzfachleute einander überbieten, gelang es diesem einen Freibeuter, alle anderen abzuzocken. Mitte der achtziger Jahre, als Manhattan vom Kokain überschwemmt wurde und sich an sich selbst berauschte, kreierte Boesky nach dem Pionier und dem einsamen Westernhelden einen neuen amerikanischen Typ, der die Maxwebersche protestantische Ethik als schlichten Befehl zum Reichwerden begriffen hatte. Der neue Pionier kämpfte nicht mehr mit den wilden Indianern, sondern mit dem Großkapital: mit den Banken, den großen Firmen, mit dem Staat, und er übertölpelte sie alle. Für Boesky war es immer High Noon, allerdings hatte er anders als Gary Cooper nicht wenige Helferlein an seiner Seite. Binnen weniger Jahre hatte er ein Netzwerk von Informanten und Zuträgern aufgebaut, das ihn mit all den Tipps versorgte, die er brauchte, um seinen Investoren das Blaue vom Himmel herunter zu versprechen und nebenbei selbst Hunderte von Millionen Dollar zu verdienen. Boesky operierte nicht anders als die Konkurrenz: Er setzte auf Kursanstieg und kaufte die Aktien der favorisierten Firmen rechtzeitig ein. Das versuchen alle, aber Boesky verfügte über einen kleinen Wettbewerbsvorteil – er wusste rechtzeitig Bescheid, wenn bei einer Firma die Übernahme durch einen Marktstärkeren drohte. Seine Helfer versorgten ihn mit einem Insiderwissen, das es ihm erlaubte, die schnell eingekauften Fonds mit exorbitantem Gewinn wieder abzustoßen, sobald das Übernahmeangebot bekannt geworden war. Solche Geschäfte sind verboten, aber Boesky war lange nichts nachzuweisen.

Boesky drehte den Großen, den Banken, der Börsenaufsicht, den Firmen, eine lange Nase.

Jeder wusste, dass Boesky sein Geld nicht auf die lautere Weise verdiente, aber schließlich war es Geld und damit gut und nicht weiter ehrenrührig. Dass er den Großen – den Banken, den Aufpassern von der amerikanischen Börsenaufsicht SEC, den Firmen, die er abzockte – eine lange Nase drehte, schadete seinem Image nicht. So einer hatte gefehlt, einer, der es allen zeigte, ein Einzelner, der schlauer und stärker war als die gesamte Wall Street.

Sie mochten ihn nicht, er war ein Zugezogener, der Sohn eines Barbesitzers aus Detroit, der, wie ein Insider später naserümpfend bemerkte, Jura an einer Universität studiert haben musste, von der noch nie jemand etwas gehört hatte. Boesky scherte sich nicht um diesen Snobismus der Eingesessenen. Wie ein Guerillakämpfer nistete er sich im Herzen der Wall Street ein und begann sie mit ihren Mitteln zu bekriegen. Als Parvenu fand er nichts dabei, sich entsprechend zu inszenieren: Er arbeitete wie die anderen auch seine zwölf, vierzehn Stunden, aber niemand war dabei sonnenbankgebräunter als Boesky, der grundsätzlich nur in der Stretchlimousine durch Manhattan fuhr, der enorme Summen für wohltätige Zwecke ausgab und – vorausgesetzt, es waren genug Kameras zur Stelle – mit dem Hubschrauber vor der Schule landete, die seine Tochter besuchte. Und warum auch nicht, nur die Lumpe sind bescheiden, wie sich einst Johann Wolfgang von Goethe vernehmen ließ.

In New York reicht das, um für kurze Zeit zum Volkshelden aufzusteigen. Dabei war Boesky alles andere als ein Robin Hood. Er nahm keineswegs den Reichen, um es den Armen zu geben, sondern behielt das Geld vernünftigerweise selbst. Seinen Spitznamen Ivan der Schreckliche führte er so stolz, als wäre es ein von Kaiser Barbarossa verliehener Adelstitel. Seine Herrschaft erlebten die Zuschauer wie ein Dauer-Doping: Mit seiner rauschhaften Art, Geld, viel Geld, wahnsinnig viel Geld zu verdienen wurde Boesky zum Vorbild einer ganzen Generation von Anlageberatern, Finanzanalysten und Journalisten, die nicht nur begeistert über diesen Börsenhai schrieben, sondern sich gelegentlich selber einspannen ließen, um über ihre Artikel das Auf und Ab der Kurse gewinnbringend für Boesky zu steuern.

„Habgier ist gut“, erklärte er in einem Gastvortrag in Berkeley. Der ehrwürdigen Universität war schließlich nichts anderes übrig geblieben, als dem Aufsteiger aus Detroit ein Ehrendiplom zu verleihen. Der Laudatierte bedankte sich mit einem guten Rat für die Studenten, der andere ziemlich teuer zu stehen kam: „Sie können geldgierig und trotzdem mit sich im Reinen sein“.

Das Ende war dann nicht viel besser als in einem B-Movie über die Machenschaften der Mafia: Boesky kooperierte mit den Behörden, was nichts anderes heißt, als dass er sich ein halbes Jahr lang abhören ließ, damit die SEC allen Mitwissern und -tätern auf die Schliche kam. Sogar eine letzte Transaktion gestatteten sie ihrem Singvogel noch: Ehe die Strafverfolger am 14. November 1986 Ivan Boesky als den großen Übeltäter von der Wall Street bloßstellten, durfte er noch schnell Aktien im Wert von 440 Millionen Dollar verkaufen. Nur zum Besten der gesamten Börse natürlich, denn sonst wäre nicht bloß Boesky, sondern gleich der ganze Markt zusammengebrochen, wie die SEC verlauten ließ. Der Gewinn aus diesem Insidergeschäft reichte jedenfalls hin, dass der Meisterzocker die exorbitante Geldstrafe von 100 Millionen Dollar für seine eigenen Insidergeschäfte bezahlen konnte. Zwei Jahre seiner dreieinhalbjährigen Gefängnisstrafe abzusitzen, fiel ihm da auch nicht mehr schwer.

Für alle, die es bei der Moritat vom Großspekulanten Ivan Boesky nach einer Moral verlangt: Geld allein macht nicht glücklich, aber wenigstens reich. *Willi Winkler*

Der Spender, der Bosse erzittern lässt

Christopher Hohn setzte den Chef der Deutschen Börse vor die Tür. Gleichzeitig hilft er Kindern in der Dritten Welt.

Hektisch tippt Christopher Hohn auf seinem Blackberry, um ein paar E-Mails zu verschicken. Das Handy klingelt fast ständig. Hohn ist der Prototyp eines nervösen Jung-Aktienhändlers, die zu Tausenden Londons Straßen bevölkern. Zur Mittagspause drängen sie aus den glitzernden Bürotürmen, schlürfen aus Pappbechern Starbucks-Kaffee und schlingen zermatschte Sandwiches herunter. Doch wenig später sitzen sie wie Süchtige wieder an ihren Computerschirmen, um Millionen per Mausklick zu verschieben.

Vom Habitus – zerzauste Haare und randlose Harry-Potter-Brille – passt Hohn perfekt in diese Szene. Doch sein Äußeres täuscht. Der 1967 geborene ist schon längst kein Novize mehr in diesem hyperventilierenden Geschäft. Mit seinem 2003 gegründeten Hedgefonds „The Children's Investment Fund" (TCI) ist Hohn zu einem der gefürchtetsten Firmenjäger der Welt aufgestiegen.

Doch wie er einerseits gestandene Konzernchefs mit seinen Attacken zum Zittern bringt, gibt sich der Exzentriker andererseits als großzügiger Wohltäter. Es sind die zwei Seiten einer guten und bösen Heuschrecke. Hohns Kinder-Fonds spendet jährlich mindestens 0,5 Prozent des Anlagevermögens an die von seiner Ehefrau Jamie geleitete Organisation „Children's Investment Fund Foundation". Etwa 600 Millionen Euro kamen in den ersten fünf

Jahren zusammen. Die Stiftung finanziert Projekte zur Bekämpfung der Kinderarmut in der Dritten Welt. Er selbst sei bei einer Reise auf die Philippinen auf die Idee gekommen, Kindern zu helfen, erzählt Hohn. Die Bilder von hungernden Familien in ärmlichen Slums hätten ihn nicht mehr losgelassen. Kein Zufall, dass Hohn von seinen Fans als neuer Robin Hood verehrt wird, der skrupellosen Managern das Geld entreißt, um es unter den Bedürftigen zu verteilen.

Manche Zeitungen preisen ihn als mächtigen Manager, andere finden ihn ruchlos

Die britische Zeitung Times nannte ihn einen „ruchlosen Philanthropen". Andere britische Medien stilisieren ihn sogar zum Zaubermeister eines neuen Finanz-Kapitalismus. Das Wirtschaftsmagazin The Business pries Hohn als einen der „mächtigsten Hedgies" (Hedgefondsmanager) in Europas Geldmetropole London.

Was treibt den Spekulanten an? Hat er tatsächlich nur altruistische Ziele? Was versteckt sich hinter der Maske des wohltätigen Gönners? „Wir machen uns mit dem, was wir tun, nicht immer Freunde", meinte Hohn bei einer Investoren-Konferenz in Frankfurt. Es war einer seiner wenigen Auftritte in der Öffentlichkeit. Interviews gibt er schon gar nicht.

Sein Gesellenstück als rebellischer Investor lieferte Hohn im Frühjahr 2005 ab, als er den damaligen Chef der Frankfurter Börse, Werner Seifert, in die Enge trieb und ihn schließlich zum Rücktritt veranlasste. Hohns Fonds hatte sich an der Börsengesellschaft beteiligt, die unter anderem die Frankfurter Wertpapierbörse betreibt. Geschickt taktierte er, um den Plan zur Übernahme der Londoner Börse zu verhindern. Gleichzeitig zwang er die Deutsche Börse dazu, einen großen Teil ihrer Barreserven an die Aktionäre auszuschütten.

Nach dem gleichen Schlachtplan ging der „komische Kauz", wie ihn Seifert einmal nannte, auch bei seinem Angriff auf die niederländische Traditionsbank ABN Amro vor. Seine dreiprozentige Beteiligung an der Bank nutzte er, um den damaligen Unternehmenschef Rijkman Groenink vor sich her zu treiben. In Brandbriefen an den Aufsichtsrat forderte Hohn die Aufspaltung des schwerfälligen und renditeschwachen Kreditinstituts. Vergeblich versuchte Groenink, unter das schützende Dach der britischen Großbank Barclays zu schlüpfen.

Es kam zu einer zermürbenden Übernahmeschlacht, aus der schließlich 2007 ein Konsortium unter Führung der Royal Bank of Scotland als Sieger hervorging. ABN wurde zerschlagen. Und Hohn stand wieder als lachender Dritter da. Er konnte sein Aktienpaket nach der größten Bankübernahme in der Geschichte mit einem kräftigen Gewinn abstoßen. „Unsere Sicht ist, dass Anteilseigner als aktive Eigentümer handeln. Das ist für viele Unternehmensvorstände ungewöhnlich", so Hohn zu seinem Coup.

Ungewöhnlich ist auch Hohns Karriere. Er wurde als Sohn eines mittellosen Automechanikers in Jamaika geboren. Die Familie wanderte in den sechziger Jahren nach Großbritannien aus und ließ sich in der Grafschaft Sussex nieder. Der junge Hohn musste sich durchkämpfen. Doch schon in der Schule fiel er den Lehrern durch seine blitzschnelle Auffassungsgabe auf.

Nach dem Studium an der Universität Southampton ergatterte Hohn ein Stipendium an der berühmten Harvard Business School in den USA. Dann ging der ehrgeizige Emporkömmling in die Finanzbranche, wo er rasch Kontakt fand zum Altmeister der Hedgefonds-Branche, dem New Yorker Investor Richard Perry. Bei ihm lernte Hohn die Tricks und Kniffe des Geschäfts. 2003 gründete er dann in London seinen eigenen Hegde-Fonds. Hohns privates Vermögen wird mittlerweile auf mehr als 120 Millionen Euro geschätzt.

„Shock and Awe" (Schrecken und Furcht) – mit der aus dem Irakkrieg bekannten Strategie der amerikanischen Militärstrategen geht Hohn gegen seine Opfer vor. Doch sein Nimbus als aggressiver Investor, der Traumrenditen erzielt, hat zuletzt einige Kratzer erhalten. So erzielte sein Fonds noch 2007 eine überdurchschnittliche Rendite von knapp 40 Prozent. Doch danach machte die weltweite Finanzkrise auch dem Zaubermeister des neuen Turbo-Kapitalismus zu schaffen.

Auf hartnäckigen Widerstand traf der Investor bei der US-Eisenbahngesellschaft CSX, bei der er als Großaktionär eingestiegen war. Der Fall schlug Wellen bis in den US-Kongress. Abgeordnete wollten mit allen Mitteln eine Zerschlagung des Unternehmens verhindern. „Der Bahnverkehr ist von nationaler Bedeutung. Er darf nicht von ausländischen Investoren kaputt gemacht werden", schimpfte die demokratische Kongressabgeordnete Corinne Brown.

Auch mit seinem knapp zehnprozentigen Einstieg beim japanischen Stromversorger J-Power wurde Hohn zunächst nicht glücklich. So forderte der Spekulant Änderungen im Management, aber auch die Auszahlung einer höheren Dividende. Doch die japanische Regierung schaltete sich ein, um den Angreifer aus London zu stoppen.

Und auch beim Children's Investment Fund läuft offenbar nicht alles rund: Kritiker monieren, dass nur ein kleiner Teil der Mittel in konkrete Projekte fließt. So habe die Organisation beispielsweise im Jahre 2006 von insgesamt 230 Millionen Pfund rund 200 Millionen in Hohns Hedgefonds TCI reinvestiert, heißt es. Hohn würde ein „Recycling" der Hilfsgelder betreiben, kritisierte die britische Zeitung The Guardian. Hohns Ehefrau Jamie verteidigte indes die Praxis mit dem Hinweis, dass die Stiftung die Mittel nur geparkt habe, weil so schnell keine sinnvollen Hilfsprojekte gefunden worden seien. „Für Hohn wachsen die Bäume nicht in den Himmel. Jetzt muss er zeigen, wie er mit Rückschlägen fertig wird", meint ein Londoner Banker. *Andreas Oldag*

Reich werden für alle

Die Londoner Finanzmanagerin Nicola Horlick schuf einen Hedgefonds, bei dem ausnahmsweise Kleinanleger erwünscht sind.

Im Jahr 2003 brach für Nicola Horlick eine Welt zusammen. Ihr Ehemann trennte sich von ihr. Zuvor war ihre zwölf Jahre alte Tochter Georgie an Leukämie gestorben. Das Paar wollte eigentlich nach Australien gehen und dort ein neues Leben beginnen. Horlick hatte bereits einen Vertrag mit einer australischen Finanzfirma unterschrieben. Statt des Auswanderertraums im australischen Outback stand nun eine Scheidung an.

Sie sei damals an einem Tiefpunkt gewesen, meinte die 1960 geborene Fondsmanagerin. Doch zu kapitulieren oder sich unterkriegen lassen sei für sie nicht in Frage gekommen. Sie habe sich dann mit ihren beiden ältesten Kindern zusammengesetzt und beraten. Das Ergebnis: Die Mutter blieb mit ihren fünf Kindern in London. Ganz nebenbei gründete sie die Investmentfirma Bramdean Asset Management. Und auch privat sind die Dinge wieder im Lot: Sie ist mit dem Finanzjournalisten Martin Baker verheiratet.

Die britische Boulevardpresse feiert Horlick abwechselnd als „Superfrau“ oder „Supermutti“. Das Erstaunliche in ihrer Karriere ist, dass sie sich nach persönlichen Niederlagen immer wieder aufrappelt. Sie zeigt eisernen Willen und Geschick. Zuweilen setzt sie aber auch eine gehörige Portion Unverfrorenheit ein. An Selbstbewusstsein mangelt es ihr schon gar nicht. Alles Fertigkeiten, um sich in der knallharten Geldbranche der Londoner City zu behaupten.

Kein Zufall, dass Horlick die bekannteste britische Fonds-Managerin ist. Ihr Privatvermögen wird auf umgerechnet 30 Millionen Euro geschätzt. Das ist in der milliardenschweren Spekulantenszene der Themsehauptstadt zwar noch eine bescheidene Summe. Doch für Horlick ging es in ihrer schillernden Karriere nicht nur um das große Geld, sondern auch um eine menschliche Komponente. Sie wollte und will nicht wie viele ihrer Berufskollegen nur als Geldmaschine funktionieren. Ein Viertel ihrer „Ich denke, es ist falsch, meinen Kindern allzu viel Reichtum zu vererben", erklärt sie ohne Umschweife. Viel Geld mache nicht nur reich, sondern auch krank, lautet ihr Credo.

Sie legte einen Hedgefonds fürs Volk auf.
Darauf war noch keiner gekommen.

Horlicks soziale Ader schlägt sich auch in ihrem Unternehmen nieder. Sie hat einen Hedgefonds fürs Volk aufgelegt. Während die Branche üblicherweise Superreiche anlockt, die Millionensummen investieren, wirbt Horlick auch um Kleinanleger. So beträgt die Mindestanlage umgerechnet 1300 Euro. Dies sei ein Beitrag zur „Demokratisierung der Finanzwelt", erklärt Horlick.

Und weil sie stets alles perfekt machen will, hatte sie sich auf eine wochenlange Roadshow quer durchs Land begeben, um bei Investoren für ihren Fonds zu werben. Das Ergebnis von 131 Millionen Pfund, die der Fonds am Ende einsammelte, konnte sich sehen lassen. Die erhofften 250 Millionen verfehlte Horlick allerdings. Die Kreditkrise bremste die Kauflust der Anleger. Horlick ließ sich davon nicht entmutigen. Kollegen in ihrem Büro an der Londoner Park Lane wissen, dass sie Rückschläge als Ansporn nimmt, es besser zu machen.

Gern spricht Horlick in diesem Zusammenhang von typisch weiblichen Eigenschaften wie Teamfähigkeit und Kooperationsbereitschaft, die sie nutze, um ihre Ziele zu erreichen. Doch geschickt setzt sie dabei auch den Frauenfaktor ein, um männerbündische Strukturen und Kumpaneien in den Hinterzimmern der Londoner

Bankenpaläste aufzubrechen. „Wenn zehn Leute bei einer Präsentation zusammensitzen, und ich bin darunter die einzige Frau, wird man sich immer an mich erinnern", behauptet sie.

Als Absolventin der renommierten Oxford-Universität begann Horlick ihre Karriere 1983 bei der Bank SG Warburg. Rasch profilierte sie sich als Anlagespezialistin. Ein Wechsel zur Investmentbank Morgan Grenfell verschaffte ihr 1992 die Möglichkeit, zu einer der jüngsten Direktorinnen aufzusteigen.

Geradlinig verlief ihre Karriere jedoch nicht. 1997 zettelte sie eine Palastrebellion an, von der die Londoner Finanzwelt noch heute spricht. Die Chefs der von der Deutschen Bank übernommenen Morgan-Grenfell-Gruppe wollten Horlick vor die Tür setzen. Sie habe an einem sinistren Plan gearbeitet, zusammen mit 40 Kollegen zur niederländischen Konkurrenzbank ABN Amro zu wechseln, lautete der Vorwurf.

Horlick wehrte sich. Sie erklärte ihr Büro für besetzt. „Wenn Sie mich anfassen, rufe ich die Polizei", soll sie ihren Vorgesetzten entgegengeschleudert haben. Dann bestand sie auf ein Gespräch mit dem Bankenvorstand und setzte sich in das nächste Flugzeug nach Frankfurt.

Dort blieb ihr theatralischer Auftritt allerdings in den Mühlen der Firmenbürokratie stecken. Aus dem Vorstandsgespräch wurde nichts. Auch in der Rechtsabteilung holte sie sich eine Abfuhr.

Horlicks Karriere schadete die Affäre nicht. Im Gegenteil: Sie untermauerte ihr Image als eine Frau, die sich von den Patriarchen der Finanzkonzerne nicht einschüchtern lässt. Sie wechselte in eine Führungsposition zur französischen Großbank Société Générale. Dort war es der ambitionierten Skifahrerin und Musikliebhaberin – vorzugsweise hört sie Pink Floyd – aber offenbar zu langweilig. Die Idee zur Gründung einer eigenen Finanzfirma wurde geboren.

Nicola Horlick hat ein Buch über ihre Erfahrungen in der Londoner Finanzwelt geschrieben. Es trägt den Titel „Can you have it all?" (Kannst du alles haben?) Ihre Antwort: Geld kann wichtig sein. Noch wichtiger ist aber ein gutes Familienleben.

Andreas Oldag

Der Puppenspieler

Michael Milken ließ die amerikanische Geschäftswelt nach seiner Pfeife tanzen – bis er für seine Deals mit Ramschanleihen in den Knast wanderte.

Michael Milken ist 19 Jahre alt, als sich in Los Angeles die Wut der Schwarzen gegen Unterdrückung und Diskriminierung in schweren Unruhen entlädt. Am 11. August 1965 und in den Tagen danach sterben in dem Stadtteil Watts mehr als 34 Menschen. Der wohlbehütet im kalifornischen Endocino aufgewachsene Milken studiert zu der Zeit Mathematik in Berkeley. Den Warnungen seines Vaters zum Trotz fährt er nach Watts, um die Gründe für den Aufstand zu verstehen. Was er dort erlebt, beschreibt er viele Jahre später in einem Interview als Schlüsselerlebnis für sein Leben als Spekulant und Financier: „Der wichtigste Wendepunkt in meinem Leben waren die Watts-Unruhen."

Er sieht, wie schwarze Arbeiter ihre eigenen Fabriken in Brand stecken und fragt sie, warum sie das tun. Sie antworten ihm, dass es ja die Fabriken der Weißen seien und sie selbst nie die Chance bekämen, eine eigene Existenz aufzubauen, weil niemand ihnen Kredit gebe.

20 Jahre später vergibt niemand in den USA so viele Kredite wie Milken. Er gibt sie nicht dem Establishment, sondern Aufsteigern und aggressiven Firmenkäufern, die der amerikanischen Unternehmenselite den Kampf angesagt haben. Sein erklärtes Ziel ist die Demokratisierung des Kapitals, seine Waffe sind Schrottanleihen (Junk-Bonds) – hoch verzinste Darlehen, mit denen Firmen Wachstum und Übernahmen in bis dahin nicht gekanntem Ausmaß finanzieren.

Milken erschafft ein Junk-Bond-Imperium. Auf dem Höhepunkt seiner Ära werden Hochzinsanleihen im Wert von mehr als 200 Milliarden Dollar gehandelt, etwa ein Drittel davon über seinen Schreibtisch bei der Investmentbank Drexel Burnham. Milken verdient schwindelerregende Summen: Allein 1987 kassiert er 550 Millionen Dollar, mehr als den damaligen Jahresgewinn der Deutschen Bank. Bis heute gilt Milken deshalb vielen als Symbol für Gier und Größenwahn. Er selbst behauptet in dem Magazin Fortune einmal: „Geld hat mich nie in meinem Leben motiviert." Er sieht sich vielmehr auf einer Mission.

Nach den Unruhen in Watts fährt Milken zurück nach Berkeley und sattelt auf Wirtschaft um, um aus einer vagen Idee einen konkreten Plan zu machen. Später wechselt er an die Wharton School der Universität von Philadelphia und stößt auf eine Studie des wenig bekannten Ökonomen Braddock Hickman. Seine Kernerkenntnis: Anleger erzielen mit niedrig bewerteten Anleihen eine bessere Rendite als mit höher bewerteten Anleihen. Das Risiko, dass Unternehmen mit schlechter Bonität ihre Schulden tatsächlich nicht zurückzahlen, sei weit geringer als gemeinhin angenommen.

Mit Hickmans Studie im Gepäck zieht Milken später für Drexel Burnham von einem Investor zum nächsten, um sie von dem Kauf von Ramschanleihen zu überzeugen. Doch dazu bedarf es einer kleinen Revolution. Viele dieser Fonds dürfen nur in Anleihen investieren, die mit einer guten Note von Ratingagenturen wie Standard & Poor's ausgestattet sind. Milken wirft den Agenturen vor, ihre Ratings rückwärtsgewandt zu vergeben. Junge, kleine Firmen oder solche, die gerade eine schwierige Phase durchmachten, hätten so keinen Zugang zu Kapital – wie einst die Schwarzen von Watts.

Milken überzeugt die Investoren und Unternehmen. Wie er es versteht, Menschen das Gefühl zu geben, sie seien mit ihm auf einer Mission, verdeutlicht ein Zitat des früheren Chefs von General Electric, Jack Welch. „Mr. Milkens Anrufe waren außergewöhnlich höflich ... Er war sehr verführerisch, sehr charmant", sagte Welch in einer Zeugenaussage vor Gericht. Milken sei die Sorte Mensch, „die so verführerisch sind, dass man ihnen von seinen innersten Geheimnissen erzählt, seinem Sex-Leben, seinem ganzen Leben, einfach alles".

Tatsächlich tanzen gestandene Manager nach seiner Pfeife. Milken bringt es fertig, Firmenvorstände um vier Uhr morgens zur Besprechung in sein Büro zu bestellen. „Darin bestand Milkens wahres Genie", schreibt die New York Times 1988. „Es war nicht das, was er mit seinem eigenen Geld anstellte, ... sondern das Netzwerk von Vermögenden, das er in Gang setzte, um die von ihm erträumten Geschäfte umzusetzen."

„Wenn man wirklich gut ist, kann man sogar aufhören zu atmen", sagt er.

So finanziert Milken den Aufstieg von CNN-Chef Ted Turner oder die Entwicklung der Telefongesellschaft MCI zur Nummer zwei der Branche. Die dankbarsten Abnehmer für seine Ramschanleihen findet er aber in den berüchtigten Firmenkäufern der achtziger Jahre wie Ivan Boesky, Henry Kravis oder Carl Icahn. Am Rande seiner jährlichen Investorenkonferenzen im Beverly Hills Hotel in Los Angeles schart er die Firmenjäger um sich, und sie ersinnen Pläne, um mit schuldenfinanzierten Übernahmen die etablierte Unternehmenswelt auszuhebeln. Das Volumen der fremdfinanzierten Übernahmen steigt von elf Milliarden Dollar zwischen 1978 und 1982 auf 182 Milliarden Dollar in den folgenden fünf Jahren. Als „Predators Ball", Raubtierball, gehen die Treffen in die Geschichte ein und liefern Stoff für Filme und Bücher wie „Wall Street" und „Fegefeuer der Eitelkeiten".

Milken selbst scheint völlig unempfänglich für das ausschweifende Leben derer, die er finanziert. Er heiratet die Frau, mit der er schon als Schüler ausging, und arbeitet mit an Besessenheit grenzender Disziplin. Seine Arbeitstage beginnt er um halb vier morgens. Abends um halb acht schleppt er noch dicke Aktentaschen mit nach Hause.

Ende der achtziger Jahre fällt der von Milken angefeuerte Boom in sich zusammen. Viele der von ihm finanzierten Firmen können ihre Schuldenlast nicht mehr tragen. Zugleich verlieren Investoren das Vertrauen in Junk-Bonds, zumal ihr größter Vermarkter nicht mehr die Werbetrommel für sie rühren kann: 1990 verurteilt die Richterin Kimba Woods Milken zu zehn Jahren Gefängnis. Ans Messer geliefert hat ihn der Firmenjäger Ivan Boesky, der selbst bereits wegen Insiderhandel einsaß. Milken hatte 1986 die Übernahme der Filmstudios MGM durch Ted Turner finanziert. Boesky sagte aus, Milken habe ihn vor der Übernahme aufgefordert, MGM-Aktien zu kaufen. Der Kurs schoss nach der Übernahme nach oben, Milken und Boesky teilten sich den Gewinn.

Schon 1993 kehrt Milken zurück. Ein Großteil seiner Strafe wird ihm wegen guter Führung erlassen. Doch bald gerät er als Strippenzieher zahlreicher Übernahmen wieder in das Visier der Staatsanwälte, weil ihm die Gerichte verboten hatten, jemals wieder in Wertpapiergeschäfte einzugreifen. Warum riskiert Milken eine erneute Gefängnisstrafe, wo er doch angeblich nicht an Geld interessiert ist? „Konnte er einfach dem Kitzel nicht widerstehen, Deals zu machen?“, fragt der „New Yorker“ 2001.

Milken lässt schließlich von den Fusionsgeschäften ab – sei es auf Druck der Staatsanwälte oder weil er seine Mission als erfüllt ansieht, die Kapitalmärkte zu demokratisieren, wie er es selber darstellt. Vor allem aber stellt sich Milken seit 1993 noch einer anderen Aufgabe: Dem Kampf gegen den Prostatakrebs, der kurz nach seiner Entlassung aus dem Gefängnis diagnostiziert wird. Er widmet sich ihm bis heute mit dem gleichen Arbeitseinsatz wie zuvor dem Junk-Bond-Geschäft und macht das Thema Gesundheit zum Zentrum seiner philantrophischen Tätigkeit. Auch im Kampf gegen die Krankheit zeigt sich noch einmal Milkens fast naiver Glaube an das „Alles ist möglich“ des amerikanischen Traums. Als eine Business-Week-Reporterin ihn 1999 besucht, trifft sie ihn meditierend im Schneidersitz an, die Ellebogen auf den Knien, die Hände ausgestreckt, die Augen geschlossen: „Wissen Sie, wenn man wirklich gut ist, dann kann man sogar aufhören zu atmen.“

Martin Hesse

Zwischen Hausse, Hotels und Hitler

Der Wall-Street-Aufsteiger Bernard Baruch organisierte die amerikanische Kriegsproduktion in beiden Weltkriegen und kämpfte gegen Atomraketen.

Sein Vater Simon Baruch verlässt Mitte des Jahrhunderts Osteuropa, wo sie Juden brauchen, aber nicht schätzen. Nach Amerika eingewandert, flickt Simon als Chirurg im Bürgerkrieg Soldaten der Südstaaten zusammen; das sind so die Umstände, in die Bernard Mannes Baruch im Jahr 1870 hineingeboren wird. Er hat es von Anfang an nicht einfach. Ein Sportunfall lässt Baruchs linkes Ohr taub. Er ackert in einer Mine in Cripple Creek/Colorado, wörtlich Fluss der Krüppel, aber es sind andere, nicht Baruch, die dort Jahre später viel Gold finden. Er heuert als Lehrling bei einem Börsenmakler in New York an. Er ist ein ganz kleines Licht. Doch später wird Bernard Mannes Baruch ein großes Vermögen anhäufen, er wird die Mächtigen der Erde beraten und den Ausgang von Weltkriegen beeinflussen. Er wird es allen zeigen, und wie er es ihnen zeigen wird.

Seine Biografen notieren erstaunt, wie schnell der Börsenlehrling lernt. Der junge Mann steigt vom Lehrling zum Teilhaber beim Bankhaus A.A. Housman auf, er wettet oft gegen kurzfristige Marktbewegungen, denen andere hinterherlaufen. Oft zahlt sich das aus. Baruch selbst widerspricht der These, Erfolg an den Finanzmärkten habe vor allem jener, der im Auf- und Abschwung den richtigen Moment erwische: „Das perfekte Timing gibt es nicht. Wer das sagt, der lügt.“ Spekulant ist für ihn ein Ehrentitel, er meint damit besonders „speculari“, den lateinischen Ursprung des Wortes, das „spähen“ bedeutet und „beobachten“. An der Börse will er nicht hektisch kaufen und verkaufen, sondern Gelegenheiten sichten. An der Börse versucht Baruch, Entwicklungen seiner Zeit zu erkennen. Ende des 19. Jahrhunderts befindet sich die amerikanische Wirtschaft im Wandel. Stahl-, Öl- und Eisenbahnfirmen schließen sich zusammen, es ist eine Zeit zum Reichwerden. Baruch wird reich.

Zur Jahrhundertwende, mit dreißig, besitzt er drei Millionen Dollar, damals sehr viel Geld. Um sein Vermögen zu mehren, versucht er später neue Entwicklungen zu erahnen. In den zwanziger Jahren investiert er in Radiotechnik und Autos, die erst vor ihrem Siegeszug stehen. Dem Börsencrash 1929 soll er weitgehend entgangen sein. Der britische Premier Winston Churchill, so heißt es, war lebenslang dankbar, weil ihm Baruch rechtzeitig zum Verkaufen riet.

Nur der Biograf James Grant streut Zweifel, ob der Meisterspekulator wirklich immer so geschickt agierte. Und er nennt eine Quelle von Baruchs Reichtum, die vor hundert Jahren akzeptiert war, heute jedoch zum Himmel stinken würde: Insiderwissen über baldige Entscheidungen in Firmen, die den Kurs steigen lassen. Fest steht, dass der Jude Baruch spätestens im depressionsgeschüttelten Amerika der dreißiger Jahre für manche zur Fratze des hässlichen Spekulanten mutierte. Er hätte womöglich noch viel mehr Zorn auf sich gezogen, hätte er nicht früh angefangen, sich neu zu erfinden: Als politischer Akteur, der Gutes tat und es andere wissen ließ.

Den Wohltäter gab Baruch aus Kalkül wie aus Neigung, eine Mischung der Motive, wie sein Leben ohnehin stets in mehreren Farben schillerte. Er war ein harter Arbeiter, der sich für die Geldanlage bergeweise Wissen über Wirtschaftstrends anlas, aber auch mal 10 000 Dollar beim Bakkarat verzockte. Er liebte Ehefrau und Kinder, ohne von Bekanntschaften zu anderen Frauen zu lassen, die ihm sein Charme und vielleicht sein Geld eintrugen. Er spendete für die Rettung von Magazinen wie Vogue oder Vanity Fair, schämte sich aber auch nicht, Journalisten als Sprachrohr zu benutzen. Er lebte bequem in Hotelsuiten, privaten Eisenbahnwaggons, auf Landsitzen – und trat ohne Zögern und finanzielle Forderungen in den Dienst seiner Nation, als diese seiner dringend bedurfte.

Nach dem Ersten Weltkrieg klagt General Hindenburg: „Deutschland wurde von Baruch besiegt."

1917, mitten im Ersten Weltkrieg, ist es soweit. US-Präsident Woodrow Wilson beruft Baruch an die Spitze von Gremien, die die Kriegsproduktion organisieren, „er bekommt faktisch die Kontrolle über die ganze Wirtschaft", wie die New York Times schreibt. Ein Jahr später hat das Deutsche Reich den Krieg verloren. General Paul von Hindenburg, den viele Deutsche für einen Helden halten und der 1933 Adolf Hitler zum Reichskanzler ernennen wird, dieser Hindenburg also behauptet: „Deutschland wurde von Baruch besiegt".

Wie viel immer daran antisemitische Propaganda ist, Bernard Baruchs Leistungen sind unbestritten und werden beim Weltkriegssieger USA anerkannt. Fünf Dekaden lang wird er zur Größe in der Politik, ohne je ein Ministeramt anzustreben, er bleibt der Berater wechselnder Präsidenten bis zum Vietnam-Krieg.

Schon Anfang der dreißiger Jahre sieht Baruch den Anti-Semitismus in Europa heraufziehen, selbst bei seinem Bekannten Winston Churchill, über den er nachher seiner Freundin anvertraut: „Churchill bewunderte Mussolini. Und wenn es Hitler dabei hätte bewenden lassen, nur Kommunisten und Juden zu töten, hätte Churchill mit ihm wohl kein Problem gehabt – wie viele andere". Baruch rät, gegen Deutschland vorzugehen, doch seine Warnungen werden lange ignoriert. Man mag sich nicht ausmalen, was er den Juden erspart hätte, wenn er Gehör gefunden hätte. Nachdem Deutschland die Welt in einen neuen Krieg gezogen hat, wird Baruch wieder mit Aufsichtsfunktionen in der Kriegswirtschaft betraut – und hilft, Hitler zu besiegen.

Als 1945 sechs Millionen Juden erschlagen, erschossen und vergast worden sind, wird aus Bernard Baruch trotzdem kein ewiger

Feind der Deutschen. Er wendet sich gegen den Morgenthau-Plan, Deutschland zu entindustrialisieren. Später befindet er, ohne eine Wiedervereinigung könne es keine echte Abrüstung geben. Zu diesem Zeitpunkt befindet sich der Spekulant längst auf einer neuen Mission: 1948 schlägt er hellsichtig vor, Atomwaffen, die neue apokalyptische Bedrohung, unter die Kontrolle der Vereinten Nationen zu stellen. In einer Rede vor der UN in New York erklärt er: „Wir müssen uns entscheiden, zwischen Frieden auf der Welt und totaler Zerstörung. Wir sind hier, um eine Wahl zu treffen."

A.M. Rosenthal, langjähriger Chefredakteur der New York Times, erinnerte vor einer Weile an diese Rede und schrieb: „Wir haben niemanden mehr von seiner Genialität und Menschlichkeit, um uns Rat und Führung zu geben". Bernard Mannes Baruch war ein Mann der Wirtschaft, der sich in den Dienst der Politik stellte, statt wie andere Wirtschaftsleute die Politik zu verachten und nur dann nach ihr zu schreien, wenn die Geschäfte schlecht laufen. Die etablierten Wall-Street-Banker misstrauten dem Außenseiter, der an der Wall Street reich wurde, lebenslang für die Demokratische Partei eintrat und das Wettrüsten stoppen wollte. 1965 starb Baruch, er wurde 94 Jahre alt.

Alexander Hagelüken

II. Kapitel

Halbseiden, oder gleich *kriminell*

Nick Leeson: „Ich war der einzige Händler der Welt, der sich selbst kontrollierte“ • James Fisk: Vulgär, verschlagen und sehr vermögend • Dany Dattel: Der Commander und seine Goldjungs Jérôme Kerviel: Der Finanzterrorist • Ivar Kreuger: König der Streichhölzer • Yasuo Hamanaka: Der Vorstadt-Spießer, der die Welt der Rohstoffe erschütterte • Robert Maxwell: Über Bord gegangen • John Rusnak: Oops! • Charles Ponzi: Gauner im Maßanzug • Wolfgang Flöttl: Ein echter Wiener geht unter

„Ich war der einzige Händler der Welt, der sich selbst kontrollierte“

Nick Leeson richtete eine 223 Jahre alte Bank zugrunde, die einst als sechste Großmacht Europas galt und die Millionen der Queen verwaltete.

Allein sein letzter Berufstag: Wie er da, im eigenen Adrenalin schwimmend, eine viertel Milliarde Dollar Verlust einfährt, indem er allein gegen den Weltmarkt wettet. Wie er danach einen Post-it an seinen Bildschirm klebt, auf dem nur steht „I'm sorry“, seine ahnungslose Frau abholt, mit ihr in einen Flieger steigt und ihr dann am Pool eines Hotels auf Borneo gesteht, dass er die Barings-Bank im Alleingang zerstört hat. Wie er gleichzeitig im fernen England Diana und Charles von den Titelseiten verdrängt, das Pfund auf Talfahrt schickt und das Unterhaus zu einer Krisensitzung veranlasst – kein Wunder, dass Nick Leesons Geschichte verfilmt wurde. Der Film freilich, mit Ewan McGregor in der Hauptrolle, fängt auch nicht ansatzweise ein, wie verrückt, überdreht und dilettantisch die ganze Geschichte wirklich war.

Dabei fing alles recht harmlos an, im Frühjahr 1992. Der junge Nick Leeson reduzierte, kaum angestellt bei der Londoner Barings-Bank, die Wertpapieraußenstände der Bank um 90 Millionen Pfund. Begabter Mann, aus einfachen Verhältnissen stammend, 27 Jahre alt, warum sollte man den nicht nach Singapur schicken, um dort sogenannte Arbitrage-Geschäfte zu betreiben. „Wir saßen sozusagen auf dem Zaun", erklärte er in seiner Autobiographie diese Art von Geschäfte, bei der man minimale Preisdifferenzen an verschiedenen Börsen ausnutzt. „Wir beobachteten beide Märkte und stiegen nach Belieben mal hier, mal dort ein und aus." Leider reichte es ihm nicht, solch ein Zaungast zu sein. Im Gegenteil. Leeson, der Sohn eines kleinen Stukkateurs, wollte unbedingt das ganz große Rad drehen.

Er begann selbst mit dem Geld der Bank zu spekulieren, obwohl ihm das strikt verboten war, und stieg im großen Stil in den Derivatehandel ein, indem er auf die Entwicklung von Börsenindices und Zinssätzen spekulierte. Durch gefälschte Briefe und Faxe täuschte er der Londoner Zentrale Geschäftsbeziehungen zu Dritten vor, in deren Auftrag er die Spekulationen durchführte. Das war ihm deshalb so leicht möglich, weil Leeson Händler und Abwickler in einer Person war. Niemand kontrollierte ihn. Noch als interne Prüfer dringend rieten, jemanden abzustellen zur Überprüfung von Leesons Aktivitäten, winkten die Londoner Manager ab. Das sei „zu teuer". So wusste nur Leeson allein, „was vorne im Börsensaal und hinten im Büro passierte. Wahrscheinlich war ich der einzige Händler auf der Welt, der sich selber kontrollierte."

Im Juli 1992 richtete Leeson ein Konto mit der Nummer 88888 ein; die acht ist im Chinesischen die Zahl des Glücks. Schon im Dezember 1993 hatte er Verluste von 23 Millionen Pfund auf diesem Konto versteckt. Im selben Monat wurde er für seine hervorragende Arbeit vom Londoner Hauptquartier mit einer Prämie von 135 000 Pfund belohnt und in einer Rede jungen Traderkollegen gegenüber als Teufelsbraten und brillanter „Mann mit goldenem Händchen" vorgestellt: Die Gewinne, die er nach London meldete, machten auf dem Papier ein Fünftel des Gewinns der Gesamtbank aus. In Singapur nannten ihn die Kollegen „Lucky Leeson", alle verfolgten, was der Broker in den auffallend bunten Sakkos machte. Die Terminbörse Simex ehrte ihn als besten Händler.

In Wahrheit war er ein unglaublich schlechter Händler. Schon in seinem ersten Monat an der Simex verlor er 60 000 Dollar. Einmal nur, im Juni 1993, konnte er seinen Gesamtverlust (von damals 10 Millionen Dollar) durch tollkühnes Jonglieren in Gewinne verwandeln. Leeson war an dem Abend geradezu euphorisch erleichtert und schwor sich, das Konto 88888 zu schließen. Am nächsten Morgen machte er weiter wie bisher, wettete falsch auf die Zukunft, fuhr Verluste ein und verbuchte sie auf seinem Konto. „Wie ein Roulettespieler, der seine Verluste durch Verdoppeln des Einsatzes wettmachen will, verdoppelte auch ich die Deals."

Am Ende ernährte er sich von Alkohol und Fruchtgummis. Es kursierte der Witz, er würde die Händlerzettel aufessen, wenn er keine Gummidrops zur Hand habe. Er wurde immer häufiger auf dem Klo gesehen und fiel in den Bars durch Pöbeleien auf. Auch im Nachhinein schwärmte er von diesen Zechtouren mit einigen verhaltensauffälligen Freunden, deren Lieblingsbeschäftigung es anscheinend war, jungen Frauen in der Öffentlichkeit den Hintern zu zeigen.

Der Mann mit dem goldenen Händchen machte 220 Millionen Dollar Verlust an einem Tag.

Als er Ende 1994 aufzufliegen drohte, wollte er seine Verluste kompensieren, indem er auf einen stabilen Verlauf des japanischen Aktienindex Nikkei setzte. Er hatte Pech. Am 17. Januar schickte das Erdbeben von Kobe den japanischen Aktienmarkt auf Talfahrt. Leeson wollte ganz allein gegensteuern und kaufte Tag um Tag wie verrückt japanische Indexfutures. In seiner Autobiographie beschreibt er den Handel am Parkett noch in diesen letzten, unkontrollierten Tagen als rauschhaftes Entgrenzungserlebnis. Über den 23. Februar, an dem er unfassbare 220 Millionen Dollar Verlust machte (damals Weltrekord für einen Händler), schreibt er: „Ich hatte heute alles gekauft, was der Markt hergab. Ich stand noch immer total unter Strom, hatte Stunde um Stunde mit ausgestreckten Armen herumgefuchtelt, gebrüllt, Händlerzettel ausgefüllt und sie ins Back Office geschickt. Mit einer einzigen Handbewegung konnte ich Papiere im Wert von Millionen kaufen oder verkaufen. Dabei war es nur Papier, nicht Milch oder Brot oder sonst etwas, das man wirklich hätte brauchen können. Es war, als handelte man mit Seifenblasen.“ Seifenblasen, die einen Markt erschüttern. Und eine 223 Jahre alte Bank zerstören können.

Auf dem Zenit ihrer Geschichte hat die Barings-Bank die Weltpolitik mitbestimmt, 1804 finanzierte sie den britischen Feldzug gegen Napoleon, im Jahr darauf unterstützte sie Thomas Jefferson dabei, Louisiana zu kaufen. Nachdem die Bank der französischen Regierung einmal 315 Millionen Francs geliehen hatte, bezeichnete der Außenminister Armand Richelieu Barings ehrfürchtig als „die sechste Großmacht in Europa.“

Diese Bedeutung hatte die Bank Ende des 20. Jahrhunderts längst verloren, die Aura aber war geblieben. Im Hauptsitz umfing den Besucher die Atmosphäre eines Gentlemen Club, Ölgemälde an den Wänden, schwere Sessel. Die Barings gehörten zum Geldadel, zum Zeitpunkt der Krise saßen fünf Familienmitglieder im Unterhaus. Durch die Verbindung der Familie zu den besten Kreisen verwaltete Barings große Vermögen. Die Queen hatte eine Einlage von 140 Millionen Dollar.

Dass sich spätestens in den Achtzigern das ganze Marktgebaren geändert hatte, wollte man bei Barings nicht wahrhaben. Und die Chefs der Bank verstanden anscheinend gar nicht, wie ihr neuer Händler es schaffte, gleich im ersten Jahr zehn Prozent der Gesamteinnahmen des Hauses beizusteuern. „Die Leute am Londoner Ende von Barings sind alle so neunmalklug, dass sie sich nicht trauen, blöde Fragen zu stellen, um bloß nicht dumm dazustehen“, ätzte Leeson später.

Die Kontrolleure glaubten bis zuletzt, dass die offenen Positionen Kunden gehörten, für die Barings nur handelte. Am 23. Februar belief sich der Fehlbetrag auf 1,4 Milliarden Dollar. Bevor er sich mit seiner Frau aus dem Staub machte, schrieb er seinem Vorgesetzten, es tue ihm leid, „aber der Druck ist zu stark geworden und hat meine Gesundheit so stark beeinträchtigt, dass ein Zusammenbruch unmittelbar bevorsteht.“ 48 Stunden später brach dann nicht Leeson, sondern Barings zusammen. Die Bank wurde für genau ein englisches Pfund an die holländische

ING-Gruppe verscherbelt. Als ING 2004 seine Anteile an zwei US-Finanzdienstleister weiterverkaufte, verschwand der traditionsreiche Name Barings vom Markt. Nick Leeson hingegen hat sich als Name etabliert.

Leeson wurde in Singapur zu sechseinhalb Jahren Haft verurteilt. Er saß im berüchtigten Gefängnis Changi mit drei Häftlingen in einer Zelle ohne Bett. Seinen Mithäftlingen gegenüber brüstete er sich, nach der Entlassung warte auf ihn „ein Sack voll Geld", gab ihnen gegen Honorar Anlagetipps und vermarktete unter dem reichlich manischen Titel „Wie ich die Barings-Bank ruinierte und die Finanzwelt erschütterte" seine Geschichte.

Als er aufgrund einer Krebserkrankung im Juli 1999 frühzeitig aus der Haft entlassen wurde und nach London zurückkehrte, war das in den Nachrichten die Spitzenmeldung. Schon aufgrund seiner Erkrankung flog er auf einer Welle des Mitleids und der Sympathie ein, viele sahen in ihm aber auch einen Helden und den Sündenbock für das Londoner Establishment, der kleine Arbeiterjunge, der es nach oben geschafft hat und dann für Managementfehler bluten muss ...

Der Gouverneur der Bank von England nannte die Katastrophe seinerzeit eilfertig „den Schurkenstreich eines Einzelnen". Das stimmt zwar insofern, als Leeson keine aktiven Helfer hatte und auch nicht im Namen irgendwelcher Dunkelmänner agierte. Aber die Bank hatte sich unglaublich benommen. Hätten seine Vorgesetzten auch nur ein einziges Mal Leesons Positionen in Singapur mit denen verglichen, die er nach London durchgab, wäre ihnen alles klar gewesen. Keiner von ihnen wurde belangt. Ron Baker, Leesons Vorgesetzter in London, versuchte gar nach dem Zusammenbruch eine Erfolgsprämie von zwei Millionen Dollar zu erstreiten.

Nick Leeson, der immer ein grottenschlechter Händler war, hatte schon kurz nach seiner Rückkehr seinen ersten Auftritt als Redner. In der historischen Amsterdamer Börse erzählte er etwas über „mein Leben und meine Fehler". Die Veranstalter zahlten ein Honorar von umgerechnet 100 000 Euro für die „Audienz mit Nick". Eine schwedische Anlagefirma machte ihn zum Star ihrer Fernsehwerbung. Leeson sagte mit süffisantem Lächeln in die Kamera, „Es ist leichter, als man denkt, alles über Nacht zu verlieren. Ich muss es wissen."

Heute ist Leeson CEO des irischen Fußballklubs Galway United und spekuliert in seiner Freizeit mit Spread Betts. Das heißt, er wettet wie in guten alten Zeiten auf Kursveränderungen von Währungen. Das meiste Geld macht er freilich weiterhin als Gastredner mit Vorträgen. Zuletzt hat Leeson, der in den Hochzeiten seines Kamikazeflugs fünf Kilo Fruchtgummi täglich in sich hineinfraß und sich die Fingernägel blutig biss, ein Buch geschrieben. Über erfolgreiche Stressbekämpfung. *Alex Rühle*

Vulgär, verschlagen und sehr vermögend

Der Räuberbaron James Fisk war der Meister der schmutzigen Tricks an der Wall Street im 19. Jahrhundert.

Als der amerikanische Bürgerkrieg 1865 zu Ende war, begann das Zeitalter der Räuberbarone. So bezeichnet man jene rücksichtslosen Urkapitalisten, die sich in der damals praktisch unregulierten Wirtschaftswelt der Vereinigten Staaten märchenhafte Profite sicherten. Der wildeste dieser Räuberbarone war James Fisk. Der Sohn eines Hausierers aus Brattleboro in Vermont steckte hinter zwei der größten Schmierenstücke der Börsengeschichte: dem Krieg um die Erie-Eisenbahn und dem Schwarzen Freitag von 1869 an der Wall Street.

James oder Jim Fisk galt als einer der geschmacklosesten Männer New Yorks. Ein Zeitgenosse schilderte ihn so: „Er ist ungebildet, vulgär, prinzipienlos, verschwenderisch und macht sich ständig selbst lächerlich durch ein Stück offensichtlichen Pomps, das er zur Schau stellt.“ Er trug knappe Westen, die seinen mächtigen Bauch unterstrichen, sein Schnurrbart war an den Enden gezwirbelt und hatte „die Farbe einer Jersey-Kuh“. Wegen seiner Liebe zu Phantasie-Uniformen wurde er auch „Jubilee-Jim“ genannt. Frauen pflegte er gewohnheitsmäßig in den Po zu kneifen.

Bereits mit zwölf Jahren hatte Jim die Schule abgebrochen und seinen Vater begleitet, wenn dieser mit dem Hausierer-Wagen in Vermont und Connecticut unterwegs war. Mit 16 verdingte er sich eine Zeitlang bei einem Zirkus, wo er einiges über wirkungsvolle

Auftritte lernte. Als er anschließend wieder zu seinem Vater zurückkehrte, baute er dessen Firma so erfolgreich um, dass daraus ein kleines mittelständisches Unternehmen mit fünf Pferdewagen und mehreren Angestellten wurde. Das beeindruckte einen Großhändler aus Boston namens Eben Jordan so, dass er Jim einen Job und kurz darauf die Partnerschaft anbot.

Dann kam der 12. April 1861. An diesem Tag fiel der erste Schuss im amerikanischen Bürgerkrieg, und Fisk erkannte sofort die Geschäftschancen: Er zog nach Washington, mietete sich im Willard Hotel nahe des Weißen Hauses ein und empfing reihenweise Kongressabgeordnete und Generäle. Binnen kurzem war er einer der wichtigsten Lieferanten der Nordstaaten-Armee. Fisk kaufte aber auch Baumwolle beim Kriegsgegner in den Südstaaten und schmuggelte die verbotene Ware in den Norden.

Ermutigt von seinem Erfolg ließ sich Fisk 1864 von Jordan für 65 000 Dollar ausbezahlen und zog nach New York. In der Broad Street, genau gegenüber der Börse, eröffnete er seine eigene Broker-Firma. Von dort aus landete er seinen nächsten Coup. Im Frühjahr 1865 war klar, dass die Südstaaten den Krieg nicht mehr gewinnen konnten; die Anleihen der Konföderierten jedoch wurden in London immer noch gehandelt, und zwar zu einem erstaunlich hohen Preis von 80 Pfund pro 100-Pfund-Anleihe. Das wollte Fisk nutzen: Als der Südstaaten-General Robert Lee schließlich am 9. April 1865 kapitulierte, schaffte es Jubilee-Jim, ein Schiff mit einem Agenten so schnell über den Atlantik zu schicken, dass er London noch vor der offiziellen Nachricht vom Schlachtfeld erreichte. Der Agent verkaufte Anleihen auf Termin und fuhr einen riesigen Gewinn ein, als der Kurs tags drauf zusammenbrach.

In New York brachte das Glück Fisk wenig später mit einem gewissen Daniel Drew zusammen. Der Ruhm des 68-jährigen Drew gründete sich ebenso sehr auf seinen Reichtum wie auf sein miserables Englisch und die Tatsache, dass er jedes gegebene Versprechen brach. Das erste Vermögen hatte er gemacht, indem er Rinderherden den Hudson hinunter in die Schlachthöfe Manhattans trieb. Ehe sie dort ankamen, tat er den Rindern Salz ins

Futter. Dadurch wurden sie durstig und tranken entsprechend mehr. Das zusätzliche Wasser bezahlten ihm die Metzger als Fleischgewicht.

Drew war inzwischen der faktische Chef der Erie Railroad geworden, einer Eisenbahngesellschaft, deren Netz New York mit Buffalo an der kanadischen Grenze verband. Die Bahn war durch und durch marode: Die Züge entgleisten oft, weil niemand die Schienen instand hielt, die Fahrpläne waren reine Theorie. Drew war auch gar nicht an den Zügen selbst interessiert, sondern nur an Börsengeschäften. Sein wichtigstes Instrument dabei waren Kapitalerhöhungen: Er emittierte neue Aktien, vorgeblich um neue Schienen zu verlegen, tatsächlich jedoch, um auf eigene Rechnung zu spekulieren. Und dabei wurden James Fisk und seine Broker-Firma zum wichtigsten Partner Drews.

Das Problem war, dass sich inzwischen Cornelius Vanderbilt für die Erie Railroad interessierte. Der Schiffs- und Eisenbahnmagnat, einer der reichsten Männer der Welt, wollte das Erie-Netz in sein Imperium integrieren. Vanderbilt war so mächtig, dass man ihn in New York allgemein nur „Commodore“ nannte. Und Jim Fisk und Daniel Drew wollten es nun mit diesem Commodore aufnehmen. Anfang 1866 kam der erste Schritt: Daniel Drew lieh der Erie Railroad aus seinem Vermögen 3,5 Millionen Dollar. Als Sicherheit genehmigte er sich selbst 58 000 Erie-Aktien. Für deren Druck hatte er eigens eine Geheimdruckerei im Keller eingerichtet. Fisk warf diese Aktien auf den Markt, mit dem Effekt, dass der Kurs binnen weniger Tage von 80 auf 50,5 Cent abstürzte. Vanderbilt gehörte zu den größten Verlierern.

Als Reaktion darauf versuchte sich der Commodore mit Drew zu verbünden. Die beiden verabredeten, zusammen den Kurs nach oben zu treiben. Vanderbilt kaufte Erie-Aktien, nur wunderte er sich, dass sich deren Preis kaum bewegte. Es dauerte einige Monate, bis der Commodore merkte, dass Drew und Fisk ihn hereingelegt hatten: Während er Aktien kaufte, hatten die beiden verkauft und auf seine Kosten abkassiert.

Am 17. Februar 1867 erklärte der Commodore Drew und Fisk den Krieg. Er bestach George Robert Gardner, einen Bundesrichter in Manhattan, und veranlasste, dass dieser eine einstweilige Verfügung erließ: Drew durfte bis auf weiteres keine Geschäfte mehr im Namen von Erie machen. Aber Korruption war damals in den USA gängige Praxis, deshalb bedeutete der Richterspruch nicht viel: Fisk reiste mit ein paar Anwälten nach Binghamton, einer Stadt im Bundesstaat New York, die komplett von der Erie-Eisenbahn abhängig war: Dort fand er einen Richter, der Gardners Urteil aufhob. Drew und Fisk genehmigten sich darauf eine weitere Wandelanleihe über zehn Millionen Dollar, offiziell, um Stahl für neue Schienen zu kaufen, tatsächlich jedoch, um Munition im Kampf gegen Vanderbilt zu haben. Am 10. März war der Krieg vorbei. Vanderbilt hatte acht Millionen Dollar verloren. Er hatte 100 000 frisch gedruckte Aktien gekauft, die hinterher für illegal erklärt wurden.

Tags drauf kam das Gerücht auf, Richter Gardner, im Solde Vanderbilts, werde den kompletten Verwaltungsrat der Erie Railroad verhaften lassen. Fisk packte acht Millionen Dollar in Kisten und setzte zusammen mit seinem Partner Drew nach New Jersey über, unerreichbar für die New Yorker Polizei. Nach ein paar Tagen tauchten ein paar Schläger aus der New Yorker Unterwelt vor seinem Hotel auf und postierten sich mit bedrohlichen Gesten. Angeblich hatte Vanderbilt 5000 Dollar für jeden ausgesetzt, der Drew nach Manhattan zurückbringen würde. Die Polizei von New Jersey marschierte auf, um Drew und Fisk zu schützen. Angeblich wollte der Commodore eine ganze Armee schicken, um Drew und Fisk zu kidnappen. Diese Armee kam nie. Kein Wunder: Jim Fisk hatte die Geschichte mit der drohenden Verhaftung erfunden – um Vanderbilt wie einen Halunken aussehen zu lassen und sich die Loyalität Drews zu sichern.

Der Sieg im Krieg um die Erie-Bahn war aber Fisk nicht genug. Bereits ein Jahr später landete er seinen nächsten Coup: die Manipulation des Goldmarkts.

Die Regierung in Washington hatte den Bürgerkrieg teilweise durch Inflation finanziert. Sie gab Banknoten aus, sogenannte Greenbacks, die nicht mehr mit Gold gedeckt waren. Nun, nach dem Ende des Krieges wurde allgemein erwartet, dass Präsident

Ulysses Grant die Greenbacks für Gold zurückkaufen würde. Deshalb rechneten die Anleger damit, dass der Goldpreis rasch sinkt. Jim Fisk entwickelte nun mit Jay Gould, einem Partner, den er bei der Erie Railroad kennengelernt hatte, einen Plan: Ehe die Regierung mit den Verkäufen beginnen würde, wollten sie den Goldmarkt beherrschen. Zu dem Zweck bestachen sie den Schwager des Präsidenten, einen Finanzinvestor namens Abel Corbin: Er sollte Grant dazu veranlassen, mit den Verkäufen zu warten. Gleichzeitig begannen Fisk und Gould, Gold zu horten, was den Preis in die Höhe trieb – entgegen den Erwartungen der anderen Investoren. Als der Präsident begriff, was geschah, befahl er, sofort zu verkaufen. Am 24. September 1869 brach die Goldspekulation zusammen, begleitet von einer Panik an der Wall Street, die viele Anleger um ihr Vermögen brachte. Die Verschwörer aber konnten vorher ihre Gewinne sichern.

Am Schluss weigerte sich James Fisk, seine Erpresser zu bezahlen. Da erschossen sie ihn.

Jedenfalls sagte Fisk danach: „Wir haben nichts verloren außer unserer Ehre.“ Seinen Reichtum konnte er aber nicht mehr lange genießen. Viele Jahre hatte er in New York eine berühmte Geliebte gehabt: Josie Mansfield, eine stadtbekannte Lebedame, die zeitweise auch als Prostituierte arbeitete. Irgendwann hatte sie aber genug von ihm und verliebte sich in Edward Stokes, einen gut aussehenden Geschäftspartner Fisks. Stokes und Mansfield, offensichtlich in Geldnot, versuchten Fisk zu erpressen: Sie drohten, Briefe zu veröffentlichten, die seine Betrügereien belegten. Doch Fisk war nicht bereit zu zahlen. Am 6. Januar 1872 erschoss Stokes Fisk auf der Treppe eines Hotels am Broadway. Der Räuberbaron wurde ganze 37 Jahre alt. *Nikolaus Piper*

Der Commander und seine Goldjungs

Wie ein Kölner Devisenhändler die einzige deutsche Bankenpleite nach 1945 verschuldete und trotzdem ungeschoren davonkam.

Dany Dattel lebt zurückgezogen, der einst redselige Spekulant der Herstatt-Bank ist Pensionär und lässt keine Journalisten mehr an sich heran. Dabei gab Dattel, der Mann mit der wuchtigen Nase und den wuseligen Haaren, früher bereitwillig Auskunft. 1974 dominierte der Chefdevisenhändler der Kölner Herstatt-Bank die Schlagzeilen in Deutschland wie im Jahr 2008 der Händler der Société Générale, Jérôme Kerviel, in Frankreich. „Dattel war der Superstar bei Herstatt", erinnert sich der 80-jährige Werner Schaeper, der als Insolvenzverwalter die Abwicklung der Bank begleitete. Während der Fußball-Weltmeisterschaft 1974 sollte die Pleite der Kölner Privatbank die Finanzwelt erschüttern.

Ursache waren misslungene Spekulationsgeschäfte des Instituts. Raumschiff Orion nannten Mitarbeiter deren futuristisch gestalteten Handelsraum in Anspielung auf die Science-Fiction-Serie Raumpatrouille Orion mit Dietmar Schönherr als Commander Cliff Allister McLaner, die wenige Jahre zuvor die Menschen gebannt am Fernseher verfolgt hatten. Der Tisch bei Herstatt sah aus wie eine abgeschnittene Pyramide, auf den Monitoren flackerten allerdings keine fernen Galaxien, sondern Währungskurse: Dollar, D-Mark, Pfund oder Franc.

Der Markt für Devisentermingeschäfte sollte mit der Freigabe der Wechselkurse der großen Währungen explodieren. Schon vorher lief es gut für Dattel und seine Crew. Das Team der Kölner Privatbank spekulierte bei Devisentermingeschäften in einem Umfang wie sonst nur die großen Banken. Bis zu 600 Kontrakte zeichneten die Devisenhändler täglich. Ihr Anführer Dattel, ein etwas fülliger Mittdreißiger, kaufte vor allem Dollar „leer", sprich, er beschaffte die Dollar erst zu einem späteren Zeitpunkt. Er war überzeugt davon, der Dollarkurs werde sinken. Er verkaufte am 28. Februar 1973 beispielsweise eine Milliarde Dollar zum 31. Mai für drei Mark je Dollar. Und fiel der Dollar erwartungsgemäß bis Mitte Mai auf 2,50 Mark, konnte Dattel die Milliarde Dollar für 2,5 Milliarden Mark kaufen. Beim vertraglich vereinbarten Verkauf am 31. Mai erlöste er dann für eine Milliarde Dollar drei Milliarden Mark. Sein Gewinn: 500 Millionen Mark. Aber es ging auch umgekehrt.

Zwischenzeitlich galten die Devisentermingeschäfte allerdings als recht narrensicher, weil beispielsweise die D-Mark als unterbewertet galt. Zudem musste die Deutsche Bundesbank intervenieren, wenn der Dollar-Kurs unter eine bestimmte Grenze sank.

Was Spekulanten wie Dattel verdienten, zahlte letzten Endes die Bundesbank. Der Erfolg hielt zunächst an, als die Bundesbank nach dem Ende des Bretton-Woods-Systems im Jahre 1971 keine Unterstützungskäufe mehr für fremde Währungen tätigte. Nach der vollständigen Freigabe des Wechselkurses der D-Mark fiel der Kurs des Dollar gegenüber der bundesdeutschen Währung im Laufe der folgenden Jahre auf 2 zu 1. Scheinbar mühelos verdiente Dattel Geld. „Alle Angestellten dürften nach einer Elf-Punkte-Regelung auch privat spekulieren. Das haben alle getan, Herr Herstatt, die Direktoren, die Sekretärinnen, auch ich", erzählte Dattel später. Lehrlinge fuhren bei Herstatt im Porsche vor. Es herrschte Goldgräberstimmung.

Im Handelsraum lagen bei den Telefonen Beruhigungspillen, weil die Devisenjongleure so im Stress waren.

Dann riss die Erfolgsserie ab. Allerdings verschleierte Dattels Crew die Verluste zunächst durch das „Einbuchen" von Forderungen einer Schweizer Bank. So zeichneten die Wirtschaftsprüfer, beruhigt durch angebliche Überweisungen aus Zürich, die Bilanz ab. Als die Millionenverluste dann sichtbar wurden, sollte es für eine Rettung der Bank zu spät sein. Iwan-David Herstatt, der die Privatbank aufgebaut und als persönlich haftender Gesellschafter geführt hatte, bezeichnete es als tragisch, dass weder die eigenen Revisoren noch die Wirtschaftsprüfer die Kurse mit den tatsächlichen Tageskursen verglichen hätten. Dann wären die Ungereimtheiten wohl schon früher aufgefallen. Die misslungenen Spekulationen hätten die Bank seiner Meinung nach auch nicht in den Abgrund gerissen, wenn sich Dattel an die Limite gehalten hätte. „Über diese Beschränkung setzte sich Dattel hinweg, indem er bei der Firma Nixdorf eine Abbruchtaste bestellte, die es ihm ermöglichte, Geschäfte zehn Tage unverbucht zu lassen (...) somit konnte er die Tagesbilanz manipulieren. Nachträglich habe ich festgestellt, dass Herr Dattel seine Limite zeitweise bis zu 750 Millionen Mark überschritt", schreibt Herstatt in seinem Buch „Die Vernichtung".

Wer war dieser Dany Dattel? Für die einen war er der verhinderte Schauspieler, der sich immer prächtig in Szene setzen konnte. „Ich wollte Schauspieler werden, doch meine Mutter hatte etwas dagegen", erzählte er selbst. Andere Menschen, deren Weg er kreuzte, sprechen von einem unterhaltsamen und netten Banker. In jedem Fall hatte Dattel 1958 auf Empfehlung der Familie Goldschmidt einen Ausbildungsplatz zum Bankkaufmann bei Herstatt bekommen. Neun Jahre später war er bereits Chefdevisenhändler und sein Rat gefragt. Er war ein sachkundiger Gesprächspartner, erinnert sich ein Reporter, der Dattel damals mehrfach für den Westdeutschen Rundfunk über Goldgeschäfte interviewte. Dattel kletterte die Karriereleiter schnell hoch. Seine Vorgesetzten hatten Angst, dass ihnen ein größerer Konkurrent den Starbanker abjagen könnte.

Glaubt man Dattel, dann hätte er gerne selbst das Handtuch als Chefdevisenhändler geworfen. Er habe die Bankoberen gebeten, ihm eine andere Tätigkeit in der Bank zu geben, erzählte er später. Er habe unter dem ständigen Zwang zum Erfolg und unerträglichem Stress gelitten. Dies scheint mehr als eine Legende zu sein. Schließlich lagen in dem Handelsraum neben den Telefonen Medikamente, insbesondere Beruhigungsmittel. „Wer uns gesehen hätte, wie wir den ganzen Tag haben schuften müssen. Wir hatten ja überhaupt nicht die Zeit, uns um die Gesamtlage der Bank zu kümmern“, gab Dattel als Begründung dafür an, dass er den Zusammenbruch der Bank nicht kommen sah.

Dabei gab es warnende Stimmen. So hatte der Chefrevisor Heinz Laaf auf Missstände im Devisenhandel hingewiesen. Doch die Führungsriege um Privatbankier Herstatt ignorierte die Alarmsignale, hielt Laaf für einen Buchhalter aus einer längst vergangenen Zeit. Glaubt man Dattel, dann wussten seine Vorgesetzten ganz genau, auf welchem Glatteis sich die Bank damals befand. Dann kam im Jahr 1973 eine besonders nervenaufreibende Zeit für die Devisenhändler. Erst stürzte der Dollar binnen sieben Monaten von 3,15 Mark auf 2,28 Mark ab, dann kletterte er wieder auf 2,70 Mark. Irgendwann setzten die Herstatt-Händler wohl auf die falsche Kursentwicklung. Ende des Jahres tuschelte man in der Finanzwelt schon darüber, ob das kleine Institut nicht ein viel zu großes Rad drehte, viele Banken reagierten, indem sie Geschäfte mit Herstatt mit einem Limit versahen. Landeszentralbank und Bankenaufsicht schalteten sich ein. Doch Herstatt beruhigte sie. Dabei verschwieg er, dass die Bank zur Verkleinerung der Devisengeschäfte einige Positionen ein Jahr später verbuchen wollte. Ansonsten hätte es Ende 1973 bereits offene Positionen von 711 Millionen Dollar gegeben – das entsprach dem 23-Fachen des haftenden Eigenkapitals von Herstatt.

Im folgenden Frühjahr wird die Lage bedrohlich. Egal, ob der Dollar steigt oder fällt, Herstatt fährt neue Verluste ein. Es folgen hektische Verhandlungen mit Bank, Aufsicht, dem Hauptaktionär sowie den deutschen Großbanken. Als diese von Hans Gerling die Verpfändung von Aktien des Versicherers verlangen und dieser ablehnt, ist es vorbei. Am 26. Juni 1974 läuten die Totenglocken für die Herstatt-Bank.

Es ist ein feuchter, schwüler Sommertag im Rheinland. Iwan-David Herstatt hat sich morgens noch mit einem Architekten getroffen, um über die Fassade einer Zweigstelle zu sprechen. Wenige Stunden später sind die Straßen leer, die Deutschen verfolgen bei der Weltmeisterschaft im eigenen Land die Partie Deutschland gegen Jugoslawien. Der Banker wird nur einige Minuten fernsehen. Noch vor dem ersten Treffer der deutschen Mannschaft ruft ihn Günter Dürre an, der Chef des Aufsichtsamtes für das Kreditwesen. Die Rettungsaktion für Herstatt sei gescheitert, die Aufsicht habe ihr deswegen die Banklizenz entzogen und die Liquidation angeordnet. Herstatt verließ die Zentrale, der Taxifahrer fragte ihn, ob sein Fahrer Urlaub habe. Schweigend lässt er sich nach Hause fahren. Wenig später ratterte aus den Fernschreibern im Handelsraum die Nachricht. „Jeder wusste: Wenn eine Bank zumacht, dann macht sie nie wieder auf", erinnert sich ein Bankmitarbeiter. Das Raumschiff Herstatt war zerschellt. Commander Dattel selbst will von der Schließung der Bank erst am Folgetag durch den Nachrichtenticker von VWD erfahren haben. Wenig später versammeln sich verunsicherte Kunden vor den Herstatt-Filialen.

Herstatt selbst gibt Dattel die Schuld an dem Zusammenbruch der Bank. „Ich war total erledigt, mein Lebenswerk war zerstört durch unnötige, hemmungslose Geschäfte eines skrupellosen Spekulanten", schreibt er. Zwei Jahre später wird Herstatt verhaftet und zu zwei Jahren auf Bewährung verurteilt. Infolge der Bankpleite wird die deutsche Bankenaufsicht verschärft. Gleichzeitig schaffen die Privatbanken einen dauerhaften Feuerwehrfonds zur Einlagensicherung der Kundengelder.

Vier der Goldjungs wurden wegen illegaler Devisengeschäfte in großem Stil zu Bewährungsstrafen zwischen eineinhalb und zwei Jahren verurteilt. In der Urteilsbegründung betonten die Richter, dass sich Dattel „einmal mehr als Schlüsselfigur der Spekulationsgeschäfte erwiesen habe." Seinem Geschick beim Devisenhandel und der „Verlockung, schnell und risikolos Geld zu verdienen", seien die Angeklagten erlegen. Sie hätten Dattel nur gewähren lassen und keinen eigenen Tatwillen gehabt. Dattel selbst kommt ungeschoren davon. Er, der am Devisenroulette das „große Rad gedreht hatte", litt unter chronischen Angstzuständen. Als Vierjähriger war Dattel in das Konzentrationslager Auschwitz verschleppt worden. Ärzte bescheinigten ihm vor Gericht nun ein KZ-Syndrom, welches nach der Verhaftung ausgebrochen sei. Mehrere Gutachter erklärten Dattel für verhandlungsunfähig. Damit wird das Revisionsverfahren gegen ihn aus gesundheitlichen Gründen eingestellt.

Dattel lebt heute im Kölner Stadtteil Sülz, in einem dreistöckigen Appartementhaus mit Tiefgarage, Dachterrasse und Überwachungskamera. Wenige Kilometer weiter empfängt Schaeper einmal im Jahr die letzten Aktionäre der Privatbank in Liquidation. Darunter ist auch ein Mitarbeiter des ehemaligen Großaktionärs Gerling. Jahrelang kam ein Notar und zählte zwei Tage lang die 35 000 Aktien der Bank, die noch in einem Tresor bei Gerling lagen. Eines Tages beendete der zuständige Mitarbeiter die Prozedur, der Tresor wurde versiegelt. *Caspar Dohmen*

Der Finanzterrorist

Jérôme Kerviel verzockt fünf Milliarden Euro und treibt damit die Bank Société Générale an den Rand des Abgrunds. Dabei will er doch nur mehr Gehalt.

Er ist im Moment der bekannteste unter den gescheiterten Spekulanten dieser Welt. Am Ende seiner Karriere jonglierte er mit mehr als 50 Milliarden Euro seiner Bank. Das entspricht mehr als dem Anderthalbfachen des Eigenkapitals der Société Générale. Am Ende macht sie wegen Jérôme Kerviel einen Verlust von 4,9 Milliarden Euro. Kerviel, geboren am 11. Januar 1977, stammt aus bescheidenen Verhältnissen. Seine Mutter betreibt bis zu ihrer Pensionierung einen Friseursalon in Pont l'Abbé, im Westen Frankreichs in der Bretagne. Der Vater arbeitet bis zu seinem frühen Tod 2006 als Ausbilder in einer Lehrlingswerkstatt. Kerviel kommt erstmals auf dem Gymnasium seines Heimatdorfs mit der Börse in Berührung.

Seine Klassenlehrerin gründet 1994 einen Investorenclub. Das Startkapital beträgt 3000 Francs und kommt von drei Firmen aus der Region. Kerviel und seine Mitschüler spekulieren und gewinnen. Auch im Judo hat Kerviel zeitweise Erfolg. Er holt den blauen Gürtel, muss dann aber aufhören: Die Knie schmerzen. Kerviel ist ein korpulenter Teenager. Sein Spitzname ist „Doppelzentner". Auf Bildern aus seiner Jugend erkennt man den schlanken jungen Händler, von dem kurz nach seinem Auffliegen Fotos im Internet kursieren, nicht wieder.

Er weiß früh, dass er Börsenhändler werden will. Doch der Königsweg ist dem Jungen aus der Provinz im elitären französischen Bildungssystem verschlossen. Er studiert auf mittelmäßigen Universitäten, in Nantes und Lyon. Dort macht er ein Diplom im „Management von Finanzoperationen im Back und Middle Office". Diese Offices sind zur Kontrolle von Händlern da, wie er später einer wird.

Seinen weiteren Werdegang schildert Kerviel den Ermittlern der Pariser Staatsanwaltschaft Ende Januar 2008 so: „Im August 2000 bin ich zur Société Générale gekommen, als Mitarbeiter im Middle Office. Diese Funktion habe ich (. . .) 2002 aufgegeben. Damals hat man mir vorgeschlagen, zum Assistant Trader aufzusteigen. (. . .) 2004 wurde ich als Assistent einer Abteilung zugewiesen. Da ich in einer Reihe mit den Händlern saß, begann ich mich mehr und mehr fürs Trading zu interessieren. Anfang 2005 wurde ich offiziell Händler, ein Posten, den ich bis letzte Woche innehatte. Am Sonntag, den 20. Januar, sagte mir der Leiter der Abteilung, ich sei entlassen." Was sich zwischen 2005 und dem 20. Januar 2008 ereignete, fasst Kerviel mit einem Satz zusammen: „Ich befand mich in einem Strudel, aus dem ich nicht mehr herausfand." Dieser Strudel zieht vom Sommer 2005 an seine Kreise. Kerviel setzt auf ein Fallen der Allianz-Aktie. Der Zufall spielt ihm in die Hände. Im Juli 2005 explodieren in der Londoner U-Bahn Bomben, die Aktienkurse rasen weltweit in den Keller. „Das bedeutet für mich einen Jackpot von 500 000 Euro", sagt Kerviel.

Er fälscht Briefköpfe und fingiert Geschäfte

„Das Ganze machte Lust auf mehr. Da kam es zu einer Art Schneeballeffekt." Kerviel ist einer der am schlechtesten bezahlten Händler in der branchenweit geschätzten Abteilung Delta One der Société Générale. Im Jahr verdient er 48 500 Euro, Anfang 2007 erhält er einen Bonus von 50 000 Euro. Kerviel will mehr. Im März 2007 geht Kerviel aufs Ganze. Er wettet darauf, dass der Deutsche Aktienindex Dax fällt, und kauft für 30 Milliarden Euro ungesicherte Terminkontrakte, bisweilen in zwei Stunden mehr als 6000. Zwischen dem 15. März und dem 23. Juli sind es mehr als 150 000 Kontrakte insgesamt. Im Back und Middle Office schrillt der Alarm. Die Kontrolleure fragen nach, verlangen von Kerviels Chefs Belege. Die ermahnen Kerviel, doch der weicht aus, vertröstet auf einen späteren Zeitpunkt. Fälscht Briefköpfe angeblicher Vertragspartner. Storniert Geschäfte, bevor sie fällig werden, und schließt sofort neue ab.

„Niemand ergreift die Initiative, die Richtigkeit von Kerviels Angaben zu überprüfen, obwohl diese unglaubwürdig erscheinen", heißt es später in einem internen Untersuchungsbericht. Vielleicht auch, weil Kerviel nach anfänglichen Verlusten wieder Glück hat und deswegen auch seine sieben Kollegen am Handelstisch auf höhere Boni hoffen dürfen. „Ende Juli 2007 gerät der Markt in den Sog der US-Hypothekenkrise", erinnert sich Kerviel, „und das Pendel schlägt um. Mein Gesamtresultat klettert steil nach oben, auf 500 Millionen Euro." Der Betrag lässt auf eine unerlaubt eingesetzte Riesensumme von 30 Milliarden Euro schließen. Es kommt zu einer bizarren Situation: Kerviel macht einen Riesengewinn, muss ihn aber kaschieren.

Fortan verbringt er täglich mehrere Stunden damit, Transaktionen zu fingieren, angebliche Verluste zu machen und Kontrakte mit erfundenen Geschäftspartnern zu fälschen. Dazu loggt er sich in die Computer seiner Kollegen ein, kommt morgens als Erster ins Großraumbüro und geht abends als Letzter. Auf Urlaub verzichtet er. Gesprächig ist er eh nicht. Er lebt allein, nahe der Arbeit, in einer kleinen Wohnung. Eine Nachbarin erzählt, Kerviel habe, wenn sie ihren Hund ausführte, „Guten Tag" vor allem in Richtung Hund gesagt. Freunde hat er wenige. Mit einem Kollegen geht er in schicke Bars.

Derweil fragen immer häufiger die internen und bald auch externen Kontrolleure nach, zum Beispiel Prüfer der Handelsüberwachungsstelle der Börse Eurex in Frankfurt. Doch seine Vorgesetzten schreiten nicht ein. „Ihre Passivität hat mich ermutigt weiterzumachen", sagt Kerviel. So wächst Kerviels Gewinn bis zum 31. Dezember 2007 auf 1,4 Milliarden Euro. Sein Assistent gratuliert ihm per E-Mail zu der unglaublichen Summe. Sein Arbeitgeber erfährt nichts davon. Kerviel deklariert lediglich einen Gewinn von 55 Millionen Euro, mehr als alle seine sieben Kollegen am Handelstisch zusammen. Er fordert einen Bonus von 600 000 Euro. Die Bank verspricht ihm die Hälfte. Doch die wird er nie erhalten, wegen eines dummen Fehlers. Kerviel ändert zunächst Anfang Januar 2008 die Strategie, setzt auf steigende Kurse und erhöht den Einsatz auf 50 Milliarden Euro. Wieder schrillt der Alarm, 75-mal insgesamt.

Wieder Nachfragen. Wieder fälscht Kerviel Dokumente. Doch diesmal gibt er als Gegenpartei die für eine Transaktion in dieser Größe viel zu kleine Baader Bank in Deutschland an. Irritation, Nachfragen. Kerviel sagt, Baader handele im Auftrag der Deutschen Bank und fingiert eine E-Mail der Deutschen Bank. Im Glauben, sich abermals aus der Affäre gezogen zu haben, fährt er am Wochenende des 19./20. Januar nach Deauville, dem schicken Küstenort in der Normandie.

Doch nun nimmt das Unheil seinen Lauf. Endlich ruft ein Kontrolleur am Samstag einen Bekannten bei der Deutschen Bank in New York an. Von einem Jérôme Kerviel hat dieser noch nie etwas gehört. Um 16.30 Uhr erreicht die Nachricht Bankchef Daniel Bouton auf seinem Landsitz in Chantilly. Kerviel wird für 18.30 Uhr in die siebte Etage des Bankturms in La Défense in Paris beordert. Um elf Uhr am Sonntagvormittag erfährt Bouton erstmals von offenen Positionen in Höhe von 50 Milliarden Euro.

Es geht um die Existenz der 1864 gegründeten Bank. Bouton weiht als einzigen Außenstehenden den Präsidenten der französischen Notenbank ein und beauftragt Maxime Kahn, seinen besten Händler, mit dem Verkauf von Kerviels Kontrakten. Doch am Montag, Dienstag und Mittwoch fallen die Aktienkurse so stark wie seit dem 11. September 2001 nicht mehr. Am Donnerstag gibt Bouton vor der Presse einen Verlust von 4,9 Milliarden Euro bekannt, Kerviels Gewinn von 1,4 Milliarden inbegriffen.

Bouton stellt ihn als destruktiven, kleinen Händler dar und verwendet den Begriff Terrorist. Im Internet wird Kerviel zum Helden von Anti-Kapitalisten. T-Shirts, Bücher und Lieder über ihn werden verkauft. Kerviel sucht sich Anwälte und zieht zu einem Mann, der sein Vater sein könnte: Jean-Raymond Lemaire.

Die Bank erstattet Anzeige. Kerviel kommt in Polizeigewahrsam. 37 Tage sitzt Kerviel in dem berühmt-berüchtigten Gefängnis La Santé ein. Ein langes Ermittlungsverfahren beginnt. Im Sommer 2008 werden Kerviels Vorgesetzte entlassen, auch Bouton muss mit dem Posten des Aufsichtsratsvorsitzenden vorliebnehmen. Kerviel fängt derweil an, in Lemaires Informatikberatungsfirma zu arbeiten. Er verdient 4000 Euro im Monat und bereitet sich auf seinen Prozess vor. *Michael Kläsgen*

Der König der Streichhölzer

Ivar Kreuger baute mit Zündhölzern ein weltweites Monopol auf, scheiterte – und starb unter mysteriösen Umständen.

Der Mann betritt den Waffenladen. Sein Gesicht ist ernst, kühl, so kennt ihn die Welt. Kaum ein Foto, auf dem Ivar Kreuger lächelt oder gar lacht. Er lässt sich Zeit, kauft eine Pistole, eine 9-Millimeter Browning, halbautomatisch, dazu Munition. Dann verlässt er den Laden und seine Spur verliert sich im Gewirr der Pariser Straßen, an diesem späten Freitagnachmittag.

Am nächsten Morgen ist Ivar Kreuger tot. Ein Mitarbeiter findet den 52-Jährigen in seiner Wohnung in der Rue Victor Emmanuel Nr. 5. Er liegt auf dem Bett, erschossen, die 9-Millimeter Browning hält er in seiner linken Hand. Es ist Samstag, der 12. März 1932, und einer der mächtigsten Finanzmagnaten der Welt ist nicht mehr am Leben.

Sein Leben, das waren die Streichhölzer. Diese kleinen Stückchen Holz mit den roten Köpfchen. Sie haben ihn unglaublich reich gemacht – unvorstellbar in unserer heutigen Zeit, wo man leere Feuerzeuge wegwirft wie Zigarettenkippen. Doch in den zwanziger Jahren sind Zündhölzer wichtig, überlebenswichtig.

Schon Ivar Kreugers Großvater Peter stellt in Schweden Zündhölzer her und kauft mehrere Fabriken auf. Sein Vater Ernst vergrößert das Familienunternehmen weiter und übergibt es 1913 an Ivar. Er ist 33 Jahre alt, ausgebildeter Bauingenieur, hat bereits eine Baufirma gegründet und gutes Geld verdient. Doch dann nimmt er die Aufgabe an, kauft weiter Streichholzfabriken hinzu. Bald gehören ihm schwedische Wälder, Minen, Papierfabriken. Schweden ist ihm nicht genug. Nach seinem Studium hat er die Welt bereist. England, Afrika, Indien, Mexiko und vor allem: Amerika. Die große Welt soll seine Bühne sein – der Schwede Ivar Kreuger will hoch hinaus.

Die Klatschblätter lieben ihn. Aber es gibt noch eine zweite Seite.

Die labile politische Lage während und kurz nach dem ersten Weltkrieg macht es ihm leicht. Viele Staaten brauchen Geld – und das nutzt er für seine Zwecke. Kreuger geht stets gleich vor: Erst steigt er in einem Land in den Wettbewerb um Streichhölzer ein, provoziert Preiskämpfe und kauft Firmen auf. Dann macht er der Regierung ein Angebot, das sie nicht ablehnen kann: Er leiht ihr hohe Geldbeträge zu guten Konditionen. Im Gegenzug bekommt er das Monopol für Zündhölzer. Bald beherrscht der Mann mit dem ernsten Gesicht Frankreich, Ungarn, Griechenland, Polen, Jugoslawien, außerdem einige südamerikanische Staaten. Ivar Kreuger ist der König der Zündhölzer.

Die Klatschblätter lieben ihn: Er ist nicht verheiratet und reich. Beste Voraussetzungen also für Spekulationen aller Art. Außerdem lebt er glamourös, besitzt Luxuswohnungen in vielen wichtigen Städten. In Stockholm lebt er in der teuersten Privatwohnung des Landes in der Villagatan 13: 700 Quadratmeter, verteilt auf zwei Etagen und 23 Zimmer. In New York wohnt er in der Park Avenue, in Berlin am Pariser Platz. Seine schlesische Hausdame muss die Berliner Wohnung täglich mit frischen Blumen schmücken, ob Kreuger da ist oder nicht. Er liebt Blumen, in seiner Pariser Wohnung will er angeblich einen japanischen Wintergarten anlegen lassen.

Auf seinen Yachten feiert die Prominenz, er wird vom amerikanischen Präsidenten ins Weiße Haus eingeladen und – angeblich – mit berühmten Hollywood-Schauspielerinnen gesehen. Gerüchten zufolge hat er eine kurze, heftige Affäre mit Greta Garbo. Ivar Kreuger äußert sich dazu nicht, er ist diskret, ein Gentleman eben.

Ende der zwanziger Jahre nimmt Kreuger Deutschland ins Visier. Es ist das Land seiner Vorfahren, sie hießen Kröger und kamen aus Mecklenburg. Die Weimarer Republik braucht dringend Geld; sie bekommt es von Kreuger: 125 Millionen Dollar zu sechs Prozent Zinsen, die ersten zehn Jahre tilgungsfrei. Ein unglaubliches Angebot – und das zum Höhepunkt einer Weltwirtschaftskrise. Zu dieser Zeit ziert eine Zeichnung seines ernsten Gesichtes das Magazin Time, Überschrift: „Der Monopolist“. Kreuger macht sich wenig Freunde. Seine Konkurrenten sind über seine rabiaten Geschäftsmethoden empört, die Banker sauer, weil er so günstig Geld verleiht. Auf dem Höhepunkt seiner Karriere schulden ihm 17 Staaten insgesamt fast 400 Millionen Dollar – eine immense Summe. Er verleiht alles, was er hat. Bares Geld hält Kreuger kaum mehr. Damit ist er angreifbar, es ist ein riskantes Spiel zu Zeiten der Weltwirtschaftskrise. Der internationale Handel bricht ein, den Staaten geht das Geld aus, sie können ihre Raten nicht mehr zahlen. Plötzlich stehen die Banken bei Kreuger vor der Tür: Er hat ihnen die Anleihen als Sicherheiten für Bares hinterlegt. Nun fürchten sie, dass die Sicherheiten nichts mehr wert sind. Die Aktien seiner Unternehmen – früher ein Garant für gute Rendite – verlieren an Wert. Ivar Kreuger fällt – und versucht, sich irgendwo festzuklammern. Er greift nach jedem Strohhalm, wie es jeder Stürzende tut. Nicht immer handelt er legal. Er schiebt Geld in seinem Konzern-Gewirr hin und her, bis er sich verzettelt.

Am Samstag, den 12. März 1932, hat Ivar Kreuger eine Verabredung. Im Hôtel du Rhin warten Mitarbeiter und Geschäftspartner auf ihn. Die Besprechung ist wichtig, es geht um alles: um die wackligen Sicherheiten, um seinen Konzern – über 250 Firmen mit insgesamt 75 000 Mitarbeitern. Alles steht auf dem Spiel. Doch Mitarbeiter und Partner warten vergebens. Kreuger kommt nicht.

Er liegt auf dem Bett seiner Wohnung. Tot. Neben ihm die 9-Millimeter Browning. Die Pariser Polizei stuft Kreugers Tod als Selbstmord ein. Doch schnell gibt es Gerüchte: Kreuger sei ermordet worden. Sie halten sich bis heute. Warum – so fragen Skeptiker – hält der Rechtshänder die Waffe in der linken Hand? Wo sind die fehlenden Patronen?

Wenige Stunden können seine Mitarbeiter den Tod Kreugers geheim halten. Doch am Samstagabend sickert die Nachricht durch. Am nächsten Handelstag brechen weltweit die Kurse an den Börsen ein. Schnell hat die Krise einen Namen: „Kreuger-Crash".

Hannah Wilhelm

Der Vorstadt-Spießer, der die Welt der Rohstoffe erschütterte

Yasuo Hamanaka redet den Kupferpreis hoch und verdient damit lange Zeit gut – doch am Ende verliert er Milliarden und muss für sechs Jahre ins Gefängnis.

Jedes Wort, das Yasuo Hamanaka zum Kupfer sagte, trieb den Preis des häufig verwandten Metalls weltweit hoch. Dafür nannte man ihn „Kupferfinger". Und weil er fünf Prozent des Weltmarkts kontrollierte, auch „Mr. Five Percent". Hamanaka war in Tokio Metallhändler bei Sumitomo Trading, der Handelstochter des japanischen Mischkonzerns Sumitomo. Und er war ein Star in seiner Branche. Bis er am 5. Juni 1996 – amerikanische und englische Fahnder ermittelten bereits – seinen Chefs eröffnete, mit heimlichen Deals Verluste von 1,6 Milliarden Dollar angehäuft zu haben.

In den Monaten zuvor hatte Hamanaka zu trinken begonnen; der stets freundliche, lächelnde Kupfer-Guru war innerlich zusammengebrochen. Geschockt entließen die Sumitomo-Bosse ihren Star, und das Fiasko gelangte nach einer kurzen internen Untersuchung an die Öffentlichkeit. Auch diese reagierte geschockt. 1,6 Milliarden Dollar – bald waren es sogar 1,8 Milliarden Dollar: einen solchen Verlust hatte es bis dahin nie gegeben.

Schockiert war auch Eiichiro Tokumoto: „Ich fühlte mich schuldig und schäme mich, eigentlich bis heute." Tokumoto war damals Korrespondent der Nachrichtenagentur Reuters für den Metallhandel in

Tokio. Er hatte jene Worte, mit denen der Kupferfinger die Märkte manipulierte, verbreitet. Gewundert habe er sich zuweilen schon, so Tokumoto: „Wie konnte ein durchschnittlicher Salaryman", so nennt man in Japan die Armee der gesichtslosen Büroangestellten, „der in einem kleinen Haus in einem Vorort von Tokio mit zwei Kindern, einem Hund und einem Kleinwagen wohnte, ein Star-Trader sein?" Er hätte härter fragen sollen, meint Tokumoto heute.

Er nahm später Urlaub, um den Fall in London und New York zu recherchieren. Er war einer der wenigen Journalisten, die den Gerichtsprozess gegen Hamanaka verfolgten. An Stelle eines Sachbuchs schrieb Tokumoto, sicherlich der beste Kenner des Falles, schließlich – auf Anraten seines Verlegers – einen Schlüsselroman: „Squeeze".

In dem Buch spürt ein Reporter einem Kupfer-Trader mit zwei Kindern, einem Hund, einem alten Auto und einem kleinen Haus nach, der in seiner Branche ein Star ist. Abgesehen von Sex & Crime, um die Tokumoto die Geschichte angereichert hat, hielt er sich streng an die Fakten. Eigentlich ein Filmskript. Während die internationalen Medien Hamanaka als Spieler schilderten, der fast zwei Milliarden Dollar verjubelte, zeichnet Tokumoto ein anderes Bild: „eine griechische Tragödie".

Zehn Jahre habe Hamanaka verzweifelt versucht, mit versteckten Geschäften einen Verlust auszugleichen, den die Kupfer-Handelsabteilung von Sumitomo bereits Mitte der 80er Jahre erlitt. Damals war Hamanaka noch nicht einmal deren Chef, nur der Vize. Der Leiter der Kupferhändler, die über Jahre lausig gearbeitet hatten, ist gerichtlich nie belangt worden. Beim Prozess gegen Hamanaka sagte er als Zeuge aus.

Er legte sich ein Geheimkonto in der Schweiz zu und eine teure Geliebte aus dem Vergnügungsviertel Ginza.

1998 verurteilte ein Tokioter Gericht Hamanaka wegen Fälschung und Betrugs zu acht Jahren Gefängnis. Seine Berufung wurde abgelehnt. Er saß sechs Jahre ab, im Sommer 2004 wurde er entlassen. Und begann mit 54 ein neues Leben: Zuerst absolvierte er wieder die Führerscheinprüfung. Für die Öffentlichkeit war der Fall mit dem Urteil abgeschlossen: ein krimineller Einzeltäter. Niemand fragte, was den braven Angestellten veranlasst hatte, plötzlich die Unterschriften seiner Bosse zu fälschen und Millionen-Kredite von anderen Sumitomo-Filialen zu erschleichen, etwa 770 Millionen Dollar von jener in Hongkong, um mit dem Geld nachts heimlich zu tun, was er tagsüber schon tat: Kupfer und Kupfer-Futures zu handeln. Futures sind Termingeschäfte, also Abmachungen über Geschäfte in der Zukunft.

Was konnte Hamanakas Motiv sein, wenn nicht Geldgier? „Angst“, sagt Tokumoto. „Hamanaka und sein damaliger Chef fürchteten, ihr erster Verlust würde entdeckt.“ Ihrer Generation seien Pannen nie verziehen worden. „Ein einziger Fehler, und man wurde zurückgestuft – auf jeden Fall nicht befördert.“ Demnach wäre Hamanaka in die Illegalität geschlittert, weil er gesellschaftskonform bleiben wollte. Sicher sei der Trader schuldig, aber die damalige japanische Unternehmenskultur habe mit dem Druck, der auf dem Angestellten lastete, zu Hamanakas Absturz beigetragen, meint der Autor.

Gewiss legte sich Hamanaka, als er sich daran gewöhnt hatte, illegal Millionen zu scheffeln, ein Geheimkonto in der Schweiz zu und eine teure Geliebte aus einem Club im Vergnügungsviertel Ginza. Mit ihr machte er einige Luxus-Reisen. Damit führte er nicht mehr nur bei der Arbeit ein Doppelleben (tagsüber handelte er offiziell, nachts an den Börsen London und New York heimlich), sondern auch privat. Aber das kam später – eher eine Folge seines illegalen Treibens als das Motiv. Fragen muss man auch: Wie konnte er zehn Jahre lang betrügen, und niemand verdächtigte ihn, wie später behauptet wurde?

Hat wirklich niemand Verdacht geschöpft? In Tokio wurde schon 1991 gegen Hamanaka ermittelt, im gleichen Jahr meldete ein Broker der Londoner Börse, Hamanaka hätte ihn gebeten, fiktive Kupferverkäufe zu bestätigen. Nur die Sumitomo-Bosse sollen nichts geahnt haben. Vermutlich wollten sie es nicht, oder, wie Tokumoto formuliert: „Sie wollten die Büchse der Pandora nicht öffnen.“ Sie wollten ihren besten Trader nicht bremsen. Paul Krugman, der streitbare Kolumnist der Zeitung New York Times, geht noch weiter. Er unterstellt, Hamanaka habe den Markt mit Billigung seiner Chefs manipuliert – zugunsten der Firma. Mit seiner oft publizierten Einschätzung, die Kupfernachfrage steige weiter, und einer künstlich provozierten Verknappung des Angebots habe er den Preis getrieben. Dafür ist er freilich nicht bestraft worden; auch sonst niemand.

Es ist auch nicht klar, wie viel Geld Hamanaka für Sumitomo unter dem Strich verdient oder verloren hat. Die 1,8 Milliarden Dollar entsprachen jener Summe, die Hamanaka als ungedeckte Future-Positionen im Juni 1996 aufgab. Sumitomo liquidierte diese Positionen in Panik – man verkaufte Kupfer in einen Markt fallender Preise –, deshalb verlor Hamanakas Firma noch einmal 800 Millionen Dollar. Heute ist der Kupferpreis mehr als dreimal so hoch wie damals.

Dass Hamanaka im Juni 1996 auf diesen offenen Positionen von 1,8 oder schließlich sogar 2,6 Milliarden Dollar saß, heißt allerdings nicht, dass er für Sumitomo über die Jahre nicht auch Profite erwirtschaftet hat; vermutlich hat er sogar sehr hohe Profite eingefahren.

Tokumoto hält Hamanaka für eine tragische Figur: Natürlich trage er die Verantwortung für seine Tat, aber andere Händler hätten dazu beigetragen, vielleicht sogar mitgemacht. Auch Sumitomo mit seiner Unternehmenskultur der Angst und die Presse, die ihre Kontrollaufgabe vernachlässigte, trügen Mitschuld. Hamanaka glaubte zudem, die Börse in London habe ihn unfair behandelt. Händlern aus den USA hätte sie ähnliche Manipulationen durchgehen lassen. Händler aus Lateinamerika äußerten Tokumoto gegenüber Sympathien für Hamanaka und bestätigten, London behandle Nichteuropäer strenger.

In den Jahren, in denen Hamanaka im Gefängnis saß, klagte Sumitomo gegen mehrere internationale Finanzinstitute, darunter J. P. Morgan – die US-Bank hatte Hamanaka 154 Millionen Dollar geliehen, die als fiktive Kupfergeschäfte verbucht wurden –, Merrill Lynch, eine Tochter von Crédit Lyonnais und die Schweizer Großbank UBS. Zu Prozessen ist es nicht gekommen. Alle Klagen wurden mit Vergleichen beigelegt. Als Resultat zahlte J. P. Morgan Sumitomo 125 Millionen Dollar, Merrill Lynch 275 Millionen Dollar, UBS 85 Millionen Dollar und die Crédit-Lyonnais-Tochter 1,1 Milliarden Dollar. Sicher nicht aus Freundschaft.

Yasuo Hamanaka lebt wohl noch immer in seinem kleinen Haus in Kawasaki; dem Vernehmen nach handelt er wieder mit Kupfer. Aber mit den Medien redet er kein Wort mehr.

Christoph Neidhart

Über Bord gegangen

Robert Maxwell stammte aus der Ukraine, kämpfte für die Briten und erschuf ein Medienimperium. Als es zusammenbrach, verschwand er im Meer

Die Umstände seines Todes waren ähnlich geheimnisumwittert wie sein Leben. Am 5. November 1991 zog die Besatzung eines spanischen Seenotrettungsdienstes die Leiche von Robert Maxwell aus dem kalten Atlantikwasser. Stunden zuvor war der britische Zeitungsmagnat und Spekulant von seiner Luxusyacht Lady Ghislaine ins Meer gestürzt. Das Schiff kreuzte vor den Kanarischen Inseln. Eine Obduktion ergab, dass der 68-jährige Maxwell an einem Herzanfall gestorben war.

Doch es gehört zu den bizarren Facetten seiner Karriere, dass diese offizielle Version von Freunden und Familienmitgliedern umgehend in Zweifel gezogen wurde. Einmal hieß es, der Mossad habe seine Hände im Spiel gehabt. Der New Yorker Journalist Seymour Hersh hatte die Spekulationen über angebliche Verbindungen Maxwells zum israelischen Geheimdienst in seinem kurz vorher veröffentlichen Buch „The Samson Option" angeheizt, das die Hintergründe des israelischen Atomwaffenprogramms analysiert. Andere Maxwell-Experten argwöhnten, der britische Geheimdienst MI6 habe den Unternehmer mit einem Nervengift umgelegt, das im Körper des Toten nicht nachweisbar war. Mord à la James Bond, Selbstmord oder einfach nur ein Unfall? – Maxwell nahm einen Teil seines Geheimnisses mit in den Tod.

Wesentlich weniger mysteriös waren dagegen einige wirtschaftliche Konsequenzen seines Ablebens: So stellte sich heraus, dass der Tycoon die Pensionskasse seiner Verlagsfirmen geplündert hatte. Der Schaden für seine Beschäftigten belief sich auf 460 Millionen Pfund (etwa 580 Millionen Euro). Schließlich musste der britische Staat einspringen, um die Pensionsgelder nachzuschießen. Maxwells schwer zu durchschauendes Firmenimperium, zu dem Maxwell Communication Corporation (MCC) und zuletzt ein Minderheitsanteil an der britischen Mirror Group Newspaper (MGN) gehörten, hatte 4,5 Milliarden Euro Schulden angehäuft. Offenbar hatte der Finanzjongleur auch Gelder über eine in Liechtenstein ansässige Familienstiftung verschoben. Zudem hatte er die Pensionskasse eingesetzt, um Aktien seiner eigenen Firmen zu kaufen und so einen weiteren Kurssturz zu verhindern. Getrieben war Maxwell offenbar von der Angst, sein Lebenswerk könnte zugrunde gehen.

Was steckte hinter diesem rätselhaften Selfmade-Unternehmer, der einst zu den reichsten Männern Großbritanniens zählte? Zeit seines Lebens war Maxwell ein Grenzgänger, der in verschiedenen Kulturen zu Hause war. Politisch war er noch schwerer einzuordnen. Der Erzkapitalist, der für die Labour-Partei von 1964 bis 1970 im Unterhaus saß, pflegte Beziehungen zur Polit-Oligarchie in den realsozialistischen Ländern. So verlegte Maxwell in einer Buchreihe den sowjetischen Partei- und Staatschef Breschnew ebenso wie dessen Ostberliner Adjutanten Erich Honecker.

Seine Familie war so arm, dass er seine ersten Schuhe erst im Alter von sieben Jahren bekam, erzählte er einmal.

Maxwell war Repräsentant einer Generation, die nach dem Zweiten Weltkrieg aus dem Nichts heraus Firmenimperien aufbaute. Und mehr noch: Er verkörperte mit seinem international agierenden Verlag auch die Globalisierung der Wirtschaft, die den engen nationalen Rahmen sprengte. Skrupellos verfolgte er dabei seine Ziele, um am Ende Opfer seiner eigenen Hybris zu werden.

Seine Familie sei so arm gewesen, dass er erst im Alter von sieben Jahren ein Paar Schuhe getragen habe, erzählte Maxwell einmal. Geboren wurde er am 10. Juni 1923 als Jan Ludvik Hoch.

Der Sohn eines Landarbeiters aus der damaligen tschechoslowakischen Karpato-Ukraine musste mit zehn Jahren die Schule verlassen, um Geld für seine Familie zu verdienen. 1940 floh der jüdische Teenager vor den Nazis nach Großbritannien. Seine Eltern, drei Schwestern und ein Bruder starben im Holocaust.

Maxwell schloss sich einer tschechoslowakischen Widerstandsgruppe an und nahm später als Mitglied der britischen Armee an der Landung der Alliierten in der Normandie teil. Seine Truppe kämpfte sich bis nach Deutschland durch. Damals hatte er den Namen Ian Robert Maxwell angenommen und arbeitete nach der deutschen Kapitulation als Presseoffizier der Briten in Berlin. Zugute kamen ihm seine Sprachkenntnisse. So konnte er sich in Deutsch fließend verständigen. In Berlin kam Maxwell in Kontakt mit dem deutschen Buchverleger Ferdinand Springer, für den er 1947 den Vertrieb in Großbritannien organisierte.

Doch mit dem Angestellten-Dasein wollte sich Maxwell nicht zufriedengeben. 1949 gründete er seinen eigenen wissenschaftlichen Verlag Pergamon Press in Oxford. Mit dem Verkauf von Pergamon-Anteilen an einen US-Konzern 1969 handelte sich Maxwell jedoch eine schlechte Reputation ein, die ihm fortan in der Branche anhängen sollte. Britische Kartellbehörden warfen ihm damals vor, den Wert von Pergamon aufgeblasen zu haben, um einen höheren Erlös zu erzielen. Für Schlagzeilen sorgte auch ein erbitterter Kampf mit seinem Konkurrenten Rupert Murdoch, der ihm die Zeitungen Sun und News of the World wegschnappte. Maxwell warf Murdoch vor, die „Gesetze des Dschungels" zu befolgen. Doch solche Niederlagen stachelten seinen Ehrgeiz weiter an: Mit allen Mitteln wollte er es an Londons berühmte Zeitungsmeile, die Fleet Street, schaffen. Im Jahr 1984 gelang ihm der Kauf der Mirror Group Newspaper, die das Labourfreundliche Boulevardblatt Daily Mirror herausbrachte.

Mit seinen Akquisitionen, unter anderem erstand er auch den amerikanischen Verlag Macmillan und Anteile am Musik-TV-Sender MTV, hatte Maxwell wenig Fortüne. Die Verluste häuften sich. Er hatte sich mit seinen Expansionsplänen übernommen. Die Banken drängten schließlich darauf, dass Maxwell seine Schulden zurückzahlt. Einen Ausweg suchte er daraufhin offenbar in waghalsigen Finanztransaktionen. Am Ende scheiterte er.

Seine Söhne Kevin und Ian versuchten vergeblich, das Unternehmen zu retten. Sie mussten schließlich Bankrott anmelden. Es kam zu Gerichtsprozessen. Das einst stolze Maxwell-Imperium zerfiel in seine Einzelteile. Und was bleibt? Vor kurzem kam bei einer Auktion in London das „Military Cross" unter den Hammer – die hohe militärische Auszeichnung, die der Hauptmann Maxwell im Zweiten Weltkrieg von Feldmarschall Montgomery erhalten hatte. Der Preis: 6900 Pfund. *Andreas Oldag*

13

Oops!

Der kleine Devisenhändler John Rusnak spaziert eines Tages aus seiner Bank, hinterlässt ein Loch von 691 Millionen Dollar und kehrt nie wieder zurück.

Im Mai des Jahres 2000 erscheint der Song „Oops! ... I Did It Again“ der jungen amerikanischen Gesangskünstlerin Britney Spears. Der frühere Kinderstar sagt der Welt mit dem Lied: Jetzt ist es passiert, einfach so, und ich habe es nicht nur einmal getan. Wofür das „es“ steht, bleibt in der Schwebe, was die Sache noch interessanter macht. Der Ausdruck „Oops“ bürgert sich danach nicht nur in Amerika in den Sprachgebrauch ein, sondern zum Beispiel auch in Deutschland. Wo man früher „hoppla“ gesagt hätte, sagt man jetzt Oops!

Knapp zwei Jahre später, am 9. Februar 2002, trägt ein Artikel des renommierten britischen Wirtschaftsmagazins Economist die einfache Überschrift „Oops“. Es geht darin um einen sauber gescheitelten 37-jährigen Biedermann aus Baltimore an der amerikanischen Ostküste. Er werde „gerade vom FBI gegrillt“, heißt es in dem Artikel. Noch ist vieles unklar, man weiß nur, dass sein Arbeitgeber, die Allfirst Bank, geschätzte 750 Millionen Dollar durch Devisenspekulationen verloren hat. Schuld soll der junge Mann sein. Sein Name: John Rusnak. Die Überschrift will sagen: Viel Geld ist verschwunden, einfach so. Oops!

Auch wenn ihn die Fahnder vom FBI grillen, muss Rusnak nicht ins Gefängnis – zumindest vorerst nicht. Nach dem Verhör darf er zurück in sein Haus in einem grünen Vorort von Baltimore, wo ein halbes Dutzend Journalisten in der Februarkälte auf ihn wartet. Das schnuckelige Eigenheim ist beige getüncht, es gibt eine große Veranda und eine hölzerne Außentreppe. Darin wohnt Rusnak mit seiner Frau Linda und zwei Töchtern.

Er lebt nach außen ein beschauliches Leben. Nach der Arbeit widmet er sich der Familie. „Er war ein Ehemann, der niemals ausging", sagt ein Nachbar. Ein Kollege beschreibt ihn als „einen harten Arbeiter, einen guten Arbeiter". Einmal richtet Rusnak für seine Tochter und ihre Freundinnen einen etwas aufwendigeren Kindergeburtstag aus: mit Ponyreiten. Ansonsten keine Extravaganzen. Rusnak ist Mitglied im Elternbeirat der Schule seiner Tochter. „Solche Leute sind die Säulen der Gesellschaft", diktiert ein anderer Nachbar den Reportern in den Block. Rusnak selbst sagt nichts zu ihnen. Ab und zu fährt ein Wagen der Polizei vor dem Haus vorbei.

Was hat sich in den fünf Jahren davor hinter der bürgerlichen Fassade abgespielt? Rusnak ist gelernter Banker, er arbeitete ein paar Jahre an der Wall Street, doch an der Börse war es ihm zu hektisch. Deshalb sucht er sich 1993 einen neuen Job bei der Allfirst Financial Inc., einer Bank mit 250 Filialen in Amerika, nicht groß, nicht klein. Das Institut gehört der Allied Irish Bank, einem großen Institut in Irland, dem es auf dem Heimatmarkt zu klein geworden ist und das deshalb nach Amerika expandierte.

Ein kleines Verbrechen führt zu einem größeren, das größere zu einem noch größeren

Rusnak arbeitet in Baltimore in der Devisenabteilung seiner Bank, einer nach den Maßstäben der Wall Street geradezu lächerlich kleinen Abteilung. Sie besteht aus ihm und einem zweiten Mann, seinem Vorgesetzten. Sie teilen sich einen Bildschirm der Nachrichtenagentur Reuters, auf dem sie die Devisenkurse ablesen. Im Jahr 1997 muss für Rusnak irgendetwas schief gelaufen sein, denn da fängt er an, seine Kompetenzen zu überschreiten. Er spekuliert auf den Kurs des Dollar zum Yen. Er erleidet einen hohen Verlust. Oops. Was danach passiert, darüber lassen sich nur Mutmaßungen anstellen. Auch vor Gericht gibt Rusnak später seine Motive nicht preis.

Die gängigste Interpretation geht so, wie man es von großen Kriminalfällen kennt: Ein kleines Verbrechen führt zu einem größeren, das größere zu einem noch größeren. Der erste Verlust ist offenbar zu hoch, um ihn dem Vorgesetzten zu beichten. Rusnak will das Geld auf eigene Faust wieder hereinholen, deshalb schließt er ein noch größeres Devisengeschäft ab. Danach stopft er wie bei einem Schneeballsystem die Löcher immer wieder, indem er neue Deals macht. Über Jahre geht das gut.

Kritisch wird es Anfang 2001, also ein Jahr, bevor er auffliegt. Rusnak setzt auf einen steigenden Yen zum Dollar, doch die japanische Währung fällt. Um seine Vorgesetzten zu beruhigen, fängt er an, Optionsgeschäfte abzuschließen, die das Devisengeschäft vermeintlich absichern. Doch die Optionen sind fingiert. Sie existieren gar nicht. Damit die Täuschung funktioniert, fälscht Rusnak Faxe von großen Partnerbanken, mit denen er schon länger in Geschäftskontakt steht.

Er macht auch reale Geschäfte mit diesen Banken, darunter große Adressen der Finanzwelt: Citigroup, Bank of America, auch Deutsche Bank. Die Geschäfte werden immer größer, Rusnak setzt Millionen Dollar ein. Einmal, im Sommer 2001, fragt die Citibank bei Allfirst nach, ob alles mit rechten Dingen zugehe. Der Finanzchef zerstreut die Bedenken.

Noch ein halbes Jahr spielt Rusnak sein Spiel. Niemand merkt etwas, zu Hause gibt er weiter den treu sorgenden Familienvater. Seine Bank zahlt ihm zwischen 1997 und 2001 sogar Boni von mehr als 650 000 Dollar aus – zusätzlich zu seinem Jahresgehalt von etwa 80 000 Dollar, was für einen Devisenhändler nicht viel ist. „Er war alles andere als ein Starhändler“, sagt die Chefin der Bank später vor Gericht. Rusnak überzeugt seine Vorgesetzten, auch auf seinem Laptop Handelssoftware zu installieren. So kann er von zu Hause aus und im Urlaub Geschäfte und Scheingeschäfte machen. Dabei schreibt die US-Wertpapieraufsicht Devisenhändlern eine Zwangspause von mindestens zehn Tagen im Jahr vor, damit Betrügereien ans Licht kommen können.

Rusnaks Betrügereien kommen erst ans Licht, als Anfang des Jahres 2002 Optionen in großem Umfang fällig werden. Die Wetten sind für ihn in die falsche Richtung gelaufen. Er müsste jetzt viel Kapital nachschießen – Kapital, das er nicht hat. Ihm ist klar, dass er seinen Arbeitgeber informieren müsste. Am Abend des 5. Februar 2002 spaziert er aus seiner Bank, er weiß, dass er ein Loch von mehreren Hundert Millionen Dollar hinterlässt. Am nächsten Morgen kehrt er nicht mehr an seinen Schreibtisch zurück. Er stellt sich dem FBI.

Das Gericht verurteilt ihn ein Jahr später zu siebeneinhalb Jahren Haft. Es stellt fest, dass Rusnak seine Bank nicht um Geld betrügen wollte, sondern die dubiosen Geschäfte eingegangen ist, um eigene Fehler zu verdecken. Selbst bereichert hat er sich nicht.

Allfirst beziffert den Schaden, den Rusnak verursacht hat, später auf genau 691 Millionen Dollar, was nicht existenzbedrohend ist. In der Bilanz für 2001 steht trotzdem noch ein Gewinn von fast 400 Millionen Dollar. Die irische Mutter Allied Irish Bank entlässt bei ihrer amerikanischen Tochter sechs Mitarbeiter aus dem mittleren Management und verschärft die Kontrollen. Die obersten Chefs bleiben alle im Amt. Kurz darauf verkauft Allied Irish die Tochter Allfirst.

Der Betrugsfall ist der größte, seitdem Nick Leeson 1995 in Südostasien 1,4 Milliarden Dollar verspekuliert und damit die britische Barings-Bank in die Pleite getrieben hat. Leeson meldete sich über die Presse zum Fall Rusnak. „Die Inkompetenz ist schockierend“, sagte er. Schließlich wisse niemand besser als er selbst, mit „welch einfachen Kontrollen man mich hätte schnappen können“.

Anders als Leeson sitzt Rusnak immer noch im Gefängnis. Wenn er entlassen wird, muss er fünf Jahre lang jeden Monat 1000 Dollar Strafe zahlen. Trotzdem ist er vermutlich ein glücklicherer Mensch als Britney Spears, die in eine tiefe psychische Krise geraten ist, das Sorgerecht für ihre beiden Kinder verloren hat und bei ihren seltenen Auftritten den Text von „Oops! ... I Did It Again“ vergisst. *Harald Freiberger*

Der Gauner im Maßanzug

Der Italiener Charles Ponzi verspricht, dass jeder sein Geld in drei Monaten verdoppeln kann. Am Ende vertraut ihm sogar Mussolini.

Ob er sich an diesem Morgen ausmalte, was für ein Aufruhr ihm bevorstand, dass sie ihm wie einem Messias zujubeln und vertrauen würden, in dem Glauben, endlich reich zu werden; schwer zu sagen, wahrscheinlich ist es nicht. Hätte er an diesem Morgen doch die Boston Post gelesen, dann hätte er wenigstens eine Ahnung gehabt.

So sitzt er an diesem 24. Juli 1920 im Fond seines strahlend blauen Locomobiles, des teuersten Autos im Amerika der Zwanziger Jahre, und lässt sich in die School Street chauffieren. In der School Street, Nummer 27, Boston, Massachusetts hat Charles Ponzi sein Büro. Vor dem Haus wartet eine Menschenmasse. Sie schreit, tobt, flippt völlig aus, als sie Ponzis Locomobile in die Straße einbiegen sieht. Die meisten Leute haben die Boston Post in der Hand. Auf der Titelseite steht in fetten Buchstaben die Schlagzeile, die die Menschen in die School Street getrieben hat: „Verdoppeln Sie Ihr Geld in drei Monaten."

Am Tag zuvor hatte ein Reporter der Post Charles Ponzi besucht. Er wollte wissen, was dran sei an den Geschäften Ponzis, an seinem strahlend blauen Locomobile, seinen maßgeschneiderten Anzügen, seinen Seidenkrawatten. Und Ponzi erklärte dem Reporter genüsslich, wie das geht, dass jeder sein Geld in nur drei Monaten verdoppeln könne.

Das hat Ponzi nun davon. Die euphorisierte Masse stürzt sich auf ihn, wie Paparazzi auf Popstars oder angetrunkene Thronfolger des britischen Königshauses. So ist das eben, wenn Menschen auf den Messias, den Erlöser warten. Jeder will ihn anfassen, jeder an ihm zerren. Macht aber nichts. In den nächsten Wochen wird Ponzi so viel Geld von den Menschen einsammeln, da können die ruhig an seinem Maßanzug zerren.

Der Reporter hatte in der Titelstory ausführlich den Lebensstil Ponzis beschrieben: Er sei ausgestattet mit dem Besten, trotzdem habe man nicht den Eindruck eines neureichen Italieners. Wenn die Menschenmasse in der School Street irgendetwas Negatives über Ponzi in Erfahrung hätte bringen wollen, so stand es nicht in der Boston Post.

Dabei hätte es so einiges gegeben. Carlo Ponzi, geboren 1882 in Norditalien, studiert an der Universität Rom lieber Frauen auf der Spanischen Treppe als Bücher in der Bibliothek. Er hat keine Lust auf das, was man Alltag nennt. Zum Alltag gehört ja auch Arbeit; auf die hat er gar keine Lust. Er verschläft lieber den Tag und erliegt dem Nachtleben, diesem großen Versprechen, das ihn mit der Aussicht auf Unterhaltung, Rausch und neue Gesellschaft immer wieder lockt.

Ein Onkel von Carlo sieht, dass so nichts aus dem Jungen werden kann. Er schlägt ihm vor, sein Glück in den Vereinigten Staaten zu versuchen, dort seien die Straßen zurzeit mit Gold gepflastert. Von seiner Familie bekommt Carlo Ponzi eine Fahrkarte und 200 Dollar. Als er, 21 und voller Neugier auf die goldenen Möglichkeiten Amerikas, an Bord der S.S. Vancouver 1903 in Boston ankommt, erkennt er, dass die Straßen vor allem eines sind: voller Dreck. Später wird Ponzi sagen: „Ich landete in Amerika mit nichts als 2,50 Dollar in bar und einer Million Dollar in meiner Hoffnung, und diese Hoffnung hat mich nie verlassen."

An der Ostküste arbeitet er als Tellerwäscher in schäbigen Hotels, schläft auf dem kalten Küchenfußboden, lernt fleißig Englisch und nennt sich Charles. Er steigt zum Kellner auf, darf sich auch um die Buchhaltung kümmern, so lange, bis sein Chef merkt, dass ihn der junge Kerl aus Good Old Europe übers Ohr haut. Charles Ponzi fliegt und flieht nach Kanada, wo er in Montreal bei einer Bank anheuert.

Dort lernt er viel für seine späteren Betrügereien, besonders von Bankchef Luigi Zarossi, seinem Patron. Der verspricht jedem italienischen Neukunden sechs Prozent Zinsen auf sein Erspartes. Kein schlechter Deal, drei Prozent sind üblich. Klar, dass Zarossis Rechnung nicht aufgeht. Er kann das Zinsversprechen nur halten, weil er im großen Stil Geld von Konten der Neuanleger abzweigt, um damit langjährige Kunden auszubezahlen. Ein System, das zum Kollaps verdammt ist. Das weiß auch Zarossi. Eines Tages räumt er die Konten leer und setzt sich mit dem Geld nach Mexiko ab.

Auch Ponzi, der im Haus der Zarossis lebt, kann nicht mehr in Kanada bleiben. Er will zurück in die USA, um sich dort mit einem ähnlichen Geschäftsmodell den Traum vom großen Geld zu erfüllen. Um den Neustart in Amerika finanzieren zu können, fälscht er einen Scheck über 423,58 Dollar, wird erwischt und muss drei Jahre hinter Gitter.

Nach 20 Monaten wird Ponzi entlassen. Wegen guter Führung. Im Knast hat ihn ein italienischer Gangster, für den er Briefe übersetzte, auf eine Idee gebracht. Ponzi will eine Export-Zeitschrift herausgeben. Dabei entdeckt er die Sache mit den Rückporto-Kupons. Ein Mann aus Spanien schreibt Ponzi und bittet ihn, ein Magazin gegen einen Kupon nach Europa zu schicken. Den Kupon hat der Spanier in seiner Heimat für einen Cent gekauft. Bei der US-Post bekommt Ponzi dafür eine Sechs-Cent-Briefmarke. Sechsmal so viel.

Was also, wenn er einen Strohmann beauftragt, im Ausland massenhaft Rückporto-Kupons zu kaufen, die er in Amerika für den sechsfachen Wert eintauschen könnte, um sie anschließend zu Geld zu machen? Na, hoppla, das wäre doch: eine Riesensache!

Die Riesensache funktioniert. Zunächst. Die Menschen werfen Ponzi, man muss es so sagen, das Geld hinterher. Zehntausende lassen sich vom Traum, schnell reich zu werden, blenden, kaufen Anteile zwischen zehn und 50 000 Dollar. Es scheint alles wunderbar zu sein: Ponzi zahlt den ersten Anlegern die versprochenen Renditen aus. Das kann er auch, weil jeden Tag immer neues Geld in sein System fließt.

Charles Ponzi hat das Schneeballsystem neu erfunden. Amerikaner sprechen dabei von der alten Schwindelei nach dem Motto „Robbing Peter to pay Paul“ („Beraube Peter, um Paul zu bezahlen“). Das Problem ist nur: Die langen Laufzeiten der Post und die Formalitäten beim Umtauschgeschäft mit Devisen kosten zu viel Zeit und machen Ponzi einen Strich durch die Rechnung. Es ist nur noch eine Frage von Monaten, bis sein System kollabieren wird.

Bis es soweit kommt, verdient Ponzi erst einmal. Es dauert nicht lang, und er nimmt eine Million Dollar ein – pro Woche, später angeblich pro Tag. Es gibt Zeiten, da können seine Mitarbeiter in der School Street das Geld gar nicht so schnell annehmen, wie es ihm zerfließt. So auch am Morgen des 24. Juli 1920, als die Boston Post über Ponzis Prinzip der Geldanlage schreibt.

Ponzi stapelt die Dollarscheine in Papierkörben. Es ist einfach zu viel Geld da, um alles ausgeben zu können.

Der Mann aus Parma ist innerhalb weniger Monate mehrfacher Millionär. Er stapelt die Geldscheine in Schubläden, auf dem Fußboden, sogar in Papierkörben. Ponzi kann sich gar nicht so viele luxuriöse Autos, Anzüge und Häuser kaufen – es ist einfach zu viel Geld da, um alles ausgeben zu können.

Der Italiener lebt das Leben eines Dandys, mit Gehstock in der Hand und Borsalino auf dem Kopf. Solange, bis ihm eine unbezahlte Rechnung zum Verhängnis wird. Als ein Journalist enthüllt, dass Ponzi einem Möbelhändler sein Geld nicht zurückzahlt, fallen die Reporter über ihn her.

Immer mehr Anleger fordern ihr Geld zurück. Ponzi kann nicht anders; er zahlt sie aus. Doch die Zweifel an seinem System verschwinden nicht. Sie halten sich hartnäckig, in den Schlagzeilen der Zeitungen und in den Köpfen der Anleger. Und damit nicht genug: Auch das Finanzamt interessiert sich mehr und mehr für die Machenschaften des gut aussehenden, redegewandten Italieners.

Wochenlang beschäftigt sich die Behörde mit Ponzis Vermögen. Von den 15 Millionen Dollar, die er von 40 000 Sparern bekommen hat, kann das Finanzamt nur 1,5 Millionen sicherstellen. Als die Zeitungen dann noch die Geschichten über Ponzis Vorstrafen drucken, stürmen wütende Kunden das Büro in der 27 School Street. Sie wollen ihr Geld zurück. Doch es ist weg. Einfach weg.

Ponzi wird in Boston zu fünf Jahren Haft verurteilt, sitzt die Zeit ab, geht nach Florida, nennt sich Charles Borelli und baut wieder ein Schneeballsystem auf. Er verkauft Grundstücke und verspricht sagenhafte Gewinne. Dass die Grundstücke im Sumpfgebiet liegen, verschweigt er. Ponzi wird verhaftet und sitzt wieder im Knast. Wieder in Boston.

Danach verfrachten die Amerikaner Ponzi auf ein Schiff und schieben ihn in seine Heimat ab. In Italien ist er ein Held. Er genießt den Ruhm des bewunderten Gauners im Maßanzug. Auch Staatschef Mussolini findet Gefallen an dem Betrüger, der die Amerikaner hinters Licht führte. Er schickt Ponzi nach Brasilien und lässt ihn dort das Geschäft einer neu gegründeten italienischen Fluglinie leiten. Im Zweiten Weltkrieg verliert Mussolini seine Airline und Ponzi seinen Job.

In Brasilien erleidet Charles Ponzi einen Schlaganfall, kann fast nichts mehr sehen und ist einseitig gelähmt. Der ehemalige Multi-Millionär ist 65 Jahre alt, als er in der Armenstation eines Krankenhauses in Rio de Janeiro stirbt. Die Kosten seiner Beerdigung deckt die staatliche Pension nur knapp.

Alexander Mühlauer

Ein echter Wiener geht unter

Wie der Jetsetter und Austernliebhaber Wolfgang Flöttl das Geld der österreichischen Gewerkschaftsbank Bawag verspielte.

Es ist nicht leicht, beim Gehen den Boden mit den Füßen zu berühren – zumindest nicht für einen, der eben erst gelandet ist in New York nach elf Stunden Flug, dann schnell weiter in die Hamptons gefahren ist, seine Schuhe ausgezogen hat und nun barfuß über den Strand spaziert. Es ist, als schwebte oder glitte man über den Sand des Ufers, an dem man soeben gestrandet ist.

Kann gut sein, dass Wolfgang Flöttl an Momente wie diesen denkt, als er, 53, durchgeschwitzt, im überfüllten Marmorsaal des Großen Schwurgerichts zu Wien seinem Urteil lauscht. In den Hamptons hatte er ein Haus und seine Yacht „Anne Barbara“, benannt nach seiner Frau, der Enkelin von US-Präsident Eisenhower. Sie steht oben auf der Galerie des Marmorsaals, Flöttl dreht sich immer wieder nach ihr um. Es ist Freitag, der 4. Juli 2008. Nach 354 Prozesstagen weiß Flöttl endlich, woran er ist.

Nie hätte der Wiener gedacht, dass er einmal hier landen würde. Er, der dem Geruch des Geldes verfiel, ihn sein Leben lang auskostete und nie wollte, dass dieser jemals verfliegt. Jetzt schmeckt es ihm nicht mehr. Auf die Frage nach seinem Besitz antwortet Flöttl der Justiz: „Vermögenslos.“ Das Geld ist weg. Nicht nur sein eigenes. Mit Yen-Spekulationen verspielte Flöttl 639 Millionen Dollar der Wiener Gewerkschaftsbank Bawag und löste damit den spannendsten Wirtschaftskrimi der österreichischen Nachkriegsgeschichte aus.

Die Flöttl-Story beginnt im Manhattan der Achtziger. Auf dieser Insel zwischen Hudson und East River heuert der Harvard-Absolvent Anfang der Achtziger bei der Investmentbank Kidder, Peabody & Co. an. Nach Lehrjahren im Finanzroulette der Wall Street macht er sich 1987 mit dem Hedgefonds Ross Capital Markets selbständig. Es ist ein undurchsichtiges Geflecht an Tochter- und Schwestergesellschaften. Zu dieser Zeit entstehen etwa 100 Hedgefonds im Jahr. Nur zehn Prozent überleben. Wer ein guter Händler ist, und Flöttl ist ein verdammt guter, schafft es, 100 bis 200 Millionen Dollar von privaten Investoren einzusammeln. Hat er das Geld, kann er bis zum Zwanzigfachen Kredit aufnehmen. Das heißt: zwei bis vier Milliarden Dollar Spielgeld.

Flöttl bekommt das Geld von seinem Vater Walter – er ist der allmächtige General der österreichischen Arbeiterbank, einem Institut, das, so sein Gründer Karl Renner, ein „Hilfsmittel im Befreiungskampf der Arbeiterschaft" sein sollte. Seit 1963 heißt sie Bank für Arbeit und Wirtschaft, kurz Bawag. Das Geldhaus des kleinen Mannes soll möglichst günstige Spar- und Kreditkonditionen bieten, zugleich verlangt ihr Eigner, der Österreichische Gewerkschaftsbund, ein Maximum an Rendite. Um diesen Spagat zu halten, überlässt Kammer- und Kommerzialrat Walter Flöttl seinem Sohn Wolfgang die Bawag zum Spielen.

Das Geld ist weg. Doch die Staatsanwälte winken ab

Vater Walter ist, so erzählen es sich die Wiener im Kaffeehaus, gierig und geizig. Er fährt drei Dienstautos, wohnt in einem zweistöckigen 600-Quadratmeter-Penthouse in der Wiener Innenstadt, das der Bawag gehört. Später kauft er es seinem Arbeitgeber zum Spottpreis ab, denn „da sind ja so viele finstere Gänge drin". Walter Flöttl ist stolz auf seinen Sohn in Amerika und den damals noch seltenen Titel, den er führt: Master of Business Administration.

Keiner weiß, dass der Vater dem Sohn knapp zwei Milliarden Euro für Spekulationsgeschäfte überweist. Das Gericht wird die Geschäfte einmal „Karibik eins“ nennen. Sie sind illegal, haben aber zwei Vorteile: Sie machen die Bawag reich, und sie machen die Flöttls reich. Als die wundersame Geldvermehrung auffliegt, dementiert Vater Walter alles. So lange, bis er nicht mehr kann. Bis die Beweise glaubhafter sind als seine Lügen. Doch die Staatsanwälte winken ab, es sei doch kein Schaden entstanden. Die Familie Flöttl, schreibt das Wiener Nachrichtenmagazin Profil, „konnte sich wieder in der ruhigen Gewissheit zurücklehnen, dass es keiner mehr wagen würde, ungefragt und ungebeten in ihre Kreise einzudringen“. Trotzdem: Seinen Sohn Wolfgang als Wunschnachfolger an der Bawag-Spitze kann Walter Flöttl nicht mehr durchsetzen.

Ihm folgt Helmut Elsner, genannt Marcel. Der Verteidiger eines Bawag-Vorstandes wird vor Gericht sagen, eben dieser Elsner sei „der Ziehvater des Patriarchensohns Wolfgang Flöttl“ gewesen. Marcel und Wolfi fahren gemeinsam in den Urlaub, jetten in Flöttls Privatflugzeugen um den Globus und essen Hummer und Austern in den nobelsten Hotels der Welt.

1995 beginnt Elsner wieder damit, Karibik-Geschäfte anzuleiern. Flöttl wird vor Gericht aussagen: „Ja, wir haben spekuliert, aber wir durften das auch tun!“ Elsner wird sagen: „Der größte Fehler meines Lebens war, Flöttl vertraut zu haben. Heute weiß ich, dass es falsch war, Flöttl Geld zu geben. Die Bawag hat nicht durchschaut, dass die Risikoabdeckung nicht reicht.“ Genau das ist die Frage, die das Gericht beschäftigt: Was weiß die Bawag von den Spekulationsgeschäften Flöttls?

Es gibt da ein zentrales Dokument. Aus dem Protokoll einer Vorstandssitzung vom Oktober 1998 gehe, so die Vorsitzende Richterin, eindeutig hervor, dass die aufgetretenen Verluste geheim gehalten werden sollten – und der Vorstand mit den höchst spekulativen Geschäften weitermachen wollte. Es habe keine Absicherung des Kreditausfall-Risikos gegeben, es sei durch unrichtige Darstellung bewusst verharmlost worden. Bawag-Chef Elsner habe von Flöttl verlangt, dass dieser „aggressiv und risikoreich“ anlege. Vor Gericht wird Elsner nichts mehr davon wissen wollen:

„Aus heutiger Sicht besteht der Eindruck, dass wir Wahnsinnige waren, die einem Wahnsinnigen vertraut haben."

Der Wahnsinnige heißt Wolfgang Flöttl und wettet mit dem Vermögen der einstigen Arbeiterbank auf den fallenden Yen. Doch die japanische Währung steigt. Im Oktober 1998 hat Flöttl 639 Millionen Dollar der Gewerkschaftsbank in den Sand gesetzt. Um sich und seinen Ruf als glänzender Spekulant zu retten, sichert er die Verluste mit seinem Privatvermögen ab.

Und davon gibt es genug. Noch. Ihm gehört das Apartment 8/9B in der 740 Park Avenue. Dort residierten einst die Rockefellers und Vanderbilts; Jackie Kennedy wuchs hier auf. Dieser Luxus ist Flöttl acht Millionen Dollar wert. Er und seine Frau Anne Barbara ziehen aber nie ein. „Es war einfach zu groß", sagt sie. Dafür wohnen die beiden zwei Blocks weiter, auch nicht gerade schlechter, und haben ein Sommerhaus in den Hamptons, Butler, eine Yacht, teure Autos und zwei Gulfstream-Jets.

Auch in der New Yorker Kunstszene kennt man Flöttl. Er ist, so heißt es beim Auktionshaus Sotheby's, der Retter einer Branche, deren Markt nach einer beispiellosen Hausse wie eine Blase geplatzt war. Flöttl tritt als Mr. X auf und kauft Werke von Picasso, Degas und Zeitgenössisches von Jasper Johns und Willem de Kooning. Der talentierte Mister Flöttl ist fester Star der „Inside Art"-Kolumne der New York Times. Zu Recht: Flöttl macht Riesengeschäfte. Cézannes „Jeune fille italienne se reposant" verkauft er 2003 für etwa 50 Millionen Dollar an das Getty-Museum in Los Angeles; bezahlt hatte er dafür nicht einmal die Hälfte. Und Picassos Frauenporträt „Le rêve", ersteigert für 48 Millionen Dollar, verkauft er an den Casino-Unternehmer Stephen Wynn für 62 Millionen. Not bad.

Als die Höhe der Bawag-Gesamtforderungen gegen Flöttl schließlich 1,9 Milliarden Euro beträgt, vermerkt ein Prüfbericht der Österreichischen Nationalbank lakonisch: „Es stellt sich in diesem Zusammenhang die (...) Frage, wie wahrscheinlich es ist, dass ein erfahrener Portfoliomanager wie Wolfgang Flöttl über Jahre hindurch jedes ihm anvertraute Geld in den Totalverlust führt." Die Nationalbank sollte recht behalten. Das Geld ist weg. Am 4. Juli 2008 wird Ex-Bawag-Chef Elsner zu neuneinhalb

Jahren Haft verurteilt. Flöttl bekommt zweieinhalb Jahre – wegen Beihilfe zum Betrug. Keine harte Strafe, das weiß auch die Richterin. Es gebe eben einfach keine Hinweise, dass Flöttl Geld eingesteckt habe. Tja. *Alexander Mühlauer*

III. Kapitel

Moderne
Börsenlegenden

André Kostolany: Der Gegenspieler • John Maynard Keynes: Der Weltökonom, der Millionen machte • Nicolas Darvas: Tänzer auf dem Börsenparkett • Donald Trump: Immobilientycoon, im Nebenjob: Popstar • Richard Dennis: Der Börsen-Philosoph • George Soros: Der Milliardenzocker, dem der Kapitalismus zu kalt ist • T. Boone Pickens: Die erste Milliarde ist die härteste • Jim Rogers: Born to be wild

Der Gegenspieler

André Kostolany wurde reich, indem er planmäßig anders investierte als die Masse der Anleger – und zumeist auf fallende Kurse setzte.

Sein Geschäftspartner Gottfried Heller besucht ihn im Sommer 1999 in der Pariser Wohnung, da ist André Kostolany schon sehr fragil. An den Rollstuhl gekettet. Auf 45 Kilogramm abgemagert. Im Gesicht keine Spur der überschäumenden Energie von einst. Doch als Kostolany den langjährigen Kompagnon Heller sieht, scheint ihn ein Stromstoß zu durchzucken. Der 93-jährige Patient reckt den knochigen Zeigefinger und beginnt auf die Umtriebe zu schimpfen, die er an den Weltbörsen ausmacht. Selbstgewiss wie immer wettert er gegen das Hochjubeln gewinnfreier Internet-Klitschen, das in Millionen Anlegern auf dem Globus falsche Hoffnungen auf Reichtum anschwellen lässt.

„Es wirrrd ein Blutbad geben!" Drohend rollt er das österreich-ungarische R durch die Zimmerfluchten. Er verhandelt sein Lebensthema, die Psychologie der Aktienmärkte. Den Herdentrieb der Massen, dem er sich stets zu entziehen sucht. Um Geld zu verdienen, während andere blind in eine Richtung trampeln – und Geld verlieren.

Den Titel Spekulant, für viele Deutsche ein Schimpfwort, trägt er wie ein Adelsprädikat. Er wächst ja, acht Dekaden zuvor, mit dem Spekulieren auf. Im Durcheinander der abdankenden Habsburgermetropole Wien des Jahres 1919 blüht der Schwarzhandel mit Devisen der neuen Nachkriegsordnung. Flüchtlingssohn André tauscht tschechische Kronen gegen polnische Mark, dann weiter gegen serbische Dinar. Zehn Prozent beträgt der Profit des Händlers, der erst 13 Jahre zählt.

Später bricht Kostolany sein Studium der Philosophie und Kunstgeschichte ab, um bei einem französischen Börsenmakler in die Lehre zu gehen. Das Paris der lockeren zwanziger Jahre fasziniert ihn. Doch Kaviar, feine Hotels und livrierte Chauffeure kann er sich nicht leisten. Also schaltet er einen Strohmann ein, der auf Kostolanys Rechnung die Börsenwetten eingeht, die ihm wegen seines Maklerjobs verboten sind.

Moralische Fragen bekümmern ihn kaum. Um Schweizer Banker als Kunden zufrieden zu stellen, führt er sie durch die Bordelle. An der Börse schlägt er sich den Baissiers zu, die auf fallende Kurse warten und darauf, „am Schmerz der anderen zu verdienen", wie er es nennt. „Mein Wertesystem hatte sich völlig gewandelt, mich interessierte nur noch Geld", resümiert er später kritisch.

Als am Schwarzen Freitag 1929 weltweit die Aktienkurse abstürzen, berührt dies die Pariser Börse zunächst wenig. Der junge Kostolany erkennt, dass der Trend aus Amerika durchschlagen wird. Während die meisten Pariser Anleger an eine endlose Börsenparty glauben, setzt er auf einen Kurssturz. Er misstraut den Massen, die auf den perfekten Moment für den Ausstieg hoffen und aus Gier investiert bleiben, statt ihre satten Gewinne der vergangenen Jahre mitzunehmen. „Wenn es mehr Dummköpfe als Aktien gibt, fallen die Kurse", formuliert er als allgemeingültige Regel. Im Herbst 1930 bricht die Oustric-Bank zusammen. Die Pariser Börse geht in die Knie. Anleger verlieren Haus und Hof. Der Baissier Kostolany aber ist auf einen Schlag reich.

„Wenn er beim Spekulieren Erfolg hatte, dann wegen seiner Intuition für Trends und die Psychologie der Anleger", glaubt sein Kompagnon Heller, der mit ihm die „Kostolany Börsenseminare" veranstaltete. „Das Erstellen von Zahlenkolonnen überließ er anderen." Seiner Intuition traut Kostolany ziemlich viel zu. „Er hat Kopf und Kragen riskiert", erzählt Heller. Kostolany arbeitet nicht mehr als Makler. Er tippt weiter auf Baisse und setzt per Termingeschäft auf sinkende Kurse. Plötzlich stundet US-Präsident Herbert Hoover den Deutschen 1931 riesige Reparationszahlungen. Die Kurse schießen hoch. Kostolany verliert sein ganzes Vermögen – und hat Schulden. Demütig bittet er bei einem Makler um einen Brotjob.

Sowas kommt vor, so sein Fazit. Niemand liegt immer richtig. „Entscheidend für den Erfolg ist, dass der Spekulant etwas häufiger richtig liegt als falsch." Kostolany vertraut Ende der dreißiger Jahre seiner Einsicht, dass der Aufstieg Adolf Hitlers Europas Staaten und Finanzmärkte ins Verderben führen wird. Er spekuliert auf einen Kurssturz. Doch die Börsenkrise lässt verdammt lange auf sich warten. In wenigen Tagen werden seine Verkaufsoptionen auslaufen. Er wird endgültig ruiniert sein. Da stürzen die Aktien ab, gerade noch rechtzeitig. Der Baissier sammelt Hunderttausende ein, nach heutigem Wert besitzt er drei bis fünf Millionen Euro.

Auf und ab, alles oder nichts: Was für einen Wohlstandsbürger von heute wie Schwindel erregendes Zocken wirkt, kam dem Flüchtlingskind im Europa der Weltkriege womöglich weniger ungewöhnlich vor. Alles oder nichts gehörte zur Existenz. Mit den bourgeoisen Eltern muss er 1919 vor den Kommunisten aus Budapest fliehen. Zwei Jahrzehnte später ist es wieder soweit. Ein Kollege klopft an die Tür. Er fragt nach Börsentipps, jetzt, da die Wehrmacht kurz vor Paris stehe.

Völlig überrascht, bittet der Jude Kostolany um Bedenkzeit. Er packt Bündel von Dollars ein – und verschwindet durch die Hintertür, Richtung Amerika. Dass er, die Nazis auf den Fersen, dort nach mehreren Wochen überhaupt ankommt, verdankt er auch dem Ertrag seiner letzten Alles-oder-Nichts-Spekulation: Er kann sich knappes Benzin und weitere Fluchthelfer zu Wucherpreisen kaufen, die sich andere Emigranten nicht leisten können.

Vielleicht sind es solche existenziellen Erfahrungen, die ihn für die zweite große Rolle seines Lebens prädestinieren: den Börsenlehrer. Zurück aus den USA, lebt er im Paris der Sechziger Jahre von seinem Vermögen und langweilt sich. Er schreibt ein Buch über die Börse, das in Frankreich gut ankommt, noch besser aber in Deutschland. Bekannt wird er durch eine Kolumne im Magazin Capital und die „Kostolany Börsenseminare", die etwa 15 000

Bundesbürger besucht haben. Offenbar warteten die Deutschen auf einen wie ihn, der die Börse einfach erklärt und mit Anekdoten unterhält.

Er ist eitel und liebt das Rampenlicht: „Ohne diese Auftritte wäre ich bald tot."

Manches gerät peinlich schlicht, wie die Weisheit von den vier G (Geld, Gedanken, Geduld und Glück), die ein erfolgreicher Investor brauche. Anderes bleibt nützlich, wie die Empfehlung, sich nicht vom täglichen Hin und Her der Kurse verrückt machen zu lassen, sondern längerfristig zu denken: „Ich lasse mich nicht vom Dow Jones terrorisieren." Solide Aktien kaufen und einige Jahre halten, statt auf den optimalen Zeitpunkt zum Ein- und Ausstieg zu schielen: Dieser Rat scheint immer wertvoll, so unruhig wie die Börsen sind. Sein Credo: „Aktien sind nur kurzfristig riskant, nicht langfristig" – den Vorsprung von Aktien gegenüber anderen Anlagen auf längere Sicht bei überschaubarem Risiko belegen unzählige Studien.

Der Investor Kostolany folgt in der Nachkriegszeit wie eh und je globalen Trends, doch er setzt viel weniger auf eine Karte als früher. Die Bank Lehman Brothers kündigt dem einstigen Zocker das Depot – wegen Inaktivität. „Das Tragische an uns alten Spekulanten ist, dass wir all die Erfahrung besitzen, aber nicht mehr den Mut", vertraut er einem Freund an.

Statt zu zocken, sucht Kostolany das Rampenlicht. Eitel ist er, in Lebensläufen macht er sich gerne zwei Jahre jünger. Als er schon mehr als siebzig Jahre zählt, kommt er oft aschfahl in sein Büro in der Münchner Fußgängerzone. Er ist mal wieder durch die Provinz getingelt, um vor Publikum aufzutreten. Seine Frau drängt ihn, ins Ferienhaus an der Cote d'Azur überzusiedeln. Mit den Auftritten wäre es vorbei. „Dann wäre ich bald tot", sagt er zu seinem Freund Heller. Lieber verkauft er die Villa.

Es drängt ihn, seine Meinung zum Gang an den Weltbörsen zu äußern. Selbst kurz vor seinem Tod. Bei Gottfried Hellers

Besuch im Sommer 1999 rafft sich André Kostolany nochmal in seinem Rollstuhl auf, um vor dem Herdentrieb der Anleger zu warnen, dem Börsenboom der gewinnlosen Internet-Klitschen. Er misstraut der Mär vom neuen Reichtum für alle: „Es wirrrd ein Blutbad geben!" Wer seiner Intuition folgte, vermied hohe Kurseinbrüche. Die anderen verloren viel Geld.

Alexander Hagelüken

Der Weltökonom, der Millionen machte

John Maynard Keynes spekulierte sich an der Börse reich – und zog daraus wichtige Schlüsse für seine revolutionäre Wirtschaftstheorie.

Lord Keynes hat der Nachwelt viele gute Sprüche hinterlassen. Broker, so schrieb er 1944 seinem Neffen David Hill, lägen immer falsch. Wären ihre Ratschläge wirklich so gut, wie sie behaupteten, dann hätten sie diese längst selbst beherzigt und wären reich und im Ruhestand. Außerdem neigten alle dazu, ihren Kunden die gleichen Ratschläge zu geben. „Daher sind die Aktien jener Unternehmen, deren Verkauf sie empfehlen, immer zu billig, die Aktien, die sie zum Kauf vorschlagen, immer zu teuer. Wenn man also herausfinden könnte, was die Broker ihren Kunden vorschlagen und dann das genaue Gegenteil täte, wäre dies ein sicherer Weg zum Wohlstand." Ähnliches ließe sich auch heute über die Beratungsqualität mancher Analysten sagen.

Der britische Ökonom John Maynard Keynes (1883 bis 1946) revolutionierte in den Dreißiger Jahren die Wirtschaftswissenschaften. Er zog die Selbstheilungskraft der Märkte in Zweifel und begründete eine völlig neue Schule der Wirtschaftspolitik. Sein Erbe ist umstritten, aber bis heute überaus wirksam. In der Finanzkrise sind Konjunkturprogramme im Stil von Keynes gefragt. Aber Keynes war nicht nur Ökonom, sondern auch ein leidenschaftlicher Spekulant. Und was auch viele Anhänger von Keynes übersehen: Seine Erfahrungen an der Börse flossen direkt in seine Wirtschaftstheorie ein. Ohne den Spekulanten Keynes gäbe es vermutlich den Theoretiker Keynes nicht.

Während seines ganzen Lebens hat Keynes die Veränderung im eigenen Wertpapierdepot genau dokumentiert. Sein erstes Geschäft tätigte er kurz nach dem Examen am King's College in Cambridge: Am 6. Juli 1905 erwarb er an der London Stock Exchange vier Aktien der „Marine Insurance Company", einer Schiffsversicherung, für 160 Pfund und sechs Schillinge, was heute der Kaufkraft von ungefähr 9000 Euro entsprechen würde. Das Geld stammte aus verschiedenen akademischen Preisen und den Zuschüssen, die Keynes während des Studiums alljährlich zum Geburtstag von seinem Vater bekam. Am Ende des Ersten Weltkrieges hatte Keynes sein Vermögen bereits auf 16 431 Pfund verhundertfacht. Dabei ging er für damalige Verhältnisse erhebliche Risiken ein; zeitweise erwarb er die Hälfte seiner Wertpapiere auf Pump.

Keynes' Spekulationserfolge sind insofern erstaunlich, als zwischen seinem persönlichen Leben, der Börse und der Ökonomie immer eine gewisse Spannung herrschte. Keynes wurde in eine hochgebildete Familie in Cambridge geboren. Als junger Mann schloss er sich dem Bloomsbury-Kreis an, einer Gruppe von Intellektuellen um die Schriftstellerin Virginia Woolf, die sich den überlieferten Normen der englischen Gesellschaft konsequent entzogen. Kunst, Ästhetik und Philosophie waren für die Bloomsburys immer wichtiger als Geld, Prestige oder gar die Börse; weder die protestantische Arbeitsethik noch die überkommene Sexualmoral bedeuteten ihnen etwas. Keynes war offen homosexuell, mit dem Maler Duncan Grant verband ihn eine lange und leidenschaftliche Liebesbeziehung. Als er 1924 schließlich doch die Balletttänzerin Lydia Lopokova heiratete, war Grant sein Trauzeuge.

Im Gegensatz zu den anderen Bloomsburys – und zu deren Missfallen – blieb Keynes jedoch auch immer im normalen bürgerlichen Leben verankert, als Ökonom, als Angestellter der britischen Regierung und eben als Spekulant. Das mag der Grund dafür gewesen sein, dass Keynes die Motive der Spekulanten so kritisch und selbstzweiflerisch reflektierte. Als er in den zwanziger Jahren eine Erklärung dafür suchte, warum die Arbeitslosigkeit in Großbritannien nicht zurückging, fand er eine der Erklärungen in der „Liebe zum Geld“: Weil die Vermögenden Angst vor künftigen Risiken hatten, so dachte er, horteten sie Geld, die Investitionen blieben hinter den Ersparnissen zurück, Arbeitslosigkeit entstand. Anders als die klassische Ökonomie lehrte, waren Zinsen das Ergebnis purer Spekulation und konnten daher Sparen und Investieren nicht ins Gleichgewicht bringen.

Als er aus dieser Beobachtung eine Theorie machte, nahm Keynes direkt Bezug auf die eigenen Erfahrungen. Vor einer Regierungskommission in London sagte er 1929, kurz nach Ausbruch der Weltwirtschaftskrise: Wegen der Unsicherheit hinsichtlich des künftigen Preises der Aktien seien Investitionen „vor allem eine Sache tierischer Instinkte. Sie haben wenig oder nichts damit zu tun, was eine Gesellschaft konsumieren oder sparen möchte. Ich weiß, wovon ich rede, denn ich habe das Spiel in den letzten zehn Jahren selbst gespielt.“

Aus der „Liebe zum Geld“ wurde später in Keynes’ Hauptwerk „Allgemeine Theorie der Beschäftigung, des Zinses und des Geldes“ die „Liquiditätspräferenz“. Diese kann, so die Theorie, in der Krise so groß werden, dass alle nur noch Geld horten, das Wirtschaftsleben erlahmt und der Staat eingreifen muss, um die Wirtschaft aus dem „Gleichgewicht bei Unterbeschäftigung“ zu führen.

Trotz seiner Skepsis gegenüber der Liebe zum Geld ließ sich Keynes immer wieder auf gewagte Börsengeschäfte ein, zum Beispiel auf Währungsspekulationen. Im Jahr 1924 wettete er darauf, dass die Liberale Partei, der er selber angehörte, die Wahlen gewinnen würden. Die Liberalen hatten sich, auf Keynes’ Rat hin, gegen die schnelle Rückkehr Großbritanniens zum Goldstandard ausgesprochen; deren Wahlsieg hätte also einen niedrigen Pfund-Kurs nach sich gezogen. Tatsächlich jedoch siegten die Konservativen haushoch, und der Kurs der britischen Währung schoss in die Höhe. Als Ökonom sollte Keynes Recht behalten, die Rückkehr zum Gold war ein katastrophaler Fehler; als Spekulant jedoch verlor er damals viel Geld. Auch sein Freund Duncan Grant, der auf ihn gehört hatte, wurde bei der Gelegenheit 70 Pfund los.

1937 und 1938 erlitt Keynes nochmals herbe Verluste. Er hatte seit 1932 regelmäßig an der Wall Street investiert und nun eine Rezession unterschätzt, die die Vereinigten Staaten Ende der Dreißiger Jahre heimsuchte. Insgesamt blieb seine Bilanz jedoch ausgezeichnet. Das zeigte sich auch dort, wo Keynes nicht auf eigene Rechnung spekulierte, sondern das Geld anderer verwaltete. Das Stiftungsvermögen seiner Universität, des King's College, für das er direkt verantwortlich war, versiebenfachte sich zwischen 1920 und 1936 von 30 000 auf 200 000 Pfund.

Zwischen Theorie und eigenem Verhalten mussten jedoch Widersprüche bleiben. Da Keynes die Spekulation für die Wirtschaftskrisen seiner Zeit für mitverantwortlich hielt, plädierte er für deren strikte Begrenzung. Zwar seien Börsen durchaus mit einer stabilen Gesellschaft vereinbar, „das Verhältnis zwischen dem Aktionär und seiner Aktie sollte so sein wie das zwischen Ehefrau und Ehemann", wie Keynes' Biograph Robert Skidelsky dessen Gedanken zusammenfasst. Keine schnellen Geschäfte also, keine Hektik, sondern langfristige Anlagen. Heutzutage würde sich der Ökonom vermutlich am ehesten mit einem Investor wie Warren Buffett anfreunden können.

Als er 1946 starb, hinterließ er seiner Witwe Lydia ein Vermögen von umgerechnet zehn Millionen Euro.

Seine Gedanken zur Rolle der Spekulation in der Ökonomie fasste Keynes im 12. Kapitel der „Allgemeinen Theorie" zusammen, dem schönsten und farbigsten des ganzen Buches. Vor allem glaubte er, durchaus modern, dass Börsianer viel zu kurzfristig denken. „Das Spiel der professionellen Geldanlage ist unerträglich langweilig und anstrengend für jeden, dem der Spieltrieb völlig abgeht, schrieb er. Zwar gebe es auch den Typus des langfristigen Anlegers, der im öffentlichen Interesse handele, doch der bekomme immer Ärger mit seinen Aufsichtsgremien. „Denn es liegt in der Natur von dessen Verhalten, dass er in den Augen der Allgemeinheit als exzentrisch, unkonventionell und unbesonnen erscheint." Schließlich kommt Keynes zu dem Schluss: „Spekulanten sind vermutlich harmlos als Blasen auf einem steten Strom des Unternehmertums. Aber die Lage wird ernst, wenn das Unternehmertum zur Blase in einem Strudel der Spekulation wird."

Für ihn selbst und seine Familie hat sich das Spiel an der Börse allerdings gelohnt. Als Keynes 1946 starb, hinterließ er seiner Witwe Lydia ein Vermögen von 479 529 Pfund an Geld und Wertpapieren (was heute über zehn Millionen Euro wären). Zuvor schon hatte er aus den Erträgen seiner Börsengeschäfte ein Landhaus in der Nähe von London erworben und Lydia ein kleines Theater in Cambridge geschenkt. Keine schlechte Bilanz für ein Spekulantenleben.

Nikolaus Piper

Der Tänzer auf dem Börsenparkett

Mit enormem Fleiß arbeitete sich der geborene Ungar Nicolas Darvas ins Börsengeschehen ein – und entwickelte an der Wall Street eine eigene Theorie.

Man schreibt das Jahr 1959. Im New Yorker Nachtclub Latin Quarter richten sich alle Augen auf die Bühne. Eines der bekanntesten Tanzpaare Amerikas wird angekündigt: „Darvas und Julia“. Die beiden sind schon mit dem US-Komiker Bob Hope und der Sängerin Judy Garland aufgetreten. Der schmalhüftige, breitschultrige Tänzer in weißer Krawatte und Frack wirbelt mit seiner rothaarigen Partnerin übers Parkett, ihre schönen Beine stecken in schwarzen Strümpfen.

„Die müden Geschäftsleute, die sich die Vorstellung ansehen, realisieren nicht, dass der in Ungarn geborene Nicolas Darvas, 39, ein besserer Gelderzeuger ist als die meisten von ihnen“, schrieb die amerikanische Zeitschrift Time damals, „er ist ein Spitzenbörsenspekulant, der sein beträchtliches wöchentliches Einkommen (derzeit 3500 Dollar) in ein Vermögen von mehr als zwei Millionen Dollar ausgebaut hat.“ Der Tanzprofi Nicolas Darvas besaß fürwahr erstaunliche Talente: Er verfasste Kreuzworträtsel, war ein Tischtennis-Meister, er verstand sich auf Immobiliengeschäfte – und als ehemaliger Sportreporter auch aufs Schreiben: 1960 veröffentlichte er sein Buch „Wie ich zwei Millionen an der Börse verdiente“, von dem im ersten Jahr rund 400 000 Stück verkauft wurden.

Seine spektakulären Aktiengewinne erzielte er, während er gleichzeitig eine internationale Karriere als Nachtclub-Tänzer zusammen mit seiner Halbschwester Julia machte. Das Tanzen hielt der 1920 geborene Darvas immer für seinen eigentlichen Beruf. Die Börsenspekulation war einfach das Zubrot. Kein Wunder, dass es ihm Scharen von Investoren nachmachen wollten.

Darvas' Methode „The Box Theory" findet bis heute ihre Anhänger. Auch sein Buch wird immer noch gelesen. Darin erklärt er anschaulich, worauf seine Spekulation beruht: Er kaufte Aktien, wenn sie anfingen zu steigen. Er brauchte weder Anlegerbriefe noch Finanzberater noch Tipps oder ein Büro – was für ihn zählte, waren die Preisbewegungen und das Volumen. „Was gute und schlechte Aktien betrifft, das gab es nicht", erklärte er nach seinem Rückzug von der Börse: „Es gab nur Aktien, deren Kurs stieg, und Aktien mit fallendem Kurs." Er beobachtete genau, wie Anleger auf das Geschehen an der Börse reagierten.

„Beim Tanzen ist es wie an der Börse: Man muss mit dem Publikum mitgehen."

„Beim Tanzen weiß ich, wie man ein Publikum einschätzt", sagte er Time, „es ist instinktiv. Dasselbe mit der Börse: Man muss herausfinden, was das Publikum will und mitgehen." In der Mitte seines Lebens residierte er im Hotel Plaza in New York und besaß Häuser in London, Paris und Südfrankreich.

Aber Darvas' Anfänge waren nicht leicht. Mit 23 Jahren floh er aus Angst vor den Nazis und den Russen aus Ungarn in die Türkei. Obwohl er an der Universität Budapest Wirtschaft und Soziologie studiert hatte, begann er als Tänzer täglich acht Stunden zu trainieren – mit derselben Beharrlichkeit, mit der er später die Aktienbewegungen beobachtete und aus seinen Fehlern an der Börse lernte. In den USA, wohin er 1951 emigrierte, gab er sich erst mit dem Time-Artikel öffentlich als Spekulant zu erkennen.

Da hatte er seine Lehrjahre schon hinter sich. Alles begann mit einem Zufall: Ein Nachtclubbesitzer in der kanadischen Stadt Toronto hatte Darvas 1952 das Tanz-Honorar in Form von Aktien einer unbekannten Bergbaufirma namens Brilund angeboten.

Obwohl Darvas das Engagement schließlich ablehnte, kaufte er aus Goodwill die Aktien für 3000 Dollar. Dann vergaß er sie eine Weile, und als er eher beiläufig ihren Wert kontrollierte, stellte er fest, dass sich der Kurs verdreifacht hatte. Er verkaufte die Titel und strich einen Gewinn von fast 8000 Dollar ein.
Diese leichte Art des Geldverdienens an der Börse nahm ihn von da an völlig ein. Er stürzte sich gleich auf weitere Börsengeschäfte. Seine Aktien behandelte er wie Schoßtiere. Aber in den kommenden Jahren musste er immer wieder Verluste einstecken. Er versuchte es mit Tipps von Freunden, mit dem Studieren von Kurs-Gewinn-Verhältnissen, mit der Hilfe von Brokern – nichts bewährte sich als Schlüssel zum Knacken des Börsengeheimnisses, an das er anfänglich glaubte.

Darvas las in jenen Jahren rund 200 Bücher über Aktiengeschäfte und Finanzen, wie er schrieb. Er war begierig zu lernen. Aber letztlich waren es seine genauen und monatelangen Notierungen der Aktiensprünge und die Einsichten aus seinen Irrtümern, die ihn zum Erfolg brachten. Darvas handelte von 1952 bis in die frühen Sechziger Jahre aktiv an der amerikanischen Börse. „Er verdiente 2,45 Millionen Dollar von seinem Start mit Brilund an“, schrieb John Boik in seinem Buch „Lektionen der größten Aktienhändler aller Zeiten“.

„Er machte den Löwenanteil davon in 18 Monaten – insgesamt 2,25 Millionen Dollar.“ Darvas war laut Boik so erfolgreich und bekannt, dass die American Stock Exchange den Gebrauch von sogenannten Stop-Loss-Verkaufsaufträgen aufhob, mit denen Darvas seine Verluste nach unten begrenzte. Der Berufstänzer hatte beobachtet, dass sich Aktien, bevor sie steigen, in einer gewissen Bandbreite auf und ab bewegen. Er verglich es mit einem Tänzer, der zuerst in die Hocke geht, um zum Luftsprung anzusetzen.

Die obere und untere Grenze dieser Bandbreite verglich er mit Glaskästen, in denen der Kurs wie ein Gummiball herumhüpft. Deshalb nannte er seine Methode „The Box Theory“ (auf deutsch: Die Kastentheorie). Nach einem Kurssprung setzten die Aktien oft wieder zum Sprung auf das nächsthöhere Niveau an. So stapelten sich bildhaft die Kästen pyramidenförmig aufeinander. Wenn der Aktienkurs die untere Marke, also den Boden eines solchen Kastens durchschlug, verkaufte Darvas.

Er vermied allzu große Risiken: Darvas setzte den Preis vorher fest, bei dem er im Falle eines Kursrückgangs verkaufen wollte. In einem Fall räumte er später ein, dass es auch hätte schiefgehen können: Er war gerade auf Tournee in Kalkutta, als er mit fast seinen gesamten Ersparnissen 2500 Aktien der unbekannten Firma E.L. Bruce kaufte, die Parkettböden herstellte. Er verkaufte die Titel sechs Wochen später mit einem Gewinn von 295 000 Dollar. Darvas gestand aber offen, er liege in etwa in 50 Prozent der Fälle falsch.

Er versuchte auch vorauszusehen, welche künftigen Bedürfnisse sich am stärksten auf gewisse Titel und Wirtschaftszweige auswirken. So kaufte Darvas Aktien von Texas Instruments, die die erste elektronische Rechenmaschine entwickelten. „Der Zukunftstraum ist es, was Menschen packt, nicht die Realität", sagte er. Seine Börsengeschäfte erledigte Darvas mit einer minimalen Infrastruktur. Da er monatelang auf Tourneen rund um die Welt war, las er lediglich die Wochenzeitschrift Barron's und schickte die Aufträge per Telegramm an seinen Broker. Seine Gewinne investierte Darvas in Immobilien rund um die Welt.

Manche Kritiker behaupteten, Darvas habe einfach Glück gehabt, da er in einem sehr starken Markt gehandelt habe. Allerdings wusste Darvas genau, wann er sich zurückziehen musste, um Verluste zu vermeiden. „Ich schaue einfach die wöchentlichen Charts mit den Durchschnittswerten der vergangenen sechs Monate an", erklärte er 1974 in einem Interview, das der britische Börsenguru Mark Crisp auf seiner Webseite veröffentlichte: „Wenn sie allgemein zurückgehen, dann ist es eine Börsenflaute." Das war zweimal der Fall. Im Jahre 1957 fand er keine Aktien mehr, die seinen Kriterien genügt hätten. Tatsächlich folgte darauf eine kurze Börsenbaisse.

In den Sechziger Jahren zog sich Darvas von der Börse zurück. Der Justizminister des Staates New York mag dazu beigetragen haben. Laut Time warfen die Behörden dem Showman vor, er habe möglicherweise die riesigen Börsengewinne in seinem Buch falsch dargestellt. Darvas bezeichnete das Vorgehen gegen ihn als „zynisch" und „unverantwortlich". Die Untersuchung wurde 1961 von einem Richter abgeblockt, der darin einen unbefugten Angriff auf die freie Presse sah.

Als wahre Spielernaturen kritisierte Darvas die langfristigen Investoren, weil sie an Aktien festhielten, obwohl deren Kurs immer weiter fiel, in der Hoffnung, dass er eines Tages wieder steigen werde. In seinem zweiten Buch „Das andere Las Vegas" verärgerte Darvas die Börse von der Wall Street, die er als „riesiges Spielkasino, bevölkert von Dealern, Croupiers und Tippgebern" bezeichnete. Er starb 1977 und liegt in Paris begraben.

Bernadette Calonego

Immobilientycoon, im Nebenjob: Popstar

Donald Trump wurde mit Wolkenkratzern und Kasinos erst ganz reich und dann ganz arm – heute verdient er schon alleine mit seinem Namen viel Geld.

Es gibt viele Popstars, die nebenbei erfolgreiche Unternehmer sind. Doch es gibt wohl nur einen Unternehmer, der nebenbei Popstar ist: Donald Trump. Der New Yorker Immobilien-Tycoon, Casino-Mogul, Hotel-Besitzer, Golfplatz-Betreiber und Misswahl-Impresario trinkt nicht, raucht nicht, aber er ist ganz offensichtlich süchtig nach Aufmerksamkeit. Erst kamen die Bücher – nicht eines, nicht zwei, sondern 14 Stück, alle mit unwiderstehlichen Titeln wie „How to Get Rich“ oder „Never Give Up“, in denen sich Trump jeweils als ausgekochter Immobilienzocker darstellt. Dann kamen die Auftritte bei Wrestling-Turnieren, in Filmen und Fernsehserien. Und irgendwann war Trump, der Spekulant und dreifache Milliardär, von dem halbironischen, grell ausgeformten Leinwand-Trump kaum noch zu unterscheiden, einem protzigen, polternden Boss wie aus der Frühzeit des Kapitalismus.

Die eigene TV-Serie war der logische nächste Schritt. „The Apprentice“, der Azubi, war der Titel. Die Serie erwies sich als so erfolgreich, dass Trumps Honorar pro Episode von 50 000 Dollar beim Start 2003 auf zuletzt drei Millionen anstieg. Das Prinzip ist immer dasselbe: Eine Gruppe erfolgshungriger Jungmanager muss Geschäftssinn und Aggressivität unter Beweis stellen. Am Ende jeder Folge lässt Trump den Schwächsten gehen: „You’re fired." Wer am Ende übrig bleibt, dem winkt der Hauptgewinn: Er darf bei einer Trump-Firma anheuern.

Trump begann seine Karriere nach einer holprigen Schullaufbahn in der Firma des Vaters, der sich auf den Wohnungsbau für die untere Mittelklasse in New Yorks Vororten spezialisiert hatte. Doch was ihn lockte, war Glitzer und Glamour. In Atlantic City, dem Las Vegas der Ostküste, zog er ein Kasino nach dem anderen hoch, und in Manhattan stürzte er sich in den Bau extravaganter Wolkenkratzer wie des Trump Tower an der Fifth Avenue, wo er bis heute seine 3000-Quadratmeter-Wohnung besitzt. Es waren die Achtziger, Tom Wolfe schrieb „Bonfire of the Vanities", und der Immobilienmarkt ging durch die Decke. Doch als die Rezession von 1989 die große Sause abrupt beendete, war auch für Trump der Spaß vorbei. Er konnte die Kredite für sein drittes, eine Milliarde Dollar teures Kasino Taj Mahal nicht abbezahlen, seine Firma war bankrott, und er selbst war es beinahe auch.

Es lohnt sich, einmal ganz unten gewesen zu sein, wenn man nach ganz oben will.

„Ist Dir klar, dass dieser Mann um 900 Millionen Dollar reicher ist als ich?", fragte Trump damals einen Freund, als sie gerade an einem Penner vor Tiffany's vorbeiliefen. So hoch waren damals Trumps persönliche Schulden. Er schien am Ende. Doch Trump wusste, dass spektakuläre Verluste ebenso prestigeträchtig sind wie spektakuläre Reichtümer und dass es sich lohnt, einmal ganz unten gewesen zu sein, wenn man ganz nach oben will.

Statt die Beinahe-Pleite zu vertuschen, posaunte er sie als kathartische Episode seiner Privatmythologie überall herum. Schon Mitte der Neunziger war er wieder hoch oben in den schwarzen Zahlen, kurbelte neue Projekte an wie den Trump World Tower, eines der höchsten Gebäude in New York, und schwärmte von der „heißesten Stadt des Planeten", vom „irren ökonomischen Klima", von „tollen Deals".

Die Persona des Klischee-Milliardärs schmückt Trump sorgfältig aus. Während er zunehmend Schwierigkeiten hat, sein Haar noch zu der ingeniösen Kopfbedeckung zu ondulieren, die sein Markenzeichen geworden ist, werden die Frauen an seiner Seite immer jünger. Nach Ivana Zelnickova und Marla Maples lernte er das 24 Jahre jüngere slowenische Model Melania Knauss kennen und stellte befriedigt fest: „Wenn wir ein Restaurant betraten, brachen erwachsene Männer in Tränen aus." 2005 heiratete er sie. Im Jahr 2000 ließ er sich beinahe als Präsidentschaftskandidat der marginalen Reform-Partei aufstellen, was erneut willkommenen Presserummel einbrachte. Und immer ist im Hintergrund jede Menge Marmor zu sehen, Spiegel, Wasserspiele, vor allem Gold. Die Gurtschnallen seines Jets? Pures Gold, so geht die Legende. Andere in ähnlicher Position tun alles für ein seriöses Image, bemühen sich, Geschmack und Geist zu beweisen. Für „The Donald" hingegen, wie ihn die New Yorker Boulevardpresse nennt, kann die Zurschaustellung seines Reichtums gar nicht krass genug sein.

Er ist der Midas von Atlantic City. Dahinter steckt durchaus Kalkül. Mindestens ebenso wertvoll wie Trumps Hotels und Golfplätze ist die Marke Trump, die er mit seinen nahezu karnevalesken Auftritten immer wieder ins Gespräch bringt. Die meisten der Hotels und Apartmentgebäude, auf denen in goldenen Lettern sein Name prangt, gehören keineswegs ihm, sondern namenlosen Konsortien, die viel Geld dafür zahlen, die Marke benutzen zu dürfen. Dieses Lizenzgeschäft sorgt nicht nur für prächtige Gewinne, es lässt sein Imperium und seine eigene Macht auch um ein Vielfaches größer erscheinen, als sie eigentlich sind. Und warum sollte er sich auf Immobilien beschränken? So sah die Welt das Parfum „Donald Trump The Fragrance", „Trump Steaks", das Flaschenwasser „Trump Ice", „Trump Vodka" und nicht zu vergessen: die „Trump University", die mit nicht-lizensierten Fernkursen für Business-Adepten handelt.

Wie kann sich Trump mit derlei kindischen Geschäftsideen halten? Wie will einer ernst genommen werden, der mit seinem Goldkettchen-Schick aussieht wie ein neureicher Provinz-Autohändler? Es ist wohl gerade Trumps anachronistisches Auftreten, das ihn so berechenbar, für manche fast sympathisch wirken lässt. Wie undurchsichtig erscheint Bill Gates in seinem Versandhaus-Outfit, wie trügerisch ist der Studenten-Look der Internet-Mogule. Wer sind die CEOs der großen Konzerne? Man kennt sie nicht, man sieht sie nicht. Ganz anders Trump: Je rücksichtsloser er sich selbst vermarktet, je öfter er in den Schlagzeilen ist, desto bodenständiger erscheint er. Ein Milliardär zum Anfassen, ein Patriarch alter Schule, der für das Geschäft mit seinem guten Namen einsteht.

Andere spekulieren mit Luftblasen, er besteht auf echten Marmor, echte Werte, Gold! Alles vom Vater gelernt, und der hatte es von Friedrich Trump aus Baden-Baden. Für den Spruch „You're fired" aus seiner Fernsehsendung hat Trump übrigens Titelschutz angemeldet. *Jörg Häntzschel*

Der Börsen-Philosoph

Der Rohstoffspekulant Richard Dennis ist an den Finanzmärkten reich geworden – trotz vieler Krisen.

Ist Erfolg an der Börse Zufall? Wenn nicht, welche Regeln muss ein Spekulant befolgen, um erfolgreich zu sein? Hat jeder das Zeug zum Spekulanten? Richard Dennis, studierter Philosoph, ist sich sicher: „Ja, jeder kann es zum Börsenmillionär bringen". Sein Freund und Kollege, der Mathematiker William Eckhardt widerspricht: „Wer dauerhaft an der Börse Geld verdient, verfügt über eine Art Intuition". Die besitzen nur wenige und erlernen lasse sie sich erst recht nicht.

„Wir werden Trader züchten wie Schildkröten in Singapur"

Dennis und Eckhardt kennen sich seit der High School und sind beide an der Börse reich geworden. Sie entschließen sich zu einem kostspieligen Experiment, das zeigen soll, wer recht hat. In den nächsten Wochen schalten sie Anzeigen in großen Tageszeitungen wie der New York Times und der Washington Post. „Traders wanted", steht dort. Eine Handvoll Börsenneulinge soll in kürzester Zeit zu Topspekulanten ausgebildet werden und anschließend mit sechsstelligen Beträgen handeln. „Wir werden Trader züchten wie Schildkröten in Singapur", sagt der massige und öffentlichkeitsscheue Mann, von dem kaum ein Foto existiert.

Im Dezember 1983 treffen sich schließlich die ersten zehn Lehrlinge in einem Handelsraum in Chicago. Mit einem simplen Wahr/Falsch-Test hat Dennis sie unter 1000 Bewerbern ausgewählt.

Darunter sind ein Schachgroßmeister, ein Entwickler von Fantasyspielen, zwei professionelle Spieler und der 19-jährige Schulabgänger Curtis Faith, der später ein Buch über die mysteriöse Gruppe schreiben wird. Es ist die Geburtsstunde der „Turtles".

Der Mann, der die Turtles trainiert, meint zu wissen, wovon er spricht. Er ist als „Prince of the Pit" bekannt. Als „Pit" bezeichnet man den kleinen Unterstand, den die Börsenhändler auf dem Parkett haben. Dennis wird im Jahr 1949 geboren und wächst in Chicago als Sohn eines Ingenieurs auf. Mit 17 arbeitet er als Laufbursche an der Chicago Mercantile Exchange für 1,60 Dollar die Stunde. Seinen Wochenverdienst von 40 Dollar verspielt er anschließend. Da er noch nicht volljährig ist, muss sein Vater für ihn die Order ausführen. Geld verdient Dennis keines: „Bis zu meinem 21. Geburtstag habe ich jeden Fehler, den man an der Börse machen kann, zehnmal gemacht", sagt er später in einem seiner seltenen Interviews.

Irgendwann scheint es wirklich genug zu sein mit den Fehlern. Dennis studiert zunächst in Chicago Philosophie, später erhält er ein Stipendium für die Tulane University in Lousiana. Bald aber ist er zurück in Chicago, leiht sich 2000 Dollar von seiner Familie und kauft sich für 1600 Dollar einen Sitz in einer kleinen Nebenbörse, der Mid America Exchange. Mit den restlichen 400 Dollar beginnt er seine Karriere als Spekulant.

Es ist das Jahr 1972, das in die Börsengeschichte als das Jahr des „Great Russian Grain Robbery" eingeht und Dennis mit einem Schlag reich werden lässt. Sowjetrussland kauft den Amerikanern ganze Schiffsladungen Getreide zu subventionierten Preisen ab. Da die amerikanischen Farmer ohnehin schon Probleme haben, der ständig wachsenden Nachfrage hinterherzukommen, schießen die Preise in die Höhe. Dennis setzt weiterhin auf steigende Kurse. Mit 25 ist er Millionär. Anfang der 80er Jahre sind aus seinen 400 Dollar Startkapital 200 Millionen Dollar gemacht. 1984 zählt Dennis zu den einflussreichsten Rohstoffspekulanten der Welt. Er ist gerade 35 Jahre alt. Gerüchte, laut denen Dennis gerade kaufe oder verkaufe, reichen aus, um die Kurse an den Märkten zu bewegen. Dennis selbst ist überzeugt: Sein Erfolg beruht auf einem System und das will er seinen Schildkröten beibringen.

Die Turtles müssen einen Vertrag unterschreiben, der sie für die nächsten 20 Jahre zu strikter Geheimhaltung verpflichtet. Zwei Wochen lang werden sie vom „Prince of the Pit" persönlich unterrichtet. Danach drückt er jedem von ihnen 100 000 Dollar in die Hand und lässt sie handeln. Faith macht in den ersten Wochen aus 100 000 Dollar sagenhafte 178 000. Die anderen Turtles verdienen etwas weniger, Verluste aber macht keiner von ihnen. So geht es weiter in den nächsten Jahren. Durchschnittlich kommen die Schildkröten auf eine Performance von 80 Prozent im Jahr. Sie erhalten eine Gewinnbeteiligung, die wiederum abhängig von ihrer Performance ist. Bei Curtis Faith sind es am Ende 30 Prozent, die in seine eigene Tasche wandern. In den folgenden Jahren verdient er etwa 8,5 Millionen Dollar. 2007, als die Schweigepflicht endet, erscheint sein Buch „Die Strategien der Turtle Trader. Geheime Methoden, die gewöhnliche Menschen in legendäre Trader verwandeln". Es sieht aus, als habe Dennis den Stein der Weisen gefunden und ihn an einen auserwählten Kreis weitergegeben. 1988 endet das Programm. Noch heute werben Websites im Internet mit dem „Original Turtle-System". Nur, dass es immer noch funktioniert, glaubt heute kaum mehr einer.

Dennis' Strategie Mitte der 80er ist überraschend simpel. Die Turtles sollen stets in Einklang des vorherrschenden Trends handeln, anstatt zu versuchen, Wendepunkte zu erwischen. „Wenn der Kurs an einem Tag steigt, ist die Wahrscheinlichkeit hoch, dass er am nächsten Tag weiter steigt", sagt Dennis. „Wenn die Kurse eine Woche gestiegen sind, werden sie voraussichtlich eine weitere Woche steigen". Umgekehrt sollen die Turtles in einem Abwärtsmarkt auf weiter fallende Kurse setzen. Was beinahe schon trivial klingt, hat es aber in sich: Hohe Kurse werden instinktiv als „zu hoch" empfunden. Die Masse glaubt nicht, dass sie noch weiter steigen werden. „Wenn die natürliche Reaktion ist, nicht zu kaufen, hielt Dennis genau das für einen Zeitpunkt, um zu kaufen", wird Turtle Curtis Faith später schreiben.

Eine anderes Erfolgsrezept lautet: Verluste klein halten, Gewinne laufen lassen. Instinktiv neigen Marktteilnehmer dazu, Gewinne zu früh zu realisieren. Ist eine Aktie einmal im Minus, beginnt dagegen das Hoffen, auf dass es schon wieder nach oben gehe. Anstatt einen kleinen Verlust zu realisieren, lässt man das Minus zum Totalverlust anwachsen. Nach Dennis' Methode müssen die Turtles ihre Positionen mit einem kleinen Minus sofort verkaufen. So enden zwar nur relativ wenige Transaktionen in einem Gewinn; diese wenigen Deals aber reichen aus, um langfristig eine überdurchschnittliche Performance zu erzielen. Einen Strich durch die Rechnung mache höchstens die eigene Psyche. Deshalb müssen sich die Turtles unter jeden Umständen an diese Regeln halten – wie Odysseus bei den Sirenen, der sich selbst an den Mast binden ließ, müssen sie ihre eigenen Emotionen bezwingen.

Nur ganz so einfach ist es nicht. Manchmal kehren sich Trends an den Börsen auch um: Schlagartig, ohne Vorankündigung fallen dann die Kurse stärker, als sie jemals steigen würden. Der 19. Oktober 1987 ist so ein Tag. Dennis spekuliert am Terminmarkt mit riskanten Optionen, die kurz vor ihrem Ablaufdatum stehen. Als am Schwarzen Montag die Sonne untergeht, ist der Dow Jones um 22 Prozent gefallen und Dennis um zehn Millionen ärmer. Alleine zwischen 1987 und 1988 verliert er über 60 Millionen Dollar. Seine persönlichen Verluste sind kaum geringer als die seiner Kunden, die in die von ihm geleiteten Fonds investiert haben. Seine Investmentfonds sind 1988 bis zu 50 Prozent im Minus. Einen Prozess seiner Kunden gegen ihn endet mit einem Vergleich. Dennis zahlt 1990 2,5 Millionen US-Dollar.

1988 zieht sich Dennis vorübergehend vom Handel zurück und konzentriert sich fortan auf seine zweite Leidenschaft: Die Politik. Bis heute ist Richard Dennis im Vorstand des liberalen Think Tanks Cato Institut, zu dessen erklärten Zielen individuelle Freiheit, eine begrenzte Staatsmacht, freie Märkte und Frieden zählen. 1991 veröffentlicht er einen Essay, in dem er sich für eine liberalere Drogenpolitik stark macht. Mitte der Neunziger erlebt er als ein Pionier des mechanischen Handels noch einmal ein Comeback mit einem sagenhaften Gewinn von 116 Prozent innerhalb eines Jahres. Nun sagen ihm ausschließlich Computer, wann zu kaufen und wann zu verkaufen ist. „Meine linke Gehirnhälfte hat meine rechte vollkommen ersetzt", sagt er. Doch im Jahr 2000 geht Dennis zum zweiten Mal in den vorzeitigen Ruhestand. Die Verluste seiner Firma Dennis Trading Group Inc. liegen schon wieder bei 50 Prozent. Er zieht sich abermals vom Geschäft zurück. Vorübergehend.

Dennis' Methode, das strikte Befolgen von Regeln, bei dem menschliche Emotionen komplett ausgeschaltet sind, gehört heute zum Standardrepertoire von Investmentfonds, Banken und Privathändlern. Denn mit der technologischen Revolution der neunziger Jahre entstanden erstmals die Möglichkeiten, komplexe Handelsstrategien auf ihre Wirksamkeit in der Vergangenheit zu testen. Heute sind Händler, die ihre Kaufentscheidungen auf Intuition basieren, Ausnahmen. Gefühle wie Angst und Gier will man vom Markt verbannen. Computerprogramme treffen die Entscheidung, wann ge- und verkauft wird. In einem seiner letzten Interviews aus dem Jahr 2004 sagt Richard Dennis, dass er immer noch handle. Am Computer sucht er nach dem perfekten System. Es zu finden, sei „heute zehnmal so schwer wie damals". Aber dass es existiert, daran glaubt er noch immer.

Philipp Mattheis

Der Milliardenzocker, dem der Kapitalismus zu kalt ist

George Soros, bestverdienender Marktwirtschafts-Kritiker des Erdballs, pumpt viel Geld in die Demokratisierung der Welt.

Sie hängen an seinen Lippen, die jungen Männer im dunklen Anzug und die Frauen im Business-Kostüm, wenn er vor vollem Saal nach der Entwicklung der Finanzmärkte gefragt wird. Wie einen Magier betrachten sie ihn, man kann im Raume die Verehrung förmlich greifen, auch wenn der Mann auf der Bühne sich keine Prognosen entlocken lässt. George Soros – ein Mythos. Wer würde nicht gerne wie er in einer Nacht eine Milliarde Dollar verdienen und dabei gegen alle Regeln die Bank von England in die Knie zwingen? Wer würde nicht gerne über fünf oder mehr Milliarden verfügen, verdient allein durch genaue Beobachtung, durch kluge Analyse und mit einem Spaß am Risiko, der nicht von dieser Welt zu sein scheint?

Für seine Art von Wagemut hat George Soros eine ungewöhnliche Erklärung. Vom Vater habe er als Kind gelernt, „dass es sicherer ist, etwas zu riskieren, als passiv zu sein", sagt er. Es ist eine Lektion aus der Nazi-Zeit. Die jüdische Familie Soros musste 1944 im besetzten Budapest unter falschem Namen der Verhaftung und Vernichtung entkommen, und Vater Tivadar Soros, ein Anwalt, Esperanto-Enthusiast und Kaffeehaus-Löwe, bewerkstelligte dies mit einem Charme und Schneid, der seinen halbwüchsigen Sohn auf ewig prägte. Auch heute kommt dieser gerne im Gespräch auf den Alten zurück und empfiehlt dessen auch auf Deutsch erschienene „Memoiren eines Überlebenskünstlers". Das Vorbild und der Erfolg des Vaters gegen alle Widrigkeiten waren für den Sohn „die Hauptmotivationen" in seinem Leben. Wobei er nachdrücklich betont, dass er die Risikobereitschaft stets mit großer Vorsicht gepaart habe.

Das Fundament seines Reichtums legte der junge Ungar, der 1947 vor den Kommunisten nach London floh und 1956 nach New York weiterzog, 1968. Damals machte er sich nach einer Börsianerausbildung mit seinem Kollegen Jim Rogers selbständig. Die beiden übernahmen einen Vermögensfonds im Steuersparer-Paradies Curacao, wo sie nicht der US-Börsenaufsicht unterlagen. Später nannten sie den Fonds „Quantum Funds" und führten ihn mit Geschick und Glück zu märchenhaften Wertsteigerungen. Andere Hedgefonds kamen hinzu. Als „Short-Seller" verkaufte Soros zudem Aktien auf Termin und spekulierte auf die Kursentwicklung.

Er wettete gegen das Pfund, zwang die Bank von England in die Knie und verdiente Milliarden.

Der Tag, an dem die Welt sich endgültig den Namen dieses kühnen Financiers merkte, war der 16. September 1992, später auch „Schwarzer Mittwoch" genannt. Damals setzte der Herr der Hedgefonds gegen das britische Pfund, das er für überbewertet hielt, trat eine Spekulationswelle los und schaffte es, die Bank von England zur Abwertung zu nötigen. Damit verdiente er Milliarden: Er hatte sich vorher Pfund geliehen und damit Dollar und D-Mark gekauft. Nach der Abwertung der britischen Währung tauschte er seine nun wertvolleren Devisen wieder in Pfund um, zahlte das geborgte Geld zurück und strich den Gewinn ein. Großbritannien verließ wegen des Verfalls des Pfundkurses das Europäische Währungssystem und reformierte die Notenbank. An jenem Mittwoch schwitzten die Börsianer in aller Welt. Soros seinerseits hatte sicher 1998 erhöhten Pulsschlag, als er durch den Verfall des russischen Rubels und ein Jahr später durch missglückte Spekulationen gegen den Euro und gegen verschiedene Internetfirmen Milliardensummen verlor.

Die Börse war mittlerweile nicht mehr sein einziges Betätigungsfeld. Schon 1979 begann der polyglotte Euro-Amerikaner und belesene Privatphilosoph, sich auch als Privatpolitiker zu betätigen. Er gründete seinen Open Society Fund, den er als Dachgesellschaft seiner philantropischen Aktivitäten neben seine Anlagegesellschaft Soros Fund Management LLC stellte. Mit dem Geld, das er so üppig verdiente, wollte Soros Gutes tun, und zwar im Sinne des von ihm verehrten Philosophen Karl Popper und seiner Theorie der offenen Gesellschaft. „Viele Menschen träumen zwar davon, die Welt zu verbessern, aber ich bin in der glücklichen Lage, es zu tun", sagt er lächelnd, wenn man ihn nach seiner Motivation befragt.

Popper zu folgen, hieß für ihn, die Entwicklung offener, demokratischer Gesellschaften zu fördern, deren Fundamente der Rechtsstaat, die Marktwirtschaft, die Pressefreiheit, die Transparenz des Regierungshandelns und der Respekt vor den Menschenrechten sind. Er begann damit, im Apartheidstaat Südafrika jungen Schwarzen Geld zum Studieren zu geben, und er wandte sich bald – schon lange vor der Wende von 1989 – den kommunistischen Staaten Ost- und Mitteleuropas zu, deren Schicksal ihm aus naheliegenden Gründen besonders am Herzen lag. Man kann ihm nicht widersprechen, wenn er heute unverbrämt sagt: „Ich war aktiv an der Revolution beteiligt, die das Sowjetsystem hinwegfegte."

Soros tat, was man mit Geld eben tun kann: Er half den tschechischen Dissidenten der oppositionellen „Charta 77", den polnischen Gewerkschaftern der „Solidarnosc" sowie dem russischen Wissenschaftler und Regimegegner Andrej Sacharow, der ihm wegen seiner Unbeugsamkeit und Wahrheitsliebe bis heute ein Vorbild ist. Nach Ungarn schaffte er Fotokopierer, und anderswo unterstützte er mit Geld- und Sachspenden gezielt jene jungen Leute, die demokratische Bewegungen aufbauten, Demonstrationen organisierten und dann in Jugoslawien, der Ukraine oder Georgien den Sturz der autoritären Regime erreichten. Heute findet man in fast allen Hauptstädten des einstigen kommunistischen Kosmos' ein schmuckes, mit bezahlten jungen Wissenschaftlern besetztes Büro des Open Society Institute, das hier die Korruption untersucht, dort Gesundheitsprogramme fördert und anderswo die Lage der Frauen zu verbessern sucht. Russische Provinz-Universitäten erhielten 100 Millionen Dollar, um sich einen Internet-Anschluss zu verschaffen.

Das Netzwerk, das der politische Mäzen sich Jahr für Jahr etwa 450 Millionen Dollar kosten lässt, umfasst mittlerweile Dependancen in mehr als 60 Ländern, auch in Afrika, Asien und Lateinamerika. Es ist deshalb gar nicht so verkehrt, George Soros einen „Staatsmann ohne Staat" zu nennen, wie dies der mazedonische Präsident Branko Crvenkovski einmal getan hat. Und als solcher wird er auch von vielen Regierungschefs und Ministern behandelt, die ihn gerne empfangen und mit ihm Programme für soziale Aktionen vereinbaren, beispielsweise zur Förderung der Roma in neun Ländern Mittel- und Südosteuropas.

In den USA, deren Staatsbürger er seit 1961 ist, konnte ein solcher Mann natürlich schwerlich ein Freund des langjährigen Präsidenten George W. Bush sein. Im Gegenteil betrachtete Soros die Vereinigten Staaten unter Bush als „das größte Hindernis für eine stabile und gerechte Weltordnung" und unterstützte bei der Wahl 2004 seinen Herausforderer mit Millionensummen. George Bush zählt für Soros zu jenen Apologeten des „Markt-Fundamentalismus", die in der Tradition von Ronald Reagan und Margaret Thatcher glauben, man könne einen Staat wie ein Unternehmen führen. Für Soros beruht der Marktfundamentalismus aber auf einem Denkfehler, gerade so wie der Marxismus. „Der Marxismus behauptet, Privatbesitz von Kapital sei ungerecht und dürfe nicht geduldet werden; der Marktfundamentalismus dagegen hält jegliche Art von staatlicher Intervention für nutzlos und schädlich", schreibt Soros in einem seiner mittlerweile neun Bücher, das den Titel „Die offene Gesellschaft" trägt. Für ihn sind nun einmal die freien Märkte nicht vollkommen und bedürfen deshalb sehr wohl der gelegentlichen Korrektur.

Natürlich hat es erkleckliches Aufsehen erregt, dass solche Kapitalismuskritik gerade von einem Mann kommt, der doch von den Mechanismen und Mängeln der Märkte in grandioser Weise profitiert hat. Widerspricht sich das nicht ein bisschen? George Soros lächelte, als wir ihn bei einem Gespräch im Berliner Hotel Adlon danach fragten. „Im Gegenteil", sagte er dann, „das geht zusammen." Er sprach jetzt sogar deutsch, die Sprache, die er als Kind gelernt, in jüngerer Zeit aber nur selten gebraucht hat. „Ich verstehe die Märkte besser", sagte er, „deswegen habe ich Geld verdient, und deswegen kenne ich die Fehler der Märkte."

Klaus Brill

Die erste Milliarde ist die härteste

Mit texanischem Öl wurde T. Boone Pickens reich. Die Kreditkrise kostete ihn schon 270 Millionen Dollar. Mit 80 Jahren fängt er jetzt nochmal ganz neu an.

Zum Feind haben möchte man ihn nicht. Wirklich nicht. Sein Blick fordernd und wach, darüber buschige weiße Augenbrauen, die wie ein spitzes Dreieck in die Höhe ragen. Ohne Probleme könnte er den Bösewicht in einer amerikanischen Seifenoper spielen. In „Dallas" zum Beispiel, das würde passen, lebt er doch in der gleichnamigen texanischen Stadt und spricht mit zäh-nasalem Südstaaten-Akzent. Dazu ein Name, wie ihn sich ein Drehbuchschreiber nicht besser hätte ausdenken können: „Ich bin T. Boone Pickens, und ich war mein ganzes Leben lang ein Öl-Mann", sagt er selbstbewusst in die Kamera, weichgezeichnet, im Hintergrund eine säuselnde Country-Gitarre.

Das Öl hat ihn wohlhabend gemacht, hat ihn 2008 auf den 131. Platz der reichsten Amerikaner gehievt. Das berechnete das Wirtschaftsmagazin Forbes. 3,1 Milliarden Dollar besitzt er demnach. Das reicht immer noch für Platz 369 auf der weltweiten Liste der Superreichen. Aber viel wichtiger ist in Amerika wohl das „self made", das hinter seinem Namen in der Forbes-Liste vermerkt ist. Nein, er hat nichts geerbt, nichts geschenkt bekommen. Er hat gearbeitet. Geht nicht, gibt es nicht bei T. Boone Pickens. Und an diesem Image feilt er, keine Frage.

So berichtet er gerne von den Umständen seiner Geburt in dem kleinen Städtchen Holdenville im Bundesstaat Oklahoma.

Zahlreiche Probleme habe es gegeben, weshalb der Arzt den Vater vor die Wahl gestellt habe: Er könne entweder Mutter oder Kind retten. Der Vater habe sich aber geweigert, eine solche Entscheidung zu fällen, habe stattdessen den Arzt dazu überredet, den ersten Kaiserschnitt in der Geschichte des örtlichen Krankenhauses durchzuführen – es war das Jahr 1928, und so ein Eingriff war alles andere als Routine. So überlebten Mutter und Sohn. Sein Leben hat er also dem Tod abgetrotzt. „Ich habe immer gesagt, ich bin der glücklichste Kerl auf der Welt“, sagt Pickens, „ganz sicher war ich das auch in dieser speziellen Nacht.“ Geht nicht, gibt es eben nicht.

Der Sender wollte seinen Spot nicht zeigen. Dann tat er es doch – Pickens ist ein unangenehmer Feind.

Das durfte auch der Fernsehsender NBC erfahren. Geht nicht, sagten die Verantwortlichen zu dem Milliardär, als der im Herbst 2008 seinen „Ich bin T. Boone Pickens“-Werbespot bei ihnen schalten wollte. „Geht doch“, dachte sich Pickens und sagte das dann auch laut beim NBC-Konkurrenten Fox News und in einem öffentlichen Brief: Es sei interessant, dass sich der Sender nur wahlweise an den ersten Verfassungszusatz halte und den Zuschauern Informationen vorenthalte. Wie gesagt – T. Boone Pickens ist ein unangenehmer Feind. Noch am gleichen Tag war der Spot auf NBC zu sehen. So läuft es in der Welt von T. Boone Pickens.

Sein erstes Geld verdiente er sich als Zeitungsjunge, es gab ein Cent pro ausgetragener Zeitung. Er bekam die kleinste Straße seines Heimatstädtchens Holdenville zugeteilt, 28 Zeitungen, macht 28 Cent am Tag. Das reichte ihm nicht, schon bald verhandelte er nach und rang seinem Chef die angrenzenden Straßen ab. So belieferte er 156 Haushalte – und kassierte 1,56 Dollar. Da war er gerade knapp zwölf Jahre alt. Auch das ist eine Geschichte, die er gerne erzählt.

Mit Anfang 20 schloss Pickens sein Geologie-Studium ab. Einen Job zu finden, war in den fünfziger Jahren nicht einfach.

Er bekam trotzdem einen, 500 Dollar verdiente er im Monat, glücklich war er nicht. Also machte er sich selbständig, suchte auf eigene Faust nach Erdölvorkommen. 1956 gründete er in Texas die Firma Mesa. Nur 2500 Dollar besaß er damals, dafür schon Frau und drei Kinder, die alle satt werden wollten. 30 Jahre später war Mesa das größte Öl-Unternehmen der USA.

Auf dem Weg nach oben hat er sich viele Feinde gemacht. T. Boone Pickens zieht das doppelte O seines Namens zu einem langen UUU, so dass es nur noch ein bisschen so klingt wie das T-Bone-Steak. „Unternehmens-Pirat" nannten ihn einige, das Fortune Magazine kürte ihn zum „meistgehassten Mann Amerikas". Feindliche Übernahmen waren in den achtziger Jahren seine Spezialität, er kaufte sich ein, setzte Geschäftsführer unter Druck, ließ Mitarbeiter feuern.

1997 gründete T. Boone Pickens einen Hedgefonds, an dem er bis heute knapp die Hälfte der Anteile hält. Das war kurz vor seinem 70. Geburtstag – aber er denkt eben modern, wohl auch deshalb sind viele seiner Spekulationen ein Erfolg. Viele, aber nicht alle. Im Herbst 2008 musste er die wohl bitterste Niederlage seines langen Lebens einstecken: Die Finanzkrise macht auch vor Legenden nicht halt, das Wall Street Journal berichtete, dass sein Energie-Hedgefonds 30 Prozent im Minus sei, sein Rohstoff-Fonds sogar 84 Prozent. Macht alles in allem einen Verlust von einer Milliarde Euro. Und das bei einem Mann, dessen Buch „Die erste Milliarde ist die härteste" ein Bestseller ist. Sein Privatvermögen soll nun um 270 Millionen Dollar geschrumpft sein. Kein Grund, sich Sorgen zu machen, es dürfte immer noch für einen goldenen Ruhestand reichen.

Dafür wäre es eigentlich an der Zeit, ist Pickens doch schon über 80 Jahre alt. Er könnte sich ausruhen, mit seiner vierten Ehefrau Madeleine spazieren gehen, sich mit seinen fünf Kindern treffen und seine rund ein Dutzend Enkel knuddeln. Tut er aber nicht. T. Boone Pickens denkt weiter an die Zukunft. Das Öl, das ihn reich gemacht hat, sei nun Vergangenheit, sagt er. Eben deshalb schaltet er den „Ich bin T. Boone Pickens"-Spot amerikaweit. „Ich war mein gesamtes Leben lang ein Öl-Mann, aber aus dieser Situation können wir uns nicht herausbohren", verkündet er da. Über 50 Millionen Dollar soll er ausgegeben haben für ganzseitige Anzeigen in Zeitungen und TV-Spots. Er verkündet, dass er sich Sorgen mache, weil Amerika zu abhängig sei von Öl-Importen aus anderen Staaten. Deshalb hat er einen Plan, den Pickens-Plan.

Wind und Wasser, das ist der Plan, die Energiewende für Amerika. Und weil T. Boone Pickens immer groß denkt, hat er ein gigantisches unterirdisches Wasserreservoir gekauft und baut die größte Windanlage der Welt in Pampa, Texas. Schon zwei Milliarden Dollar hat er investiert. Regelmäßig streift er mit seinem gelben Geländewagen, Marke Hummer, vorbei, um den Stand der Bauarbeiten zu kontrollieren. 22 Prozent der Elektrizität könne aus Wind gewonnen werden, sagt Pickens. Er schätzt nicht. Er weiß, sagt, befiehlt, bestimmt.

Ums Geld gehe es ihm nicht, sagt er. „Geld habe ich genug verdient." Fraglich, ob jemand wie Pickens jemals genug hat. Denn sehr wahrscheinlich wird er verdienen. Experten sind sich einig, dass Trinkwasser in einiger Zeit knapp und damit teuer sein wird. Und dass alternative Energien die Zukunft sind. Die Frage ist nur, wann sich die Spekulation für T. Boone Pickens auszahlt, für einen Mann von mehr als 80 Jahren. Dass es ihn irgendwann nicht mehr geben könnte, damit rechnet der Mann mit dem TV-Bösewicht-Gesicht anscheinend nicht. Denn dem Tod, dem hat er doch schon bei seiner Geburt ein Schnippchen geschlagen.

Hannah Wilhelm

BONDS
STOCKS
COMMODITIES
CURRENCY
Yen

Born to be wild

Jim Rogers reiste mit dem Motorrad um die Welt. Anschließend rief er den Rohstoffboom aus, und seitdem hängen die Anleger an seinen Lippen.

Die zweisprachigen Visitenkarten, die er ausgibt, sprechen Bände: Eine Seite ist englisch bedruckt, die andere mit chinesischen Schriftzeichen: James B. Rogers, JR. (für Junior) steht darauf. Das ehrt seinen Vater, doch berühmter ist der Sohn: Der 1943 geborene ist das, was man eine Investmentlegende nennt.

Bekannt geworden ist Rogers in den 70er Jahren, als er mit dem heute noch sehr viel berühmteren George Soros den Quantum Hedge Fonds gründete und damit reich wurde. 1980 ließ sich der damals 37-Jährige auszahlen, der Fonds hatte binnen knapp zehn Jahren um 4200 Prozent zugelegt. Amerikanische Standardaktien schafften in derselben Zeit nicht einmal ein Plus von 50 Prozent. In Rogers' Lebenslauf steht an dieser Stelle, also seit 1980: privater Investor, im Ruhestand. Bis 1998 hält er noch als Gastprofessor Vorlesungen an der Columbia Universität, moderiert TV-Shows und arbeitet als Kolumnist und Kommentator, unter anderem für den US-Fernsehsender CNBC. Anstellen lässt er sich nicht mehr.

Das betont er auch gleich im Gespräch: „Ich halte Vorträge, schreibe Bücher und bekomme Lizenzgebühren, aber arbeiten im herkömmlichen Sinne, nein“, antwortet Rogers auf die Frage nach seiner momentanen Tätigkeit. Für einen selbsternannten Rentner ist sein Pensum allerdings enorm. Ende Oktober 2008 zum Beispiel jettete der kleine quirlige Mann binnen einer Woche um die halbe Welt: Zürich, Frankfurt, Dubai, Frankfurt, Stockholm, Genf, Brüssel, lautet der Flugplan einer Roadshow, auf die ihn die ABN-Amro-Bank in der Schweiz eingeladen hatte.

Als einer der ersten Börsenexperten überhaupt hatte Rogers in den 90er Jahren einen neuen Boom für Rohstoffe ausgerufen. Als andere noch die Aktienhausse der New Economy feierten, die bald darauf in sich zusammenbrach, schuf der langjährige Wahl-New-Yorker einen Rohstoff-Index. Das ist ein Kursbarometer, das die Entwicklung von Agrar- und Energierohstoffen, Basis- und Edelmetallen gleichzeitig widergibt. In der Finanzwelt wird der Rogers International Commodity Index, kurz Rici, heute fast genauso beachtet wie die weit länger etablierten Barometer der Nachrichtenkonzerne Reuters und Dow Jones. Die jüngst von der Royal Bank of Scotland übernommene ABN Amro hat viele Zertifikate auf Basis des Rici aufgelegt. Lizenzhalter Rogers kassiert mit.

Wie viel Geld er derzeit verdient oder wie reich er damals mit Soros und dem Quantum-Fonds geworden ist, will Rogers für sich behalten: „Es gibt in Amerika eine Menge Leute, die gerne über ihr Geld reden. Ich komme aus einer Familie, da macht man das nicht.“ Er erzählt lieber von seinem ersten Job, im zarten Alter von fünf Jahren: Leere Flaschen habe er eingesammelt bei Baseballspielen. Damals in dem 8000-Seelen-Städtchen Demopolis im US-Bundesstaat Alabama, wo der Sohn des Managers einer Chemiefabrik wohlbehütet von seiner Mutter die Kindheit verbrachte.

Jedenfalls nutzt Rogers sein zweifellos üppiges Vermögen, um sich Träume zu erfüllen, weit weg von der New Yorker Wall Street, dem Zentrum der globalen Finanzwirtschaft. In New York hatte Rogers nach einem ausführlichen Geschichts-, Philosophie- und Wirtschaftsstudium an den Elite-Universitäten in Yale und Oxford 1969 seine Laufbahn bei einer kleinen Brokerfirma begonnen und bald darauf den zwölf Jahre älteren George Soros kennengelernt. Aber zurück zu den Träumen: Privatier Rogers tauschte wenige Jahre nach dem Ausstieg aus dem Quantum-Fonds seine grauen dreiteiligen Anzüge mit wechselnden bunten Fliegen gegen eine Ledermontur und stieg aufs Motorrad.

„Auf zwei Rädern bis an die Chinesische Mauer zu gelangen und einen großen Teil der Menschheit besser verstehen zu lernen, erschien mir die perfekte Alternative zum ständigen Druck, der von der Wall Street ausging“, schreibt Rogers im Vorwort seines neuesten Buches. Er erklärt darin, wie Anleger heute im Reich der Mitte Geld verdienen können. Dass es so ein Buch geben wird und er mit diesem und anderen Titeln auch gutes Geld verdienen würde, hat er freilich bei seiner Tour 1984 nicht gewusst. Dass er es mit einer weiteren Motorradtour von 1990 bis 1992 nicht nur ins Guiness Buch der Rekorde schaffte, sondern diese Weltreise gleichfalls in einem Buch vermarktete, lässt jedoch den ausgeprägten Geschäftssinn Rogers’ erahnen.

Zur Jahrtausendwende fuhr er gleich noch einmal um die Welt, fast drei Jahre lang, legte mit seiner Frau in einem umgebauten Geländewagen fast 250 000 Kilometer zurück. Und wieder folgten ein Guiness-Buch-Eintrag und ein Buch über die Reise. Doch Rogers hat noch etwas für Börsianer viel Wertvolleres mitgenommen von seinen Abenteuer-Trips als Weltoffenheit und Lebenserfahrung: das Gespür für gute Investmentideen. „Ich lasse mich von Angebot und Nachfrage leiten. Und für viele Rohstoffe gibt es schlicht ein begrenztes Angebot bei gleichzeitig steigender Nachfrage“, erklärt Rogers gerne seine Investmentphilosophie.

„In zehn Jahren werden Bauern Maserati fahren“, erklärt er.

Vor zwei Jahren rechnete er mit einer andauernden Rohstoffhausse für die folgenden 15 Jahre. Auf dieses Timing will er sich nach den jüngsten Verwerfungen an den Finanzmärkten nicht mehr exakt festlegen lassen. Er sagt aber auch: „Ich habe meine Rohstoffinvestments nicht verkauft.“ Wie praktisch alle Börsenbarometer hat allerdings auch Rogers’ Rici-Index deutlich an Wert eingebüßt. „Wir haben eine Rezession, na und? Die hatten wir auch in den 70er Jahren, und dennoch sind die Rohstoffe weiter haussiert“, schiebt er fast beleidigt hinterher.

Auch auf seiner jüngsten Vortragsreise lässt er keinen Zweifel daran, dass vor allem die Preise für Agrarrohstoffe wieder anziehen werden: „Jeder Banker sollte sich überlegen, ob er nicht lieber Bauer wird." In den vergangenen Jahren seien viele 29-jährige Investmentbanker mit Maseratis herumgefahren. Die müssten nun Taxis nehmen und sollten lernen, Traktor zu fahren. In zehn bis 15 Jahren „werden Bauern Maserati fahren".

Rogers' Zuversicht für landwirtschaftliche Produkte gründet auf dem explosiven Wachstum der Weltbevölkerung. Dem stehe zurzeit, auch wegen der Finanzkrise, ein begrenztes Angebot gegenüber. „Viele Farmer bekommen nicht mehr die Kredite, um ausreichend Dünger zu kaufen." Minenbetreiber stünden vor ähnlichen Problemen: Es fehle das Geld, um in neue Vorkommen zu investieren. Die zuletzt eingebrochenen Metall- und Edelmetallpreise sorgten dafür, dass viele Bergwerke unrentabel arbeiteten, täglich müssten welche schließen.

Befragt nach den Ursachen der Finanzkrise, wird Rogers regelmäßig wütend. Im Herbst 2008 riet er dem amerikanischen Zentralbankchef Ben Bernanke in einem Interview, zurückzutreten und sein Institut gleich mit abzuschaffen. „Die Federal Reserve hat viele Fehler gemacht", findet Rogers, den größten und folgenreichsten seiner Ansicht nach 1998. Damals sprang Bernankes Vorgänger Alan Greenspan in die Bresche und organisierte Kredite, als der Hedgefonds LTCM wegen Fehlspekulationen im Zuge der Russlandkrise kollabierte. „Hätte die Fed damals LTCM nicht geholfen, würde die Wall Street heute normal weiterarbeiten", ist Rogers überzeugt. Seit damals könnten Banken fast sicher davon ausgehen, dass ihnen im Notfall die US-Notenbank oder der Staat hülfen, mit entsprechenden Folgen für die lasche Praxis der Kreditvergabe.

„Die Welt wäre besser dran ohne Zentralbanken", glaubt Rogers und fordert, die Suche nach der künftigen Leitwährung im Wettbewerb zu suchen. „Der Markt soll entscheiden, welche Währung die beste ist, sonst niemand." Sein persönlicher Favorit ist der chinesische Yuan. „China hat eine hohe Produktivität, hohe Spar- und hohe Investitionsraten." Alles spreche dafür, dass das

Land in fünf Jahren besser dastehen werde als der Rest der Welt. „Die Menschen dort haben alles noch vor sich, was Amerika und Europa hinter sich haben."

Aus dieser Einschätzung hat Rogers auch persönlich Konsequenzen gezogen und den Wohnsitz von Manhattan nach Singapur verlegt. Dort lebt er mit seiner zweiten Frau und seinen Töchtern Happy und Baby Beeland. Sie sind fünf Jahre und sieben Monate alt. Die beiden bereitet Rogers auf ein Leben in einer nicht mehr westlich geprägten Welt vor. Sie haben ein chinesisches Kindermädchen, lernen Mandarin. Er selbst glaubt sich zu alt für die neue Sprache. Seinem Ruf dürfte das nicht schaden. Der Nachrichtensender n-tv hat jüngst Rogers' Leben verfilmt. Bisher erschienen in dieser Reihe zwei Legenden: Warren Buffett und George Soros. *Simone Boehringer*

IV. Kapitel

Spekulieren im Lauf der *Jahrhunderte*

John Law: Der Playboy und die fatale Gier nach Reichtum • Hetty Green: Die Hexe der Wall Street • Nathan Rothschild: Der Finanz-Bonaparte • David Ricardo: Eine ehrliche Haut • Samuel Oppenheimer: Des Kaisers Kriegskommissar • Munehisa Homma: Der Reishändler • Joseph: Der allererste Spekulant

Der Playboy und die fatale Gier nach Reichtum

John Law erfindet im Frankreich des 18. Jahrhunderts die Volksaktie und macht arme Bürger zu Millionären – am Ende verliert der einstige Held alles.

In Paris, hinter der Comédie Française, so erzählten jene, die dabei waren, gab es im Spätherbst 1708 einen Salon, der gehörte einer berühmten Schauspielerin, und in diesem Salon stand ein Spieltisch, und an dem saß, wenn er da war, immer ein Schotte, spielte Karten, steckte Goldmünze um Goldmünze in seinen Lederbeutel und stand im Morgengrauen stets als Gewinner vom Tisch auf.

Wenn der Schotte nicht da war, dann geschah in diesem Salon hinter der Comédie Française nichts, woran man sich erinnern müsste. Die Besucher tratschten über die neuesten Liebesaffären, der Hunger der Armen interessierte sie nicht. Wenn aber der Schotte da war, konnten die Damen ihre Blicke nicht von ihm lassen: 1,80 Meter, lange schwarze Locken, Samtrock mit weiten Schößen, stets aufgeknöpft, damit ja alle die Weste aus Damast und die Halsbinde aus Brüsseler Spitze sehen konnten. Die Männer bestaunten sein geschicktes Spiel. Beides, Spiel und glamouröser Look, öffneten ihm den Zugang zur Pariser Hautevolee. Sein Name: John Law.

Zwölf Jahre nach seinen Gastspielen im Salon hinter der Comédie Française ist Law der reichste Mann der Welt. Er, der Ausländer, führt die größte Bank Frankreichs und bestimmt die finanziellen Geschicke des mächtigsten Landes Europas. Seine Geschichte ist die eines eitlen Playboys, der die Gier der Menschen erkennt und sie nutzbar macht: Durch die Erfindung der Volksaktie, die er zu einer der ersten riesigen Spekulationsblasen der Neuzeit steigert, bei der er unfassbar reich wird. Zunächst.

Bevor John Law ein Volksheld wird, tötet er, flüchtet und lernt akzentfrei Französisch. 1671 als Sohn eines Goldschmieds in Edinburgh geboren, zieht er mit Anfang 20 nach London und sucht Anschluss an die Upper Class. Er liebt teure Kleidung und schöne Frauen – beides kostet verdammt viel. Law bezahlt mit dem, was er beim Glücksspiel gewinnt. Und er gewinnt fast immer. Das liegt an seiner Gabe, Gewinnchancen blitzschnell vorausberechnen zu können.

Als er einer Dame der höheren Gesellschaft nachstellt, fordert ihn sein Nebenbuhler Beau Wilson zum Duell heraus. Law trifft den bekannten Salonlöwen mit einem Schwert, Wilson stirbt. Law wird des Mordes beschuldigt, vor Gericht gezerrt und zum Tod durch Erhängen verurteilt. Der Schotte bricht aus dem Gefängnis aus, flieht auf einem Schiff in die Niederlande und taucht auf dem Festland unter. Zehn Jahre ist er ein Dandy auf Reisen und setzt sich an die Spieltische der High Society von Brüssel, Genf, Wien und Venedig. Er inszeniert sich als den vom Pech verfolgten Gentleman, den die Aura einer skandalösen Vergangenheit umgibt. Man merkt ihm an, was für ein Vergnügen es ist, Ende zwanzig und berühmt zu sein.

Sein erspieltes Geld spart Law nicht, er gibt es aus. In seinem 1705 veröffentlichten Buch beschreibt er sein Verständnis vom Monetären: Um von Nutzen zu sein, muss das Geld verwendet werden, es muss zirkulieren. Sind nicht genügend Goldmünzen da, sollen Banknoten ausgegeben werden. Menschen können für ihre Arbeit und Dienste mit diesen Noten bezahlt werden. So wird Law zu einem der Erfinder des Papiergeldes.

1715 taumelt Frankreich, der Verschwenderkönig Ludwig XIV. ist gestorben, die Staatskassen sind leer. In den Salons diskutieren die Franzosen über die Ideen Voltaires und Montesquieus. Die

Dekadentesten veranstalten Maskenbälle im Schloss des verstorbenen Absolutisten und feiern dort wilde Orgien.

Gerade ist der Herzog von Orléans Regent von Frankreich geworden. Als John Law bei ihm vorsprechen darf, sagt er: „Ich werde einen Plan entwickeln, der aufgrund der Fortschritte, die er Frankreich bringt, ganz Europa in Erstaunen versetzen wird – Veränderungen, die radikaler sind als die Entdeckung Amerikas oder die Einführung des Kredits.“ Law schlägt dem Regenten vor, eine Bank zu gründen. Dabei kommt ihm zugute, dass er inzwischen aristokratisch und akzentfrei Französisch spricht. Und dass sich auf den britischen Inseln und in den Niederlanden bereits ein Bankwesen entwickelt hat, Frankreich dagegen mit seiner bäuerlichen Wirtschaft sehr rückständig wirkt.

Bald bekommt Law die Erlaubnis zur Gründung der ersten Bank Frankreichs, die erstmals Papiergeld ausgeben darf. Ein großer Erfolg. Die Franzosen stürzen sich auf die neuen leichten Scheine wie die Tauben der Stadt auf Brotkrümel. Dann erfindet Law die nächste Finanzinnovation: die Volksaktie.

Die Aktiengesellschaft nennt er Compagnie d'Occident, im Volksmund heißt sie Mississippi. Ihr Geschäft ist die Ausbeutung der französischen Kolonien in Amerika. In Louisiana vermutet Law große Goldvorkommen. Beweise dafür hat er nicht. Er setzt auf das, was ihm auch am Spieltisch des Salons hinter der Comédie Française half: auf sein Glück. Der Pariser Finanzdistrikt in den engen, dunklen Straßen um die Rue Quincampoix zieht plötzlich alle möglichen Menschen in seinen Bann. Die Rue Quincampoix wird zum Tollhaus, Menschen aus ganz Frankreich kommen hierhin, um Aktien der Mississippi-Gesellschaft zu kaufen. Bezahlt wird in Livres, 500 Livres sind etwa 500 Euro. Der Tagebuchschreiber Jean Buvat notiert: „Es mischen sich Doktoren der Sorbonne, Priester und Nonnen bei diesem Geschäft unter das normale Volk. Die ganze Welt ist verzaubert.“

Wer auch nur eine einzige Aktie für 500 Livres in dem prunkvollen Domizil der Mississippi-Gesellschaft im Palais Mazarin erwirbt, kann damit zeitweise sofort hinunterlaufen zur Place

Vendôme und sie für 5000 Livres wieder verkaufen. Menschen aus allen Schichten werden mit einem Schlag unfassbar reich.

Eine adelige Dame sieht sich im Foyer der Oper mit einer Dame konfrontiert, deren Décolleté ein glitzerndes Collier aus Diamanten schmückt. Als die Dame genauer hinsieht, erkennt sie ihre eigene Köchin und stellt sie zur Rede. Die Köchin erwidert, sie sei ihr jetzt gleichgestellt. Für Menschen wie diese Köchin prägt die unter Schock stehende Aristokratie ein neues Wort. Sie nennt sie abschätzig millionaires – Millionäre.

Über den Aktionären fliegen Pistolenkugeln durch die Luft.

Als Law erfährt, dass es in Louisiana kaum Gold gibt, versucht er die langsam misstrauisch werdenden Aktionäre mit einem Trick zu beruhigen. Er befiehlt Bettlern mit Schaufeln und Pickeln in der Hand durch das Pariser Zentrum in Richtung der Straße nach La Rochelle zu ziehen, von wo aus die Schiffe nach Amerika in See stechen. Der Blender Law täuscht damit vor, dass diese Arbeiter nach Louisiana aufbrechen, um für die Mississippi-Gesellschaft Gold abzubauen. Der Bluff wirkt: Eine Aktie im Nennwert von 500 Livres hat inzwischen einen Verkaufswert von 12 000 Livres.

Spätestens jetzt erkennt Law, dass die Blase bald platzen wird. Er stuft den Preis für die Aktie herab. Die Aktionäre fühlen sich beraubt. Die Hälfte ihres Vermögens nimmt ihnen dieser Schotte mit einem Schlag weg. Tausende stürmen seine Banque Royale. Bajonette werden geladen und über den Köpfen der wütenden Aktionäre fliegen Pistolenkugeln durch die Luft. 15 Menschen werden an einem Tag zu Tode getrampelt.

Law, verstört, verängstigt und verloren, sucht Zuflucht im Palais Royal. Er glaubt, bald hingerichtet zu werden. Er hat zwar die starren sozialen Schranken des Ancien Régime aufgeweicht, aber das Finanzwesen Frankreichs ruiniert. Welchen positiven Nutzen Aktien haben können, entdecken erst spätere Generationen.

Law reist nach Venedig, wo er sich als Glücksspieler im Ridotto-Casino über Wasser hält. Eines kühlen Februar-Abends 1729, als er durch den kalten Nebel der Kanäle in einer Gondel nach Hause fährt, erkrankt er schwer und stirbt an einer Lungenentzündung.

Der französische Aufklärer Voltaire schreibt in seinem „Essay über Handel und Luxus“: „Es war unser Schicksal, dass ein Schotte namens John Law nach Frankreich kommen und die ganze Wirtschaft unserer Regierung auf den Kopf stellen sollte, um uns zu unterweisen.“ Dem Schotten gelang es, im Bewusstsein der Menschen eines unauslöslich zu verankern: dass man nicht nur durch mühsame Arbeit zu Geld kommen kann, sondern auch als Spekulant. Auch wenn man am Ende alles verliert.

Alexander Mühlauer

Die Hexe der Wall Street

Hetty Green war die reichste Frau der Welt. Mit klugen Investments machte sie ein Vermögen, am Ende aber sparte sie sich zu Tode.

Ihre letzten Gedanken gelten dem einzigen Sohn Ned und ihrem Vermögen. Sie hat Angst, dass er die Prostituierte, mit der er zusammenlebt, heiratet und das ganze Geld verprasst. Die Millionen von Dollars, die sie so mühsam erarbeitet und erspart hat. Es ist halb acht Uhr morgens am 3. Juli 1916, Hetty Green, 81, liegt schwerkrank im Bett, wenn sie aus dem Fenster schaut, sieht sie die dichten, grünen Baumkronen des New Yorker Central Parks. Eine halbe Stunde später ist sie, die reichste Frau der Welt, tot.

Sie hinterlässt über 100 Millionen Dollar – sorgsam investiert in Immobilien in New York und Chicago, in Wertpapieren, Unternehmen, Kupfer- und Goldminen und in Eisenbahnbeteiligungen. Ein Vermögen, ähnlich dem von John D. Rockefeller und J.P. Morgan. Gemessen an der Kaufkraft ist Hetty Green reicher als Warren Buffett heute. Doch sie fällt nicht durch Glamour auf, bleibt nicht durch Spenden in Erinnerung. Was bleibt, sind Gerüchte und Geschichten über ihr skurriles, knausriges Leben.

Mit acht Jahren soll sie ihr erstes Konto eröffnet, mit 13 die Buchhaltung des Familienunternehmens übernommen und mit 21 sich geweigert haben, die Kerzen auf ihrem Geburtstagskuchen anzuzünden: Sie wollte sie am folgenden Tag lieber wieder zurückgeben. Als sie noch vor dem amerikanischen Bürgerkrieg in die Gesellschaft eingeführt wird, bekommt sie von ihrem Vater 1200 Dollar, damit sie sich in New York ein Ballkleid kaufen kann. 200 Dollar gibt sie aus, den Rest spart sie.

Sie hat einen kühlen Verstand und Geschäftssinn. Doch sie ist und bleibt eine Frau – und damit für den Vater kein geeigneter Erbe. Als der reiche Händler stirbt, bekommt sie sein Vermögen von fünf Millionen Dollar nicht ausgezahlt. Stattdessen hat er einen Verwalter eingesetzt, der ihr monatlich eine Apanage zahlt. Kurze Zeit später stirbt auch die Erbtante – doch kurz vor ihrem Tod ändert sie, berauscht von Opiaten, ihr Testament und vererbt fast alles ihrem Arzt. Die 33-jährige Hetty Green ist entsetzt. Sie heiratet und flieht nach London.

Dort macht sie ihr erstes großes Geschäft: Statt die Apanage für ein Luxusleben in der englischen Hauptstadt auszugeben, kauft sie amerikanische Staatsanleihen. Die Regierung Abraham Lincolns hatte sie herausgegeben, um so den Bürgerkrieg gegen die Südstaaten zu finanzieren. 1865 ist der Krieg vorbei, die letzten Truppen der Südstaaten kapitulieren im Juni in Texas. Doch niemand mag recht an den wirtschaftlichen Erfolg des Staates glauben. Anders Hetty Green. Der Wert der Anleihen fällt und fällt, Green kauft alle Anteile, die sie bekommen kann, lässt sich von der Panik nicht beirren. Regierung und Anleihen stabilisieren sich. Innerhalb eines Jahres gewinnt Green laut dem Biografen Charles Slack 1,25 Millionen Dollar. Sie sucht sich ein neues Investitionsobjekt – und findet die Eisenbahngesellschaften, die fleißig Gleise durch das wiedervereinigte Amerika verlegen. Hetty Green investiert und vervierfacht ihr Vermögen innerhalb weniger Jahre.

Ende des 19. Jahrhunderts, ihre beiden Kinder Ned und Sylvia sind erwachsen, von ihrem Mann lebt sie getrennt, widmet sich Hetty Green ganz dem Geldgeschäft in Manhattan. Sie sagt der New York Times lakonisch: „Ich kaufe, wenn Papiere billig sind und niemand sie will. Ich behalte sie, bis ihr Wert steigt und alle sie kaufen wollen. Das ist das Geheimnis meines finanziellen Erfolgs." Als Sicherheit hält sie immer eine zweistellige Millionensumme Bargeld – und jede Menge Immobilien. So wird sie zum Vorbild, wenn sie kauft, ziehen andere nach.

Doch ihrer Umgebung ist der Erfolg unheimlich, zumal Hetty Green eine Frau ist. Die Wall Street sei – ebenso wie ein Schlachtfeld – ein unpassender Ort für eine Frau, schreibt eine Zeitung damals. Auch die Tatsache, dass viele wichtige Menschen und auch die Stadtverwaltung ihr viel Geld schulden, trägt nicht zu ihrer Beliebtheit bei.

Hinzu kommt, dass Green mit dem Alter immer skurriler wird, ihre Sparsamkeit nimmt merkwürdige Züge an. Als ein Geschäftsmann in einem Restaurant in Manhattan sein Mittagessen zu sich nimmt, kommt eine ältere Frau in einem schäbigen schwarzen Kleid herein und sagt zum Kellner: „Ich bekomme das beste Steak, das Sie mir für 30 Cent geben können." Der Kellner antwortet verwundert, er habe kein 30-Cent-Steak. „Können Sie mir nicht irgendwas aufwärmen?", fragt die Frau. Nein, das könne er nicht. Schließlich isst sie für 30 Cent Toast ohne Butter und einen Eintopf. Sie gibt kein Trinkgeld und geht fluchend hinaus: Das Essen sei höchstens 25 Cent wert gewesen. Der Kellner klärt den Geschäftsmann auf: Das sei Hetty Green gewesen, die reichste Frau der Welt.

Nein, diese Zeit hat wenig Verständnis für die Knickrigkeit einer Hetty Green. John D. Rockefeller und J.P. Morgan richten sich riesige Stadtpaläste ein, lassen sich durch New York kutschieren und spenden große Summen für Universitäten und Bibliotheken. Hetty Green hingegen lebt in einer Mietwohnung im New Yorker Vorort Hoboken zwischen deutschen und irischen Einwanderern. Brooklyn ist ihr einfach zu teuer geworden.

Als sich ihr Sohn das Knie verdreht, lässt sie ihn im Armenspital behandeln. Das Bein muss amputiert werden.

Sie besitzt meist nur ein schwarzes Kleid. Wenn es staubig ist, lässt sie zunächst nur den Saum reinigen. So heruntergekommen fährt sie früh morgens von Hoboken mit der öffentlichen Fähre nach Manhattan, läuft zur Chemical National Bank nahe der Wall Street und macht ihre Geschäfte. Dabei lacht sie nie, sondern guckt so böse, dass sie das Broadway Magazine zur „am wenigsten glücklichen Frau New Yorks“ kürt. Als ein junges Mädchen sich ein Herz nimmt und sie anspricht: „Wie wird man denn so reich wie Sie?“, blickt Hetty Green sie abschätzig von oben bis unten an und sagt: „Gib nicht so viel Geld für Kleidung aus.“ So bekommt sie mit der Zeit den Spitznamen „Hexe der Wall Street“.

Die Gerüchte über ihr Leben werden immer obskurer: Sie soll eine ganze Nacht damit verbracht haben, nach einer Zwei-Cent-Briefmarke zu suchen. Ihren Haferbrei esse sie morgens kalt, weil sie zu geizig sei, die Milch zu erwärmen. Die wohl böseste Geschichte, die immer wieder erzählt wird: Als ihr Sohn sich als Kind beim Schlittenfahren das Bein verdrehte, sei sie zu geizig für einen Arztbesuch gewesen. Das Bein muss deshalb später amputiert werden. Ganz so war es aber wohl laut dem Buchautoren Charles Slack nicht: Hetty Green sei mit dem verletzten Ned durchaus zu einem Arzt gegangen: zu einem Mediziner in einem Armenspital, wo die Behandlung kostenlos, aber nicht unbedingt schlecht gewesen sei.

Hetty Green ist es egal, was andere von ihr halten. Auch das trägt wohl zu ihrer Unbeliebtheit bei. Sie kämpft mit jedem, der sich ihr in den Weg stellt. Besonders verhasst ist ihr Henry A. Barling, der Mann, den ihr Vater in seinem Testament als Verwalter der fünf Millionen Dollar benannt hat. Er versagt, findet Hetty Green. In den 30 Jahren nach dem Tod des Vaters ist das Vermögen kaum gewachsen. Sie könnte das Geld besser investieren, da ist sie sich sicher. Also klagt sie. Und beleidigt und beschimpft ihn, wo sie nur kann.

Sie klagt auch gegen zahlreiche andere Personen. Als sie gefragt wird, warum sie die Waffenerlaubnis erworben hat, sagt sie: „Vor allem, um mich gegen Anwälte zu verteidigen. Vor Wegelagerern habe ich keine Angst.“ Selbst nach ihrem Tod beschäftigt Green noch die Gerichte. New York und New Jersey streiten sich darum, wo sie zum Zeitpunkt ihres Todes wohnte. Hetty Green hat sich nie an einem Ort wirklich offiziell registrieren lassen, um Steuern zu umgehen. Nun sind beide Gemeinden auf die Erbschaftsteuer aus. Die Auseinandersetzung geht bis vor das höchste amerikanische Gericht, den Supreme Court. Es gewinnt der Bundesstaat Vermont, der sich eigentlich gar nicht um die Steuer bemüht hatte. Dort hatte sie einige Zeit mit ihrem Mann gelebt, und dort wurde sie auch begraben. Selbst nach ihrem Tod 1916 ist Hetty Green also gut für Skurrilitäten.

Sie stirbt vermutlich nach einem Schlaganfall – kein angemessener Tod für eine Legende. Und so entstehen schnell wieder Geschichten: Sie soll vor ihrem Tod eine empfohlene Operation abgelehnt haben, erzählt man sich. Die Begründung: 150 Dollar seien ihr einfach zu teuer gewesen.

Hannah Wilhelm

Der Finanz-Bonaparte

Nathan Rothschild stieg im London des 19. Jahrhunderts zum Bankier der Mächtigen auf. Dann stürzte ihn Napoleon fast in den Bankrott.

Regungslos lehnt Nathan Rothschild an einer Säule im Handelssaal der Londoner Börse. Es ist der 18. Juni 1815. Keiner im Raum ahnt, dass er mehr weiß als alle anderen. Als Nathan plötzlich in großem Stil Staatsanleihen verkauft, flüstert man sich auf den Gängen der Börse hektisch zu: „Rothschild muss es wissen: Die Schlacht von Waterloo ist verloren." Ist sie aber nicht. Nathan blufft. Er kauft auf einmal wieder Anleihen – zu dem niedrigen Preis, den er zuvor selbst bestimmt hat. Als die Siegesnachricht von Waterloo kurz darauf in London bekannt wird, schießt der Kurs der Papiere in die Höhe. Der Legende nach verdient Rothschild an diesem Tag Millionen und rettet seine Familie vor dem Ruin.

Es sind Mythen dieser Art, die den Aufstieg der Familie Rothschild begleiten. Bevor die Rothschilds zu den mächtigsten Bankiers Europas werden, müssen sie raus aus dem Ghetto am Main. Raus aus der engen Welt der Frankfurter Judengasse, in der sich Nathans Vater, der Münzsammler und Altwarenhändler Mayer Amschel Rothschild, Mitte des 18. Jahrhunderts niederlässt.

Damals ist ein Judenleben nicht viel wert. Die Judengasse, das ist ein Haufen Häuser zwischen der Bornheimer Straße und dem jüdischen Friedhof am nordöstlichen Stadtrand. Die Gasse ist 330 Meter lang und keine vier Meter breit, ohne frische Luft und sanitäre Anlagen. Ihre Bewohner sehen, wie ein Reisender 1795 notiert, „wie wandelnde Tote aus".

Das Ghetto ist mit Mauern umschlossen. Die Tore werden nachts, an Sonntagen und zu christlichen Festen verriegelt. Nicht mehr als 500 Familien dürfen hier wohnen, die Zahl der Eheschließungen ist auf zwölf im Jahr beschränkt. Am Nordturm der Alten Brücke prangt ein Fresko der „Judensau", an deren Milch und Kot sich drei Rabbiner laben. Goethe schreibt über die Gasse: „Die Enge, der Schmutz, das Gewimmel, der Akzent einer unerfreulichen Sprache, alles zusammen machte den unangenehmsten Eindruck, wenn man auch nur am Tore vorbeigehend hineinsah."

Vielleicht ist das Leben in der Frankfurter Judengasse der Antrieb, der hinter dem Aufstieg der Familie Rothschild steckt: Sie wurde reich, um zu überleben. Vielleicht häuften, so mutmaßen Historiker, die Rothschilds all ihr Geld an, um sich das kaufen zu können, was sie umsonst einfach nicht bekamen: Toleranz.

Oft ist Geld das einzige Mittel zum Ausbruch. Zum Ausbruch aus der Demütigung, der Würdelosigkeit, der Angst. Mayer Amschel schickt seine fünf Söhne in die Welt hinaus. James geht nach Frankreich, Carl nach Italien, Salomon nach Österreich, Nathan nach England; nur Amschel, der Älteste, bleibt in Frankfurt. Der grobe, bescheidene Nathan verlässt die Reichsstadt am Main mit dem Vorsatz, „kein Luxus zu machen", da „sonst die Zeitungen können anfangen zu schreiben gegen mir".

Zunächst macht der 23-Jährige seinem Vater vor allem Sorgen. Ständig muss ihn Mayer Amschel ermahnen, bei der Verschiffung der Waren genauer aufzupassen. Als die militärisch und politisch dominierenden Franzosen 1806 das Festland für englische Waren sperren, ist Nathans Markt weg. Also fälscht er Schiffspapiere, lässt seine Waren in Schweden umladen und schmuggelt sie nach Deutschland. Das macht er solange, bis im Sommer 1810 eine Ladung Stoffe von den Franzosen in Frankfurt beschlagnahmt wird. Seitdem steht Nathan unter besonderer Beobachtung.

Er entschließt sich, mit dem Handel aufzuhören und sich als Banker in der aufstrebenden Londoner City zu etablieren. Im Oktober 1806 heiratet er Levi Barent Cohen, die Tochter eines mächtigen Londoner Kaufmanns. Fünf Jahre später kündigt er an, dass er unter dem Namen N. M. Rothschild Geldgeschäfte in London tätigen werde.

Im Januar 1814 beauftragt ihn die englische Regierung, Herzog Wellingtons Marsch durch Frankreich zu finanzieren. Nathans Aufgabe ist es, die englische Armee mit Gold und Silber zu versorgen. Damit bezahlt der Herzog seine Soldaten und kauft Proviant. Die Rothschilds schaffen es nicht nur, große Mengen an Gold- und Silberbarren auf den Kontinent und an die Front zu bringen, sie sind außerdem in der Lage, das gesamte Geld vorzustrecken. Im Mai 1814 schuldet die englische Regierung Nathan Rothschild 1 167 000 Pfund.

Das wichtigste Kapital der Rothschilds sind Informationen. Die blau-gelb uniformierten Boten der Familie, ihre Schiffe, ihre Kutschen – sie eilen durch die Welt, bringen Berichte von Siegen und Niederlagen, Regierungskrisen und diplomatischen Kabalen. Verwandte, Händler und Journalisten sitzen als Korrespondenten in Rom, Turin, Florenz, Mailand, Odessa und Petersburg, New York, Baltimore und San Francisco.

Brieftauben aus eigener Zucht in der englischen Grafschaft Kent und in Hemsbach an der Bergstraße überfliegen alle Hindernisse, tragen vor allen Zeitungen die Meldung vom Ausbruch der Pariser Juli-Revolution nach London. Die Gegner der Rothschilds versuchen verzweifelt, Falken und Habichte an der Kanalküste zu stationieren, um die flatternden Boten abzufangen.

Aber woher hatte Nathan Rothschild das Geld, um Wellingtons Armee zu finanzieren? Es ist das Geld eines anderen Mannes, das er seit 1809 verwaltet: Kurfürst Wilhelm von Hessen, dessen Vater bereits Amschel Mayer Rothschild zum Hofagenten gemacht hatte. Nachdem Napoleon den Hessen 1806 aus Kassel vertrieben hat, verlässt er sich auf die Rothschilds. Sie sollen sein in London angelegtes Geld verwalten, und die Zinsen neu investieren.

Nathan ist sein Vermögensverwalter und benutzt das Geld des im dänischen Exil lebenden Kurfürsten für seine eigenen waghalsigen Geldgeschäfte. Er kauft dreiprozentige britische Staatsanleihen im Wert von 600 000 Pfund. Diese Anleihen werden in Nathans Namen eingetragen, bis Kurfürst Wilhelm dafür zahlt.

Von den Gewinnen aus den Finanzgeschäften bekommen die Rothschilds eine ordentliche Provision. Bei Verlusten hätten sie allerdings auch persönlich haften müssen. Das alles ist äußerst riskant, aber auch äußerst profitabel. Als Napoleon 1814 das erste Mal kapituliert, haben die Rothschilds bereits Zehntausende, wahrscheinlich Hunderttausende Pfund verdient.

Der Krieg ist für die Rothschilds lukrativer als der Frieden. Als Nathan von Napoleons Rückkehr von Elba im März 1815 hört, kauft er Goldbarren und verkauft sie an seinen Vertrauten im britischen Schatzamt weiter. Seinen Brüdern trägt er auf, soviel Gold zu erstehen wie möglich und es ihm nach London zu schicken. Bis Ende Oktober hat Nathan Goldmünzen im Wert von 2 136 916 Pfund zusammen, genug um damit 884 Kisten und 55 Truhen zu füllen.

Das Gold soll an die britischen Alliierten verteilt werden. 1815 hat Nathan Rothschild über neun Millionen Pfund gesammelt. Jetzt kann er nur hoffen, dass der Krieg möglichst lange dauert und die britische Regierung sein Gold benötigen wird. Doch er verspekuliert sich.

Der Krieg dauert nicht so lange wie erhofft. Die erste schlechte Nachricht kommt von seinem Bruder James. Er ist gerade nach Hamburg gereist, um noch mehr Goldbarren zu kaufen. Da stellt er fest, dass er den Sterling-Wechselkurs nicht halten kann. Kurz darauf kommt die Nachricht aus Amsterdam, dass Wellington mehr Gold hat, als er brauchen, geschweige denn ausgeben kann. Am 5. Mai erhält Nathan Rothschild von der englischen Regierung den Auftrag, die Operation abzubrechen. Der Kunde ist abgesprungen.

Dann kommt der 18. Juni 1815, der Tag, an dem Nathan regungslos an einer Säule im Handelsraum der Londoner Börse steht. Der Mythos, dass er an der Schlacht von Waterloo unglaublich reich wird, stimmt nicht. In Wahrheit steht er kurz vor dem Ruin.

Der nachlässige Nathan hat überhaupt nur eine vage Idee davon, wie hoch seine Verluste tatsächlich sind. Die nie besonders gründliche Buchhaltung der Brüder ist wertlos. „Lieber Nathan“, schreibt Salomon, „unser Bruder Amschel ist pleite. Wir sind pleite. Carl ist pleite. Also einer von uns muss das Geld doch haben."

Ein Jahr lang flehen ihn seine Brüder an, die verdammten Anleihen endlich zu verkaufen. Nathan hört nicht.

Doch die Millionen sind weg. Nathan Rothschild will ein letztes Mal spekulieren. Gegen den Willen seiner Brüder kauft er Ende 1815 eine große Zahl von dreiprozentigen konsolidierten Staatsanleihen zu 61,1 und 61,5 Prozent des Nominalwerts und sogenannte Omnium-Aktien im Wert von 450 000 Pfund. Seine Erwartung ist richtig. Die Kurswerte der Papiere steigen.

Ein Jahr lang flehen ihn seine Brüder an, diese verdammten Papiere endlich wieder zu verkaufen. Nathan hört nicht. Erst im Mai 1817 erlöst er seine Familie und verkauft für 600 000 Pfund. Sofort investiert er den Erlös und kauft noch mehr von denselben Anleihen – und sie steigen weiter. Im Juli erreichen sie 82 Prozent des Nominalwerts. Salomon muss zugeben, dass sein Bruder ein „Meisterstück" geschafft hat. Nathan verkauft und kann so die Verluste aus den letzten Kriegsgeschäften wettmachen.

Nathan hat es geschafft. In der Londoner City nennen sie ihn „Finanz-Bonaparte". Keiner der Finanzjongleure in der englischen Hauptstadt ahnt, dass er fast sein eigenes Waterloo erlebt hatte.

Nathan Rothschild vererbt 1836 ein Vermögen, das 0,62 Prozent des damaligen Bruttoinlandsproduktes (BIP) Großbritanniens entspricht. Und Nathan hat noch vier Brüder, die fast genauso reich sind. Microsoft-Gründer Bill Gates kommt heute auf ein Vermögen, das 0,52 Prozent des amerikanischen BIP entspricht. Dass Bill Gates reiche Brüder hat, davon ist nichts bekannt.

Alexander Mühlauer

Eine ehrliche Haut

David Ricardo verdiente vor 200 Jahren ein Vermögen als Börsenhändler. Danach nutzte er sein Geld, um die Ökonomie zu revolutionieren.

David Ricardo gehört zu den Ökonomen, deren Terminologie in die Alltagssprache der Politik eingegangen ist. Jedes Land müsse seine „komparativen Kostenvorteile" nutzen, sagt jemand, der sich für den Freihandel einsetzt. Und gelegentlich spricht einer sogar von „ricardianischer Äquivalenz", wenn er sagen will, dass heutige Staatsschulden die Steuern von morgen sind.

Nach Adam Smith ist David Ricardo (1772 bis 1823) der für die Geschichte zweitwichtigste der klassischen Ökonomen. Er legte als Erster ein umfassendes Modell für die Einkommensverteilung im Kapitalismus vor, er entwickelte eine präzise Außenhandelstheorie und die Grundlagen der modernen Geldtheorie. Mit seinen Konzepten beeinflusste er so unterschiedliche Ökonomen wie Karl Marx und Milton Friedman. Trotzdem war die Wirtschaftswissenschaft erst Ricardos Zweitberuf.

Zunächst einmal machte er Karriere als Börsenhändler. Die Ricardos waren sephardische Juden aus Portugal, die im 17. Jahrhundert vor der katholischen Inquisition zunächst nach Livorno (Italien) flohen und dann in die Niederlande zogen. Davids Vater Abraham Ricardo verdiente sein Brot zunächst an der Amsterdamer Börse, 1760 zog er mit seiner Frau Abigail nach London. Er wurde britischer Staatsbürger und erwarb einen Platz an der Londoner Börse. David wurde am 18. April 1772 als drittes von insgesamt 17 Kindern der Familie Ricardo geboren. Er ging zunächst in eine jüdische Schule in London; von seinem elften bis zum dreizehnten Lebensjahr lebte er in Amsterdam, wo ihn ein Onkel in die Geheimnisse des Börsenhandels einweihte. Zurück in London fing David, ganze 14 Jahre alt, im Unternehmen seines Vaters als Händler an.

Damals gab es in London zwei Typen von Börsenhändlern: Stockbroker handelten im Auftrag ihrer Kunden mit Wertpapieren, Stockjobber arbeiteten separat auf eigene Rechnung. Sie durften, im Gegensatz zu Brokern, auch auf steigende und fallende Kurse wetten – also Geschäfte tätigen, die man heute Futures nennt. Aufgrund antikapitalistischer Gesetze war der Aktienhandel in England im 18. Jahrhundert stark eingeschränkt, die meisten Wertpapiere an der Londoner Börse waren daher Staatsanleihen.

Ricardo muss von Anfang an viel Erfolg gehabt haben, sonst wäre die herausragende Position des Drittgeborenen in der Firma des Vaters nicht zu erklären. Sein Bruder Moses schrieb später: „Sein umfassendes Wissen über die ganze Kompliziertheit des Geschäftes, sein überraschendes Tempo im Umgang mit Zahlen und Rechnungen, seine Fähigkeit, Dinge ohne sichtbare Anstrengung zu verstehen, die enormen Transaktionen, mit denen er befasst war, seine kühle Überlegtheit, unterstützt sicher auch durch für ihn günstige öffentliche Ereignisse, setzten ihn in die Lage, seine Zeitgenossen an der Börse weit hinter sich zu lassen." Schon damals fiel Ricardos besonderes Talent zu abstraktem Denken auf.

Einer der wichtigsten Einschnitte in seinem Leben kam 1793, als Ricardo 21 Jahre alt war: Er verliebte sich, und zwar in Priscilla Wilkinson, ein Mädchen aus dem Stadtviertel, in dem die Ricardos lebten. Die Wilkinsons waren Quäker, eine christliche Gemeinschaft, die auf Dogmen verzichtet und für religiöse Toleranz eintritt. Ähnlich wie die Juden waren die Quäker damals Außenseiter in der englischen Gesellschaft, trotzdem lehnten die Wilkinsons ebenso wie die Ricardos eine Hochzeit über Glaubensgrenzen hinweg ab; David und Priscilla wurden von ihren Familien verstoßen. Während es Hinweise darauf gibt, dass sich

David mit seinem Vater kurz vor dessen Tod versöhnte, blieb das Verhältnis zu Priscillas Vater bitter.

In der Liebesgeschichte von David und Priscilla gibt es eine Episode, die tiefen Einblick in das Denken von Ricardo bietet. Das Ehepaar nannte den erstgeborenen Sohn Osman. Ricardos Biograph John Henderson erklärt die ungewöhnliche Namenswahl so: Ihre ersten Liebesbriefe unterzeichneten die späteren Eheleute mit Pseudonymen. David nannte sich „Osman", Priscilla war „Jesse". Osman ist die anglisierte Version von Orosmane, dem Helden aus Voltaires Tragödie „Zaire". Kern der Handlung: Sultan Orosmane ist bereit, sein Reich, seinen Harem und den Islam aufzugeben, nur um die christliche Sklavin Zaire zu heiraten. „Jesse" dürfte von Jessica abgeleitet sein, der Tochter des Shylock. In die Figur dieses Geldverleihers aus dem „Kaufmann von Venedig" hatte William Shakespeare die antijüdischen Vorurteile seiner Zeit projiziert. Die Botschaft des Namensspiels war klar: David und Priscilla waren von den Idealen der Aufklärung erfüllt, sie wollten die Schranken von Tradition und Religion überwinden.

Als der Vater ihn verstieß, wurde er erst richtig zum erfolgreichen Spekulanten

Für David Ricardo bedeutete der Bruch mit dem Vater, dass er sich wirtschaftlich auf eigene Füße stellen musste. Das Börsengeschäft in London wurde am Ende des 18. Jahrhunderts völlig durch die napoleonischen Kriege und deren finanzielle Folgen bestimmt. Der englische Premierminister William Pitt finanzierte den Krieg gegen Frankreich zur Hälfte mit neuen Schulden. Zu diesem Zweck gab er Anleihen mit ewiger Laufzeit aus. Diese sogenannten Consols wurden niemals fällig, die Schuld konnte nur dadurch abgelöst werden, dass die Regierung die Consols zurückkaufte. Außerdem bestand Pitt darauf, dass die Anleihen einen gleichbleibenden Nominalzins von drei Prozent hatten, was notwendigerweise extreme Kursausschläge zur Folge hatte.

Ricardos Erfolgsrezept bestand nun darin, kurzfristige Ereignisse, vor allem Siege oder Niederlagen der britischen Armee, bei seinen Investitionsentscheidungen zu ignorieren. Ein Zeitgenosse schrieb: „Ricardo sagte immer, er habe sein Geld dank der Beobachtung gemacht, dass die Menschen im Allgemeinen die Bedeutung kurzfristiger Ereignisse überschätzen." Außerdem war er ehrlich, er streute keine Gerüchte und beteiligte sich nicht an Durchstechereien. Deshalb bekam ein von Ricardo geführtes Konsortium von Börsenhändlern im Jahr 1807 erstmals den Auftrag, Staatsanleihen am Markt zu platzieren; zuvor hatte das Schatzamt damit ausschließlich etablierte Banken beauftragt. Ricardo wurde also, in modernem Sprachgebrauch, auch Investmentbanker. Nach Zahlen, die der Ökonom Piero Sraffa in den vierziger Jahren des vergangenen Jahrhunderts zusammenstellte, erzielte Ricardo mit seinen Investitionen die niedrigste Rendite 1802 mit 3,8 Prozent, die höchste 1798 mit 6,3 Prozent.

1815, als Napoleon nach St. Helena verbannt wurde, konnte sich Ricardo mit einem Vermögen von 700 000 Pfund zur Ruhe setzen. Eine Feinunze Gold kostete damals vier Pfund. Wenn man einen Goldpreis von 500 Dollar unterstellt (und damit die Spekulation der vergangenen Jahre außer Acht lässt) würde dies 62,5 Millionen Euro entsprechen. Ricardo legte sein Geld in Immobilien an, unter anderem erwarb er das Anwesen Gatcombe Park, in dem heute Prinzessin Anne, die Tochter von Königin Elizabeth II., lebt.

Nun begann Ricardos zweite Karriere. Auf die politische Ökonomie war er 1799 eher zufällig gestoßen, als er sich mit seiner Frau in dem Kurort Bath aufhielt und dort in einer Leihbücherei ein Exemplar von Adam Smiths Werk „Wohlstand der Nationen" entdeckte. Ricardos erstes großes Thema als Ökonom hatte direkt mit seiner früheren Arbeit als Broker zu tun. Während der Kriegsjahre wurde England von einer schlimmen Teuerung heimgesucht. Die Experten waren sich uneins über deren Ursachen: Die einen – in heutiger Sprache die „Nachfragetheoretiker" – glaubten, die Kosten des Krieges hätten die Krise verursacht. Die anderen, die „Angebotstheoretiker", sagten, es sei einfach zu viel

Geld im Umlauf. Ricardo schlug sich auf die Seite der zweiten Gruppe und gab mit seinen Argumenten den Ausschlag: Die Bank von England habe die Bindung an den Goldstandard gelöst und zu viele Banknoten gedruckt. Das habe zum Abfluss von Gold und zu steigenden Preisen geführt. Ricardo wurde so zum ersten Monetaristen. Später schlug er vor, den Geldumlauf durch eine unabhängige Zentralbank kontrollieren zu lassen – eine Idee, die in seiner Heimat erst zwei Jahrhunderte später verwirklicht werden sollte.

Zu seinem wichtigsten Gegner im Währungsstreit, dem Ökonomen Thomas Malthus, entwickelte Ricardo eine tiefe und anhaltende Freundschaft. Der Briefwechsel der beiden gehört zu den wichtigsten Dokumenten der Theoriegeschichte. Ricardo wurde für die Liberalen ins Unterhaus gewählt. Er kämpfte für die Gleichstellung der Katholiken, für geheime Wahlen und vor allem für die Abschaffung der Korngesetze, die die Einfuhr ausländischen Getreides beschränkten. Die Begründung leitete er aus seiner Einkommenstheorie ab: Je knapper der Boden in einem Land, desto höher die Rente der Grundbesitzer und desto geringer die Gewinne der Unternehmer und desto geringer auch das Wirtschaftswachstum.

In der Auseinandersetzung um die Korngesetze entstand auch seine Außenhandelstheorie. Dabei versuchte er nachzuweisen, dass Außenhandel auch dann sinnvoll ist, wenn ein Land durchgehend billiger produziert als ein anderes. In seinem berühmten Beispiel hat Portugal gegenüber England sowohl bei der Produktion von Wein als auch von Tuchen absolute Kostenvorteile. Weil aber der Kostenvorteil bei Wein noch größer ist als der bei Tuchen, ist es sinnvoll, wenn Portugal sich darauf spezialisiert, England dagegen auf die Produktion von Textilien. England hat bei Tuchen einen „komparativen Kostenvorteil", vom Außenhandel profitieren beide. Die meisten Politiker, die heute von „komparativen" Kostenvorteilen reden, meinen allerdings meist absolute Kostenvorteile.

David Ricardo starb 1823 mit nur 51 Jahren an den Folgen einer Mittelohrentzündung. 23 Jahre nach seinem Tod wurden die Korngesetze tatsächlich abgeschafft. *Nikolaus Piper*

Des Kaisers Kriegskommissar

Samuel Oppenheimer rettete mit waghalsigen Deals Wien vor den Türken. Das Reich war so abhängig von ihm, dass es nach seinem Tod in die Krise stürzte.

Am liebsten hätte er ihn vom Hof gejagt, diesen Oppenheimer. Erst drei Jahre war es her, da hatte Leopold I., Herrscher des Hauses Habsburg und deutscher Kaiser, alle Juden aus Wien vertrieben. Keinem einzigen hatte er seitdem den Aufenthalt in der stolzen Kaiserstadt erlaubt. Und jetzt wollte ausgerechnet Oppenheimer, dieser „Judt von Haydelberg", sein Kriegskommissar werden.

Wären da nicht die Feldherren gewesen, die, verstreut über ganz Europa, darauf drängten, dass sich der Kaiser für Oppenheimer entscheiden sollte. Wären da nicht die Beamten der Hofkammer gewesen, die den Haushalt einfach nicht in den Griff bekamen. Wäre da nicht dieser taumelnde Vielvölkerstaat, sein Reich, gewesen, das sich von Tag zu Tag mehr aufzulösen drohte. Dann hätte Kaiser Leopold diesen Oppenheimer wohl nie als Kriegskommissar berufen.

So aber musste Leopold, misstrauisch und alles andere als begeistert, dem Heidelberger Samuel Oppenheimer die Versorgung seiner Armee anvertrauen. Aufgabe des Kriegskommissars war es, die Truppen mit Munition und Proviant zu versorgen. Ein Job, mit dem man sich nur unbeliebt machen konnte. Denn am Ende war der Kriegskommissar immer der Sündenbock. Wurde ein Feldherr in einer Schlacht besiegt, war gewohnheitsmäßig der

Kriegskommissar schuld – er hatte nicht rechtzeitig für Nachschub an Munition und Proviant gesorgt.

Für diese undankbare Aufgabe war es leichter, jüdische Unternehmer zu gewinnen. Sie konnten mit Titeln und Privilegien an die Höfe der Absolutisten gelockt werden, weil sie keine Rechte hatten. Im Dreißigjährigen Krieg machten sich jüdische Kommissare unersetzlich. Ein schwedischer Diplomat sagte: „Alle Juden sind Kommissarii, und alle Kommissarii sind Juden." So war ein Netzwerk unter jüdischen Kaufleuten entstanden, das sich über ganz Europa spannte. Und am Wiener Hof saß eben Samuel Oppenheimer.

Ein Jahr saß er dort als Kriegskommissar, als er dem Kaiser vorschlug, das gesamte Proviantwesen im Reich zu leiten – und zwar auf eigene Rechnung. Er könne, so Oppenheimer, hunderttausend Zentner Mehl und jedes erforderliche Quantum Hafer an jeden beliebigen Platz schaffen. Kein anderer Lieferant sei befähigt, dies zu leisten. Er wolle persönlich an Ort und Stelle sein Werk überwachen und nicht wie bisher einem Gesandten die Vollmacht überlassen. Kaiser Leopold war geschockt. Der Herrscher wollte auf keinen Fall, dass die Hoheit über die Finanzen seines Reiches in den Händen eines Juden lag. Aber er konnte nicht anders, als Oppenheimer sein Okay zu geben.

Denn Leopold stand nicht nur innenpolitisch unter großem Druck. Der Türke Kara Mustapha und seine Truppen waren gerade ins österreichische Staatsgebiet eingefallen, und es war nur noch eine Frage von Tagen, bis sie vor Wien stehen würden. Allein Oppenheimer war in der Lage, die Versorgung der Armee zu sichern. Als 1683 die Türken vor den Toren der Stadt erschienen, beugte sich Leopold den Forderungen Oppenheimers. Der Jude aus Heidelberg war nicht nur am billigsten im Vergleich zu anderen Lieferanten, er war auch am demütigsten gegenüber dem Kaiser.

Den Vertrag aber genehmigte Leopold erst, als er selbst schon vor den Türken nach Passau geflüchtet war. Kanonendonner erschütterte unterdessen die Kaiserstadt an der Donau. Die Wiener sahen das ganze Abendland vom Islam bedroht. Nun lag es an

Oppenheimer, die nötigen Gegenkräfte zu mobilisieren. Er musste mehrere Tage und Nächte durcharbeiten, um genug Hafer aufzutreiben, damit die Kavallerie nicht in Futternot kam. Und es gelang ihm.

Der Habsburger Leopold I. wollte Oppenheimer nicht berufen. Aber der Kaufmann war einfach der Beste.

Als die österreichischen Truppen nach der Befreiung Wiens hinter dem fliehenden Feind herjagten, schickte ihnen Oppenheimer Handgranaten und Pulver, Lunten und Pistolen. Er besorgte Flöße, um Truppen aus dem Reich auf dem Wasser der Donau heranzuschaffen, er beförderte Reiterregimenter von Braunschweig nach Böhmen und rüstete alle Festungen in Ungarn, Albanien, Siebenbürgen und Serbien aus.

Am meisten Sorgen machte er sich um Ofen (alter deutscher Name von Buda, dem westlichen Teil Budapests); dorthin schickte er die größten Mengen an Proviant, Munition, Kleidung, Tabak und Branntwein. Um das gerade eroberte Belgrad zu sichern, orderte er hunderte große Schiffe, Spital- und Feldeinrichtungen sowie Material zum Bau von Schiffsbrücken. Nichts entging seiner Aufmerksamkeit. Oppenheimer verfolgte akribisch die Aktionen der Feldherren und Truppen, berechnete die Haushaltslage anderer Staaten und machte sich so ein Bild über die wirtschaftliche Lage von Europas Regierungen. Der Heidelberger trieb seine Gesandten, Korrespondenten und Agenten an, immer mehr zu leisten. Nur so war es möglich, dass er bekam, was er wollte: Pulver und Tücher aus Holland, Wolle und Salpeter aus Böhmen, Waffen und Munition aus Kärnten.

Oppenheimer war selbst ein Getriebener. Mochten auch seine Schiffe havarieren, seine Waren beschlagnahmt, seine Transporte aufgehalten werden oder seine Geldsendungen verloren gegangen sein – nie verlor er den Willen weiterzumachen. Auch dann nicht, wenn ihm „boshafte, gewissenlose, passionierte Leute", wie er schrieb, versuchten zu schaden. Man plünderte sein Haus, vernichtete Geschäftspapiere. Seine Angestellten, sein Sohn und er selbst verbrachten immer wieder Monate im Gefängnis. Aber genau das stärkte seinen Mut durchzuhalten.

Am Wiener Hof löste Oppenheimer erregte Debatten aus. Der Kaiser, mittlerweile zurück aus Niederbayern, duldete ihn nur widerwärtig. Leopold erkannte zwar öffentlich an, dass ohne Oppenheimer die Armee verloren gewesen wäre, aber das war es auch schon. Es waren vor allem die Feldherren, die immer wieder betonten, dass man nur bekannte Großkaufleute mit Kapital und unbeschränktem Kredit wie Oppenheimer als Lieferanten gebrauchen konnte. Der bekannteste und erfolgreichste der Feldherren war Prinz Eugen, der nicht müde wurde, dem Kaiser seine positive Meinung über den Juden aus Heidelberg mitzuteilen.

Im Jahr 1692 versuchte Kaiser Leopold ein letztes Mal, den ihm verhassten Juden loszuwerden. Es müsse doch einen christlichen Kaufmann geben, der den Job genauso gut machte. Also setzte er Kardinal Kollonitsch, einen prominenten Verfolger der Protestanten und Juden, als Präsidenten der Hofkammer ein. Für Kollonitsch waren Juden „schädliches Unkraut“. Er wollte Oppenheimers Monopol zerbrechen und ihn durch andere Lieferanten ersetzen. Einmal gab er ohne Wissen der Beamten der Hofkammer einem gewissen Herrn Vogel den Auftrag, Markgraf Ludwig von Baden und seine Rheinarmee zu versorgen. Aber das ließ sich der Markgraf nicht gefallen. Voller Zorn schrieb er an den Kaiser – und der entließ den Kardinal.

Das Geheimnis von Oppenheimers Erfolg lag in seinem Netzwerk im ganzen Reich. Überall hatte er Verbündete sitzen. In Frankfurt am Main Schwiegersöhne, in Heidelberg seinen Bruder Moses, in Hannover seinen Sohn Wolf, in Italien seinen Enkel Löw, in Amsterdam eine verschwägerte Familie. Auch andere bekannte Hofjuden waren für Oppenheimer tätig: Aron Beer in Frankfurt, Moyes Isaak in Bamberg sowie der bayerische Hoffaktor Samuel Ullmann.

Oppenheimer starb im Jahr 1703. Sein Tod stürzte Österreichs Staat in eine tiefe Krise. Es war das kritischste Regierungsjahr Leopolds I. Die Hofkammer kannte sich mit den Spekulationsgeschäften Oppenheimers nicht aus. Darüber wusste nur er selbst Bescheid. Also verhängte der Kaiser Konkurs über den Nachlass des Juden. Das war so, als ob er sich selbst einen Dolchstoß verpasst hätte, denn die Kreditwürdigkeit des Reichs war eng mit Oppenheimer verknüpft – auch nach dessen Tod. Nirgends mehr bekam man Geld. Große Teile der Truppen im Reich verhungerten. Feldherr Prinz Eugen sagte, er würde lieber in einem ungarischen Dorf schwarzes Brot essen, als dieses Leben noch länger zu führen. Spätestens jetzt wurde auch Leopold klar, wie abhängig der österreichische Staat von seinem verstorbenen, verhassten Hofjuden gewesen war. Also setzte er dessen Söhne Emanuel und Wolf als Chefs der Hofkammer ein. Sie wussten noch am ehesten, wie ihr Vater zu Kredit kam.

Beim letzten Türkenkrieg drängte der Kaiser dann darauf, Sublieferanten einzustellen. Immer häufiger stellte er auch christliche Kaufleute wie den judenfeindlichen badischen Kammerrat Mohr von Mohrenfeld ein. Samuel Oppenheimer wurde zu Lebzeiten für seine Leistungen nicht geschätzt, schon gar nicht geehrt. Außer wertlosen Titeln – auf die man in Österreich aber nach wie vor viel Wert legt – bekam er vom Kaiser keine Belohnung für seinen Einsatz.

Nach seinem Tod wurde Oppenheimer einfach vergessen. Bitter in einer Stadt wie Wien, in der man normalerweise wenigstens nach dem Tod für seine guten Taten geschätzt wird. Doch Oppenheimer war eben Jude, für viele seiner Zeitgenossen ein Makel sondergleichen. Es gebe etwas, das nicht zu ändern sei, sagt schon der Herr Professor Robert in Thomas Bernhards in Österreich so umstrittenen Theaterstück „Heldenplatz“: „Die Wiener sind Judenhasser. Und sie werden Judenhasser bleiben.“

Alexander Mühlauer

Der Reishändler

Im 18. Jahrhundert spekulierte Munehisa Homma mit Japans Hauptnahrungsmittel – und wurde so zum Samurai und Finanzberater des Kaisers.

Der stille Mann, der in der Reisbörse von Dojima, nahe der japanischen Stadt Osaka, sitzt, scheint mehr zu wissen als seine Händlerkollegen. Schon den dritten Tag in Folge kauft er Reisballen bei den vielen Reisbauern, die aus dem Landesinneren gekommen sind, um ihre Waren anzubieten. Munehisa Homma besitzt selbst große Reisfelder, doch er hat sich auf den Handel spezialisiert. Immer wieder studiert er sonderbare Zeichen, die er auf dünnes Reispapier gezeichnet hat. Es sind Symbole, die entfernt an Kerzen erinnern: Ein rechteckiger Körper, den manchmal eine Art Docht ziert, welcher nach unten oder oben ragt. Es ist Hommas wertvollster Besitz. Und es ist seine eigene Erfindung. Sie und Hommas Geschick werden ihn zum reichsten Mann Japans machen und ihn in den Adelsstand verhelfen.

Am vierten Tag trifft ein Bote aus dem Landesinneren in Osaka ein. Seine Nachrichten sind schlecht: Ein Unwetter hat den Großteil der Ernte vernichtet. Sofort beginnen die Händler an der Reisbörse in Dojima, Reis zu kaufen. Nur: Es gibt keinen mehr. Alle Lieferanten haben bereits an Homma verkauft. Die Preise für Reis schnellen in die Höhe. Homma hat innerhalb von vier Tagen Japans gesamten Reismarkt unter seine Kontrolle gebracht. Als Munehisa Homma 1803 stirbt, ist er zum Samurai ernannt worden und war als Finanzberater der kaiserlichen Regierung tätig. Sein Vermächtnis, die so genannten „Candlestick-Charts“, zählt heute zu der adäquatesten Darstellungsform des Marktgeschehens.

Munehisa Homma wird 1724 in Sakata, im Nordwesten von Japans Hauptinsel Honschu, als Sohn einer wohlhabenden Familie geboren. 1750 übernimmt er das Familienunternehmen. Zunächst konzentrieren sich seine Handelsaktivitäten auf die Reisbörse der Hafenstadt Sakata, später zieht er nach Osaka, dem damaligen Zentrum des Reishandels. Dort befindet sich seit dem späten 17. Jahrhundert die Reisbörse des Landes. Mit dem Shogunat Tokuwagas ist die Zeit der Kriegswirren in Japan zu Ende gegangen. Japan ist geeint und wird von Feudalherren, den Damyos, bis zum Jahr 1867 beherrscht. Diese Epoche, die längste Friedensperiode in der Geschichte Japans, ist als „Edo-Zeit" bekannt.

Die Agrarwirtschaft und der Binnenhandel erstarken. Schließlich bildet sich ein neuer nationaler Markt, der die vielen kleinen, lokalen Handelszentren ersetzt. Mittelpunkt des Geschehens ist die Hafenstadt Osaka, die den Beinamen „Küche Japans" erhält. Aus dem ganzen Land liefern die Reisbauern ihre Ernte nach Osaka, um sie dort an den Meistbietenden zu verkaufen. Etwa 1300 Händler gehen dort täglich ihren Geschäften nach. Reis ist nicht nur das Hauptnahrungsmittel, er gilt auch als Zahlungsmittel – die meist armen Bauern müssen ihre Steuern in Form von Reis an die Feudalherren bezahlen.

Bis zum Jahr 1710 wird in Dojima Reis gegen Waren wie Seide oder Tee getauscht. Eine offizielle, einheitliche Währung kann sich noch nicht durchsetzen. Nur: Einige Daimyos brauchen sofort Geld beziehungsweise Waren – noch bevor sie die Ernte von ihren Bauern eingetrieben haben. Warenhäuser beginnen nun, anstatt von Reis auch Schuldscheine zu akzeptieren, die eine Lieferung erst Monate später garantieren. Ab dem Jahr 1710 werden an der Reisbörse auch Lagerscheine gehandelt. Diese Reiskupons werden schnell zu einer Ersatzwährung.

Ist ein Feudalherr in Geldnot, kann er seine Waren nach Osaka schicken und erhält im Gegenzug eine Quittung. Die kann er im ganzen Land wieder eintauschen. Manche Daimyos verpfänden aus Geldmangel ihre Reisernte über Jahre im Voraus. Mit den

Reiskupons wird an der Börse in Dojima rege gehandelt. Die Papiere versprechen eine Reislieferung, die erst in der Zukunft erfolgt. Sie sind standardisierte Verträge über ein Geschäft, bei denen Menge, Preis und Lieferdatum bereits festgelegt sind. Das verschafft sowohl dem Reisbauer als auch dem Händler Planungssicherheit.

So verpflichtet sich zum Beispiel ein Händler mit dem Kauf eines Reiskupons im nächsten Frühjahr 100 Ballen Reis von einem Bauern aus dem Landesinneren zu einem vorher festgelegten Preis zu kaufen. Liegt der Marktpreis im Frühjahr über dem vereinbarten, macht der Händler einen Gewinn. Notiert der Reispreis darunter, erleidet er einen Verlust. Der Reisbauer jedoch weiß, dass er in jedem Fall einen Abnehmer für seine Waren hat und dabei kein Kursrisiko hat. Die Reiskupons sind die ersten Warenterminkontrakte der Welt und die Reisbörse von Dojima vor Amsterdam, London und New York die erste Terminbörse.

Die ersten Jahre werden in Dojima von diesen Kupons genau so viele gehandelt, wie tatsächlich an physischem Reis in Umlauf ist. Dann kommt es zu einer Entwicklung, die heute nahezu alle Derivate-Märkte kennzeichnet: Es kommen mehr Terminkontrakte in Umlauf, als tatsächlich existieren. Im Jahr 1749 wechseln 110 000 „leere" Reiskupons den Besitzer. Zur selben Zeit existieren in ganz Japan nur 30 000 Ballen Reis.

In diesem Umfeld übernimmt Munehisa Homma 1750 die Geschäfte seines Familienunternehmens. Eigentlich ist er als der jüngste Sohn seines Vaters gar nicht berechtigt dazu, doch Homma hat sich durch seine Intelligenz und sein Geschick hervorgetan. Auch er beginnt, mit Reisterminkontrakten zu handeln. Homma ist Spekulant, ihm geht es um schnellen Gewinn. Er weiß: Information ist Geld. Wer auf dem Markt etwas vor der Konkurrenz erfährt, ist im Vorteil. Würde er selbst vor den anderen wissen, ob die Ernte dieses Jahr besonders schlecht ausgefallen ist und deswegen ein Preisanstieg zu erwarten ist, könnte er als erster billigen Reis einkaufen und nach Eintreffen der Nachricht teuer verkaufen.

Hommas Familie besitzt bereits riesige Reisfelder – dadurch gelangt der Spekulant in den Besitz privilegierter Informationen.

Nur wie übermittelt man diese nach Osaka? Die Reisfelder der Familie liegen in Sakata im Nordwesten der Insel. Pferde sind zu langsam und außerdem nicht schneller als die der Konkurrenz. Homma beginnt mit dem Aufbau eines Kommunikationssystems. Eine Kette bestehend aus Menschen übermittelt mit farbigen Flaggen Informationen über die Ernte von Sakata bis nach Osaka – eine Distanz von 600 Kilometern. 150 Menschen sind dafür notwendig, um von Hausdächern und Türmen zu einer bestimmten Tageszeit die Kursinformationen weiterzuleiten.

Doch damit ist Homma noch nicht zufrieden. Sein Interesse gilt den historischen Marktbewegungen. Er beginnt, alle vorhandenen Aufzeichnungen über die Kurse des japanischen Hauptnahrungsmittels zu studieren. Zusätzlich beschäftigt sich Homma mit Wetterdaten der vergangenen Jahre. Er glaubt, in den Kursbewegungen Muster erkennen zu können, die sich stets aufs Neue wiederholen. Schnellt der Kurs zum Beispiel an einem Handelstag nach oben, schließt am Ende des Tages, aber just zum selben Preis wie am Morgen, so deutet das auf fallende Kurse hin. Nach und nach gelingt es Homma, ein visuelles System zu erarbeiten, das all diese Kursinformationen auf einen Blick zeigt.

Er erfindet im 18. Jahrhundert eine Art Börsencharts, die bis heute verwandt wurden

Munehisa Homma wird der Erfinder der sogenannten Candlestick-Charts. Im Unterschied zum europäischen Linienchart zeigen die Kerzen nicht nur den Schlusskurs eines Tages an, sondern gleichzeitig Eröffnungs-, Tief- und Höchstkurs. Seine Erkenntnisse hält Homma schriftlich fest. Man geht davon aus, dass Homma der Autor der Bücher „Sakata Senho“ und „Soba Sani Ni Den“ ist, in denen es um die grundlegenden Prinzipien der Marktwirtschaft und des Börsenhandels geht. Nach seinem Erfolg an der Börse von Dojima geht Homma nach Edo, dem heutigen Tokio. Dort, so wird erzählt, soll er 100 erfolgreiche Transaktionen hintereinander getätigt haben. Als er 1803 als adeliger Samurai stirbt, lautet sein Beiname „Gott der Märkte".

Es vergehen knapp 200 Jahre, bis das Leben Munehisa Hommas und seine Erfindung im Westen bekannt werden: Anfang der Achtziger wird ein junger amerikanischer Händler von einem Freund auf die japanische Darstellungsmethode aufmerksam gemacht. Fasziniert von der Einfachheit und Klarheit der Candlesticks beginnt Steve Nison mit einer Jahre dauernden Recherche. 1989 erscheint schließlich ein Buch, das die Candlesticks des Munehisa Homma einer breiten Öffentlichkeit zugänglich macht. Innerhalb der nächsten zehn Jahre erobern die japanischen Kerzencharts den Westen. Heute sind sie nahezu in jedem Chartprogramm enthalten.

Philipp Mattheis

Der allererste Spekulant

Joseph steuerte Ägypten durch sieben fette und sieben magere Jahre – nach der Bibel eine geschickte Deutung der Marktentwicklung.

Fasse dich", sagt der Pharao zu Joseph, „dass du nachher nicht etwa in Ohnmacht sinkst, weil dir zumute ist, als trüge ein geflügelter Stier dich zum Himmel!" Joseph ist indessen weit davon entfernt, in Ohnmacht zu sinken. Er sieht, was nun mit ihm geschieht, vielmehr als notwendigen und zudem höchst erfreulichen Teil dessen an, was Thomas Mann am Ende seiner Josephs-Tetralogie eine „schöne Geschichte und Gotteserfindung" nennt. Aufgrund dieser Einordnung kann er gelassen anhören, welche Titel ihm der Pharao zu verleihen geruht: Groß-Wesir, Freund der Ernte Gottes, Nahrung Ägyptens, Schattenspender des Königs, Vater des Pharao, Fürst des Inneren, Vize-Gott.

Das ist mehr, als auf eine Visitenkarte passt, selbst auf eine altägyptische, und heutige Josephs-Kritiker sähen es sowieso lieber, wenn darauf nur ein einziger Titel stünde: Spekulant. Sie halten den biblischen Joseph für den ersten Spekulanten der uns bekannten Geschichte, dazu für einen besonders üblen, weil er im Nahrungsmittelgeschäft tätig war. Auf einem Diskussionsforum stand kürzlich Folgendes über ihn zu lesen: „Seinen Ruf als Ernährer verdankt er im Grund einer gut organisierten Spekulation gigantischen Ausmaßes. Selbst in der Darstellung der Bibel ist unschwer erkennbar, dass Joseph die Hungersnot, der er seinen Ruf verdankt, selbst erzeugte."

Dass Joseph die Hungersnot selbst erzeugt habe, dafür gibt es in der Bibel allerdings keinen Hinweis. Die Geschichte findet sich im ersten Buch Mose, der Genesis, und sie geht ungefähr so. Der von seinen Brüdern in die Fremde verkaufte Joseph saß damals im Gefängnis, weil er sich, keusch wie er war, der Frau seines Dienstherrn Potiphar verweigert hatte und deswegen von dieser der versuchten Vergewaltigung bezichtigt worden war. Zusammen mit ihm saßen im Knast auch der Mundschenk und der Oberbäcker des Pharao, und als die beiden eines Nachts seltsame Träume hatten, deutete Joseph sie ihnen kollegialerweise aus: Der Mundschenk komme wieder zu Gnaden, der Oberbäcker an den Galgen. Genauso geschah es dann auch.

Der Pharao träumte. Aber niemand konnte es deuten.

Zwei Jahre später träumte der Pharao. Beim ersten Mal sah er sieben fette Kühe, die von sieben mageren aufgefressen wurden, beim zweiten Mal waren es sieben schöne, pralle Ähren, die von sieben dürren verschlungen wurden. Da ließ er alle Wahrsager des Landes zusammenrufen, doch es war keiner darunter, der ihm die Träume hätte auslegen können. Bei dieser Lage der Dinge fiel dem Mundschenk sein einstiger Mitgefangener ein, und so holte man Joseph aus dem Loch.

Dieser analysierte sofort, dass es sich hier nicht um zwei Träume handle, sondern um ein und denselben, nur mit jeweils anderen Versatzstücken, und ähnlich leicht fiel ihm die Interpretation. Es kämen, sagte er, zunächst sieben ertragreiche Jahre, danach aber sieben Hungerjahre, „und die Größe des Mangels wird die Größe des Überflusses zunichte machen“. Da Joseph schon mal in Fahrt war, gab er dem Pharao auch gleich den Rat, sich nach einem obersten Verwalter umzusehen, der sowohl den Überfluss als auch den Mangel würde zu managen haben – eine Stellenbeschreibung, die sich wie eine Eigenbewerbung anhörte und vom Pharao auch so verstanden wurde. Ohne sich lang zu bedenken, erhöhte er ihn zum, wie es im Roman heißt, „Herrn des Überblicks, in dessen

Hände oberste Vollmacht gegeben sei, dass du die Fülle züchtigst und die Länder ernährst in den Jahren der Dürre“.

Ist das eine Spekulation in dem Sinn, wie sie landläufig und auch kirchlicherseits verstanden wird? Das Lexikon für Theologie und Kirche definiert die Spekulation zweifach: zum einen als unternehmerische Tätigkeit, die sich von bestimmten Erwartungen über die künftige Marktentwicklung leiten lässt, zum anderen als das Streben, aus zu erwartenden oder vom Spekulanten selbst herbeizuführenden Preisbewegungen Gewinne zu erzielen. Misst man Josephs und des Pharaos unternehmerische Tätigkeit daran, steht man als erstes vor der Frage, ob und inwieweit der Traum von den Kühen und Ähren als Erwartung künftiger Marktentwicklungen einzuschätzen ist.

Selbst in Zeiten, da man den Träumen allergrößte Geltung beimaß, aus ihnen nicht selten die Gottheit höchstpersönlich heraushörte, besaß man die Freiheit, den aktuellen Traum als wirres Zeug abzutun. Nun hatte freilich in diesem Fall nicht irgendwer geträumt, sondern der Pharao, und das noch dazu doppelt. Dergleichen ungedeutet im Raum stehen zu lassen, wäre seinerzeit nicht angegangen, wobei höchstens zu fragen wäre, wieso der Pharao der Gurus bedurfte, wo er doch, dank seiner Gottgleichheit oder jedenfalls -ähnlichkeit, die Auslegung locker selbst hätte erledigen können. Thomas Mann trägt diesem Umstand Rechnung, indem der Joseph seines Romans stets so tut, als rede er nur das daher, was zu reden der Pharao ihm auf magische Weise eingibt.

Wie auch immer, die Träume wurden für bare Münze respektive echte Markttendenzen genommen. Das führt zu der zweiten und entscheidenden, weil moralisch relevanten Frage, ob da auf unredlichen Gewinn gesetzt wurde. Dass weder der Pharao noch Joseph die Dürre herbeiführten, ist unstrittig; sie waren sich der kommenden Ereignisse jedoch absolut sicher. Dem Bibelbericht ist in dieser Hinsicht nichts Bündiges zu entnehmen, aber dass die Hortung des Getreides und dessen spätere Ausgabe keine reine Wohltätigkeitsveranstaltung waren, wird hinlänglich deutlich: Der Nilstaat verdiente gut am Verkauf, bei der pharaonischen

Machtfülle dürfte es auf die sprichwörtliche goldene Nase hinausgelaufen sein.

Darüber hinaus wird man den außenpolitischen Nutzen, der aus der Not der umliegenden, von der Hungersnot nicht weniger betroffenen Länder zu ziehen war, gern mitgenommen haben. Zu diesem Punkt schweigt sich die Genesis ebenfalls aus, aber wir haben ja Thomas Mann, der, wiewohl in Bibeldingen ohne kirchenamtliche Deutungsbefugnis, diesen Aspekt auf seine Weise bedacht hat. Er lässt seinen Joseph zu Pharao über gewisse Stadtkönige Syriens und des Fenechierlandes sprechen, die auf beiden Achseln trügen und es mit ihrer Treue zum Pharao nicht allzu genau nähmen. Ein guter Verwalter des gehorteten Reichtums müsse auf sie ebenfalls sein Augenmerk richten „und zusehen, dass Untreue gedämpft und Wankelmut gefesselt werde an Pharao's Thron“.

So wurde Joseph ein großer Mann in Ägypten, eine Art Tycoon, wie man heute sagen würde. Woher er seinen durchaus listigen Geschäftssinn hatte, steht übrigens sehr wohl in der Bibel. Joseph war ja ein Kind Jakobs, sein erster Sohn mit Rahel, der Lieblichen. Dieser Jakob diente lange Jahre bei Laban, seinem Schwiegervater (alias Schwäher, wie es in der Bibel heißt). Als er aus dessen Diensten treten wollte, machte er ihm wegen des Lohnes einen kuriosen Vorschlag. Er wolle, sagte er, aus den Herden nur das, was künftig gesprenkelt oder gefleckt zur Welt käme. Laban war das recht, doch hatte er nicht mit Jakobs spekulativem Geist gerechnet. Dieser legte nämlich an den Stellen, wo die Schafe und Ziegen zur Tränke kamen und sich auch zu paaren pflegten, Stecken ins Wasser, die er vorher so geschält hatte, dass sie hell und dunkel gestreift waren.

Und was soll man sagen: Die weiblichen Tiere empfingen und warfen Junge, so gesprenkelt und gefleckt, dass es eine Freude war, wenn auch nicht für den Geizkragen Laban. Jakob aber wurde ein reicher Mann – „herdenschwer“, wie Thomas Mann das gerne nennt.

Hermann Unterstöger

V. Kapitel

Märchenhafte Gewinne, *gigantische* Verluste

Jesse Livermore: Gescheitert am Geld und an den Frauen Elena Shaftan: Die Frau, die aus der Kälte kam • Florian Homm: Der Spieler • Stanley Ho: Reich an Geld, Frauen und Kindern • Die Gebrüder Hunt: Aufstieg mit Öl, Absturz mit Silber • Mohnish Pabrai: Der Musterschüler des Altmeisters Brian Hunter: Eine Blume verblüht • John Meriwether: „Er ist nicht Gott. Aber auf dem Weg dorthin" • Kirk Kerkorian: „Spiele, als ob du morgen stirbst"

Gescheitert am Geld und an den Frauen

Jesse Livermore gewann und verlor an der Wall Street mehrmals ein Vermögen – am Ende beging er Selbstmord.

An einem Nachmittag des Jahres 1940 bittet ein Society-Reporter den blassen, älteren Herrn im New Yorker Stork Club um ein Foto. „Machen Sie Ihr Foto. Aber es wird das letzte sein. Morgen werde ich für eine lange Zeit verschwinden", soll er gesagt haben. Einen Tag später ist der Mann tot. Jesse Livermore besitzt zu dem Zeitpunkt noch immer fünf Millionen Dollar. Zehn Jahre zuvor waren es weit mehr als 100 Millionen gewesen.

Wie kein anderer Spekulant steht er für den amerikanischen Traum: „The Boy Wonder" oder „The Great Bear" nennt man ihn. In seiner 40-jährigen Börsenkarriere erlangt er mehrmals ein Multi-Millionenvermögen und verliert es wieder. Livermores Ruf ist bereits zu Lebzeiten so legendär, dass der Journalist Edwin Lefèvre 1923 die Biografie „Reminiscences of a Stock Operator" schreibt.

Jesse Livermore wird am 26. Juli 1877 in Massachusetts als Sohn eines Farmers geboren. Im Alter von 14 Jahren reißt er von daheim aus, um nicht, wie sein Vater es wünscht, Bauer werden zu müssen. Livermore geht nach Boston. Er hat fünf Dollar in der Tasche. Sein erstes eigenes Geld verdient er in so genannten „Bucket Shops". Diese Aktienwettbüros gibt es Ende des 19. und Anfang des 20. Jahrhunderts überall in den USA.

Der Inhaber eines solchen Geschäfts lässt seine Kunden auf Aktien wetten, wobei der von den Verlusten der Kunden lebt. Livermores Aufgabe ist es, die Preise mit Kreide an eine Tafel zu schreiben. Schließlich riskiert er nach einiger Zeit in der Mittagspause selbst fünf Dollar, kauft Aktien der Burlington Railroad und gewinnt drei Dollar.

Kein Jahr später hat er es bereits zu 1000 Dollar gebracht – ein kleines Vermögen für einen 15-Jährigen Ende des 19. Jahrhunderts. In den Bucket-Shops ist er nicht gern gesehen. Als seine Gewinne sich zu sehr häufen, erteilen ihm alle Wettbüros in Boston Hausverbot. Doch Livermore will ohnehin höher hinaus.

Sein erster Ausflug an die Wall Street scheitert. Er verliert sein gesamtes Kapital. 1899, im Alter von 22 Jahren, wagt er sich mit einem Startkapital von 10 000 Dollar ein zweites Mal an die Börse. „Ich war noch keine 23 Jahre alt und vollkommen alleine in New York. Ich wusste, dass ich gerade dabei bin, diese neue Maschine zu verstehen“, schreibt er. Tatsächlich sieht Livermore die Börse wie eine Art Maschine. Er ist der festen Überzeugung, die Finanzmärkte würden sich in festen Mustern bewegen. Ein Dogma, von dem er sich auch nach horrenden Verlusten nicht verabschiedet.

Seine simpelste Erkenntnis: Steigt eine Aktie und durchbricht dabei eine psychologisch wichtige Grenze wie 10, 50 oder 100 Dollar, zieht sie weitere Käufer an. Fundamentale Daten wie der Gewinn einer Firma oder ihr Geschäftsmodell interessieren ihn nicht. Wichtig sind für ihn nur die Kursbewegungen der Aktie.

Hätte Livermore recht, ließe sich an der Börse systematisch ein Vermögen verdienen. Noch heute gilt er deswegen in Händlerkreisen als Legende. „Reminiscences of a Stock Operator“ ist eine der meist verkauftesten Biografien eines Spekulanten und wird vor allem von Anhängern der Chartanalyse hoch geschätzt.

Seine zweite, ebenso einfache wie geniale Regel: Läuft der Markt in seine Richtung, kauft Livermore Aktien hinzu. Entwickelt sich der Markt entgegen seinen Erwartungen, reduziert er seine Position schnell oder löst sie ganz auf. Ironischerweise hält er sich immer wieder nicht an die eigenen Regeln. Diese

Disziplinlosigkeit kostet ihn im Laufe seiner Karriere mehrmals ein Vermögen.

Seine erste Frau verlässt er, weil sie sich weigert, ihren Schmuck zu verkaufen, als er dringend Geld braucht.

Im Jahr 1901 herrscht an der New Yorker Börse eine Hausse. Livermores Kapital wächst auf 50 000 Dollar an. Auf dem vermeintlichen Höhepunkt der Rally setzt er auf fallende Kurse – und verliert nahezu alles. Als sich seine Frau weigert, ihren Schmuck zu verkaufen, verlässt Livermore sie und kehrt zu den kleinen Wettbüros zurück, um sein Kapital langsam wieder aufzubauen.

Es ist das Jahr 1906 und Livermore 29 Jahre alt, als er seinen ersten großen Coup landet – und wieder einer Intuition folgend seine eigenen Regeln bricht. Er setzt an der Spitze einer Kursrally auf fallende Kurse der Union Pacific, der größten Eisenbahnlinie des Landes. Am 18. April erschüttert ein gewaltiges Erdbeben San Francisco – bis zum Hurrikan Katerina im Jahr 2005 die größte Naturkatastrophe in der Geschichte der USA. Drei Tage später bricht der Markt an der Ostküste zusammen. Livermore ist Tagesgespräch und auf einen Schlag um 250 000 Dollar reicher.

Am 24. Oktober 1907 kommt es in New York abermals zu einem Börsencrash. Wieder hat Livermore auf fallende Kurse gesetzt. Er ist gerade einmal 30, als er seine erste Million gewinnt – an einem einzigen Tag. Am darauf folgenden Tag beginnt er mit Aktienkäufen und profitiert nun auch noch von der einsetzenden Rally. Sein Vermögen beläuft sich jetzt auf über drei Millionen Dollar. Anschließend kauft er sich eine Yacht und macht einen Angelurlaub in der Karibik.

Sieben Jahre später ist Livermore wieder bankrott. Er hat eine Million Dollar Schulden. Er, der sich sonst vehement weigerte, mit anderen Spekulanten zusammenzuarbeiten, hat sich von Percy Thomas, dem „Baumwollkönig“, zu riskanten Geschäften überreden lassen – und dabei Millionen verloren.

Erst in den Goldenen Zwanzigern geht es für ihn wieder aufwärts. In diesem Jahrzehnt gelingen ihm stetige Gewinne und auch sein größter Coup. Livermore ist einer der wenigen, die vom Schwarzen Donnerstag 1929 profitieren. Bereits im Sommer hatte er begonnen, auf fallende Kurse zu setzen. Sein Plan geht auf: Der Dow Jones Index bricht ein. Als die große Depression in Amerika beginnt, besitzt Jesse Livermore mehr als 100 Millionen Dollar. Doch in diese Zeit fällt auch der Beginn seiner eigenen Depression.

Nachdem ihn seine zweite Frau Dorothy nach 14 Jahren Ehe 1932 verlassen hat, heiratet er 1933 Harriet Metz Noble. Angeblich war Harriet bereits viermal verheiratet gewesen und hat alle ihre Ehemänner durch Selbstmord verloren. Livermore sollte der fünfte sein. 1934 geht er – aus ungeklärten Gründen – zum vierten Mal in seinem Leben bankrott.

Am 27. November 1940 gegen sechs Uhr abends findet ihn die New Yorker Polizei in einem Zimmer des Sherry-Netherland-Hotels. Der „Große Bär" der Wall Street liegt auf der Toilette in einer Blutlache. Jesse Livermore hat sich erschossen. In einem achtseitigen Abschiedsbrief an seine Frau hat er geschrieben: „Ich kann nicht mehr. Ich bin geschafft vom Kämpfen. Dies ist der einzige Ausweg. Ich bin ein Versager." *Philipp Mattheis*

Die Frau, die aus der Kälte kam

Elena Shaftan lässt mit ihren Osteuropa-Fonds die männliche Konkurrenz weit hinter sich – in Sibirien hat sie einst gelernt, sich durchzusetzen.

Kein schwerer Brilliantschmuck, keine glitzernde Rolex-Uhr: Elena Shaftan hält nicht viel von den Statussymbolen der Neureichen in der Londoner City, dem Finanzdistrikt. Sie trägt einen dezenten Hosenanzug und sitzt so fast ein wenig unscheinbar in ihrem Büro am Londoner Hyde Park – eine zierliche junge Frau mit auffallend roten Haaren. Doch der zurückhaltende Auftritt täuscht. Messerscharf kommen Worte wie „Umsatzrentabilität", „Cash-flow" und „Kurs-Gewinn-Verhältnis" über ihre Lippen. Sie blinzelt zum Fenster hinaus. Draußen tobt der Verkehr. „Ich liebe diese Stadt", sagt die in Riga geborene Lettin. Dann wechselt sie schnell das Thema. „Ich gehe die Dinge analytisch an", sagt sie. Ihr Englisch hat einen harten, aber durchaus wohlklingenden Akzent.

Die 37-Jährige gehört zu den erfolgreichsten Fonds-Managern an Europas größtem Finanzplatz. Diese Position hat sie mit Investments in den gewinnträchtigen, aber auch riskanten Märkten des Ostens erreicht: 2003 legte sie für die Finanzgesellschaft Jupiter den Fonds „Emerging European Opportunities" auf. In den ersten fünf Jahren bis Frühjahr 2008 erzielte der Fonds vor allem mit Aktien osteuropäischer und russischer Unternehmen eine Wertsteigerung von mehr als 400 Prozent. Er zählte damit zu den Spitzenreitern bei Osteuropa-Fonds. Inzwischen managt

Shaftan zusammen mit einer Kollegin weitere Fonds, die auf die Region spezialisiert sind.

Auf Londoner Partys werden erfolgreiche Managerinnen oft wie Wesen von einem anderen Stern begafft.

Die konservative britische Tageszeitung Daily Telegraph kürte sie zur „Super-Frau" der City. Von solchen Attributen will Shaftan allerdings nichts wissen. „Ich mache meinen Job. Und den so gut wie möglich", gibt sie sich bescheiden. Schon gar nicht will sie sich als Ikone der Frauenemanzipation dargestellt sehen. Shaftan weiß, dass dies im Haifischbecken einer von Männern beherrschten Finanzwelt zu falschen Schlüssen führen kann. Auf den einschlägigen Partys von Hedgefonds- und Private-Equity-Managern werden erfolgreiche Kolleginnen häufig wie eine Art Wesen von einem anderen Stern begafft oder gerne wegen ihrer eisernen Durchsetzungskraft mit Lady Thatcher verglichen, der früheren Premierministerin. Letzteres ist dann meist wenig schmeichelhaft gemeint.

„Es ist gut, wenn es Wettbewerb gibt. Gerade in der Londoner Finanzbranche will jeder ständig der Beste sein. Doch das Ganze sollte nicht auch noch zu einer geschlechtsspezifischen Frage hochstilisiert werden", meint Shaftan. Damit umreißt die professionelle Spekulantin zugleich ihr Verhältnis zur spekulativen Geldvermehrung. „Mir geht es persönlich nicht um Reichtum. Mich motiviert der Sportsgeist, im Fondsmanagement ganz vorne mitzumischen. Das ist wie beim 100-Meter-Lauf", sagt Shaftan.

Und dabei sieht sie sich als Frau durchaus im Wettbewerbs-Vorteil. Männer würden Fehler nur ungern einräumen. Frauen dagegen seien sich selbst gegenüber kritischer, meint sie. „Wenn ich beispielsweise eine Aktie falsch beurteilt habe, fällt es mir nicht schwer, dies auch einzugestehen. Nur aus der ehrlichen Auseinandersetzung mit Fehlern kann man ganz nach vorne kommen", umschreibt Shaftan ihr Erfolgsrezept. Dazu gehört allerdings auch eine erhebliche Portion Ehrgeiz und Durchsetzungsvermögen. Ohne diese Eigenschaften schafft man es wohl nicht von Sibirien nach London. Denn aufgewachsen ist Shaftan im sibirischen Yakutsk, wo ihr Vater als Wissenschaftler für die damalige sowjetische Raumfahrtbehörde arbeitete. „Das Leben dort hatte seine Vorteile, weil es eine gute Gemeinschaft zwischen den Einwohnern gab“, erzählt die Fondsmanagerin. Auch sei der politische Druck durch die Kommunistische Partei in den Weiten der Tundra nicht so stark gewesen wie beispielsweise in Moskau. „Allerdings hatten wir aus Vorsicht unsere westliche Literatur im Bücherregal in zweiter Reihe versteckt – hinter den Marx- und Lenin-Bänden.“

Nach ihrem Studium der Radio-Elektronik an der Universität Riga arbeitete Shaftan als Ingenieurin, erschloss für sich dann aber auch geographisch neue Horizonte: Der Zusammenbruch des sowjetischen Systems gab ihr die Gelegenheit, in den Westen zu reisen. In London stieg sie bald als Analystin bei AIB Govett Asset Management ein. Im Jahr 2000 wechselte sie zu der damals noch zur ADIG-Gruppe gehörenden Gesellschaft Jupiter Asset Management. Inzwischen ist Jupiter durch einen Management-Buy-out zu einem selbständigen Unternehmen geworden. Zu den Hauptkunden zählen Banken und institutionelle Anleger wie Pensionsfonds.

„Wir bevorzugen Aktien von Unternehmen, die ein überdurchschnittliches Wachstum haben und recht unabhängig von Wirtschaftszyklen agieren“, erklärt Shaftan ihre Anlagestrategie. Gerade Russland biete in diesem Zusammenhang trotz aller Risiken einzigartige Möglichkeiten. Shaftan hat den Fonds auf stabile Energiewerte wie den russischen Gazprom-Konzern ausgerichtet. „Wir wollen keine kurzfristigen Knalleffekte erzielen, sondern achten auf die langfristige Performance der Firmen“, sagt sie. Allgemein erwartet die Fondsmanagerin, dass die Wirtschaft Osteuropas in den kommenden Jahren doppelt so stark wachsen wird wie die der Eurozone.

Bewusst beschränkt sich Shaftan bei ihrem Fonds auf eine relativ kleine Zahl von Firmen. „Wir haben Aktien von 30 bis 35 Firmen im Portfolio. Da behalte ich den Überblick“, sagt sie. Die

Anlageexpertin nimmt es genau: Mindestens alle sechs Wochen erhält das Management der von ihr betreuten Unternehmen einen Telefonanruf. „Bei Problemfällen rufe ich auch mal häufiger an, um mich über die neuesten Bilanzzahlen zu informieren." Für Shaftan gilt der Spruch des sowjetischen Revolutionshelden Lenin: „Vertrauen ist gut, Kontrolle ist besser." *Andreas Oldag*

Der Spieler

Florian Homm war das Enfant Terrible der europäischen Hedgefonds-Branche – dann verschwand er einfach.

„Ich bin selbst ein Spieler. Das fühlte ich in diesem Augenblick. Meine Hände und Beine zitterten, in meinem Gehirn hämmerte es.“ (Der Spieler, Fjodor M. Dostojewski)

Er habe Dostojewskis Roman über die selbstzerstörerische Spielsucht des Alexej Iwanowitsch als Jugendlicher verschlungen, hat Florian Homm einmal gesagt. Das Werk fasziniere ihn noch heute, bekannte der Mann, der wohl Deutschlands berühmtester Hedgefonds-Manager ist. Oder war. Man weiß das nicht genau. Denn an einem Dienstag im September 2007 ist Homm verschwunden. Es war vorerst das letzte öffentliche Kapitel in seinem persönlichen Drama. Er tauchte einfach nicht mehr auf.

15 Jahre lang hat Homm mal auf steigende, mal auf fallende Aktien spekuliert. Mal vervielfachte er seinen Einsatz, dann wieder verspielte er sein Geld und das seiner Kunden. Eines aber blieb immer gleich: Seit Homm 1993 die Bühne betrat und mit dem Amerikaner Kevin Devine die Firma VMR gründete, irritierte er die Finanzwelt. „Florian Homm wird von keinem Hedgefonds-Investor mehr ernst genommen“, sagt ein Dachfonds-Manager heute. Und das kam so.

„Es ist offensichtlich, dass ich eine andere Investment- und Managementphilosophie teile als das aktuelle und das frühere Management. Deshalb habe ich entschieden, dass es Zeit für mich ist, die Firma zu verlassen, die ich gegründet habe.“ So erklärte Homm in einem Brief an Aktionäre und Investoren der Hedgefonds-Firma Absolute Capital Management Holding (ACMH) seinen Ausstieg. Drei Jahre zuvor hatte er ACMH mit dem Iren Sean Ewing auf Mallorca – wo er bis zu seinem Verschwinden lebte – gegründet, zu einer Investmentfirma mit mehr als drei Milliarden Euro Vermögen ausgebaut und an die Börse gebracht. Es war vielleicht die beste Zeit in seiner Karriere. „ACMH war für ihn ein Lichtblick. Dort wurde er eingebunden in feste Strukturen und ferngehalten von dem etwas halbseidenen Milieu, in dem er sich oft bewegte“, sagt ein Vertrauter Homms. Doch der Spieler Homm ließ sich nicht in Strukturen binden, und heute ist klar, dass sie bei ACMH gar nicht so genau wussten, was ihr Gründer, Großaktionär und Chefinvestor so trieb.

Einen Großteil der Kundengelder hatte Homm, anders als in den Fondsprospekten beschrieben, in amerikanische Mini-Aktien investiert, die oft nur außerhalb der Börse gehandelt wurden. Der amerikanische Investor Jack Grynberg hat Homm deshalb Anfang 2008 vor einem Bezirksgericht in Colorado verklagt. Grynberg warf Homm auch vor, sich über die von ihm gehaltene Broker-Firma Hunter World Markets an Aktiengeschäften für ACMH bereichert zu haben. Solange die Fonds Gewinne abwarfen, hinterfragte niemand genau, was Homm tat. Doch als im Sommer 2007 in den USA die Kreditkrise ausbrach, kamen an den Börsen als erstes kleine und schwer handelbare Aktien unter Druck. Wenige Tage nach Homms Abschied war die ACMH-Aktie um mehr als 90 Prozent abgestürzt, Fondsanleger zogen panisch ihr Geld ab. Was trieb Homm dazu, abzuspringen und auch einen Teil seines eigenen Vermögens zu vernichten? „Es war eine Kurzschlusshandlung“, sagt ein Vertrauter. Es könne nicht sein, dass er die Folgen seines Ausstiegs unterschätzt habe. Denn im November 2006 war der ACMH-Kurs schon einmal abgestürzt, weil Anleger Homms Abschied vermuteten. Damals fürchteten sie um sein Leben. In Venezuela wurde Homm auf dem Weg vom Flughafen nach Caracas bei einem Raubüberfall lebensgefährlich verletzt. Bald darauf arbeitete er wieder.

Leute, die ihm wohlgesonnen sind, erklären seinen plötzlichen Abgang ein Jahr später auch mit dem Drama von Caracas. Bald darauf verließ ihn seine Frau Sarah, die Schwester seines früheren Geschäftspartners Kevin Devine, und nahm die gemeinsamen Kinder mit zu ihren Eltern in die USA, wie es heißt. All das habe Homm tief getroffen, mit der zerrütteten Ehe habe er nicht umgehen können.

Dass Homm ein emotionaler Mensch ist, sehen auch seine Feinde so. Aufbrausend, bisweilen vulgär sei sein Auftreten. Sein Abgang bei ACMH habe aber eher damit zu tun, dass seine riskante und missglückte Anlagestrategie aufgeflogen sei. War Homm ein Spieler? „Er hat nicht aus Geldgier spekuliert, sondern weil er diese Bestätigung braucht, die der Spieler immer wieder braucht, wenn er einmal gewonnen hat“, sagt ein Vertrauter. Sein Wagemut habe etwas ewig kindliches, mal agiere er berechnend, dann wieder ungehemmt. So beschreibt auch Dostojewski seinen Spieler.

Dabei begann Homms Karriere mustergültig. Das College in Harvard schließt der Sohn eines Installateurs aus Oberursel 1982 „cum laude“ ab. Er beginnt mit 23 bei der Investmentbank Merrill Lynch. Später macht er in Harvard seinen Master-Abschluss, arbeitet für renommierte Firmen wie Fidelity, Julius Bär und Tweedy Browne. 1993 gründet er VMR – und beginnt sein umstrittenes Werk als Hedgefonds-Manager.

„Nur eines möchte ich noch hinzufügen: Dass es mich in der ganzen letzten Zeit eigentümlich angewidert hat, meine Gedanken und Handlungsweisen gleichviel mit welch einem moralischen Maßstäbchen zu messen. Etwas ganz anderes beherrschte mich.“ (Der Spieler: Fjodor M. Dostojewski)

Auch VMR verließ Homm 2002 Knall auf Fall. Am Neuen Markt hatte er lange erfolgreich ein großes Rad gedreht, nach dessen Kollaps ließ er zornige Anleger zurück. Überall eckt er an. Ein Selbstdarsteller in einer Branche, die sonst zur Verschwiegenheit neigt. Mal beschimpfte er „inkompetente Regulierer“, mal lästerte er über die Vorurteile gegen Hedgefonds. „Nicht wir zerstören Unternehmen, sie zerstören sich selbst“, sagte Homm einmal. Verantwortlich machte er dafür das Industrie-Establishment. „Das idiotische Management der Deutschland AG hat die

Wettbewerbsfähigkeit deutscher Firmen geschmälert."

Er spekulierte, weil er diese Bestätigung braucht, die der Spieler immer wieder braucht, wenn er einmal gewonnen hat.

Homm sah sich als Aufräumer, attackierte Firmen wie MLP, Sixt und WCM, und es schien ihn nicht zu stören, wenn er als „Zerleger von Mallorca" bezeichnet wurde. Sein Konflikt mit dem Establishment spiegelt sich in der eigenen Familie. Sein Onkel Johannes Neckermann, Sohn des Versandhaus-Königs Josef, sagte der Nachrichtenagentur Bloomberg: „Die Ethik der Familie Neckermann unterscheidet sich so von Florian Homms Tun, dass es beschämend wäre, seinen Namen in einem Atemzug mit dem meines Vaters zu nennen."

Jemand, der ihm wohlgesonnener ist, meint, Homm habe bei aller Raubeinigkeit gesellschaftliche Anerkennung gesucht. Doch dabei überschritt er Grenzen. 2005 verurteilte ihn ein Gericht, weil er einen negativen Analystenbericht über die Beteiligungsfirma WCM geschrieben hatte – ohne offenzulegen, dass er auf einen fallenden Kurs gewettet hatte. Homm schien positive wie negative Publicity zu genießen. Als er bei dem Fußballverein Borussia Dortmund einstieg, feierte ihn der Boulevard als Retter, das Investment aber war ein Flop.

Beim BVB hat Homm sich wie aus den meisten deutschen Aktien zurückgezogen, und erneut riss er mit seinem Abgang den Kurs noch weiter nach unten. Wo er nach seinem Verschwinden hinging, schien niemand zu wissen. Manch einer aber glaubt, dass es ihn immer wieder zurücktreibt zum Casino, wie Dostojewskis Spieler, der wider besseres Wissen zum Schluss ausruft: „Morgen, morgen wird alles ein Ende haben!" *Martin Hesse*

Reich an Geld, Frauen und Kindern

Stanley Ho wurde mit Glücksspielen zu einem der wohlhabendsten Chinesen, heiratete viermal und zeugte 17 Nachkommen – mindestens.

Es war Krieg. Seit zwei Wochen flogen die japanischen Ki-21-Bomber fast rund um die Uhr eine Angriffswelle nach der anderen über Hongkong. Der Flughafen war zerstört. Die ersten japanischen Truppen standen bereits in den New Territories. Es war Dezember des Jahres 1941. Stanley Ho war 21 Jahre alt. Er hatte viele Nächte in den Bombenkellern verbracht, er wollte seine Heimat nicht verlassen. Doch er spürte, dass es nur noch Tage dauern konnte, bis die Soldaten der englischen Kolonialmacht vor den Japanern kapitulieren mussten.

Ho entschied sich zu fliehen. In letzter Minute fand er Platz auf einem Boot, das ihn in Sicherheit bringen sollte. Die Überfahrt nach Macao dauerte 16 Stunden. Aus ganz Asien strömten die Flüchtlinge damals in die portugiesische Kolonie, die schwüle enge Halbinsel. Katholische Missionare hatten Notlager organisiert. Als Ho von Bord kletterte, hatte er gerade zehn Dollar in seiner Tasche. Doch seinen Traum hatte er mitgenommen: Er wollte reich werden.

Er brauchte ein Jahr, um Millionär zu werden. Und 30 Jahre, um zu den wohlhabendsten Unternehmern in Asien zu gehören. In Macao und Hongkong sieht man ihn oft durch die Stadt fahren, im Fond seines silbernen Rolls-Royce mit dem Kennzeichen „HK 1". Er trägt fast immer einen dunklen Anzug mit Schlips. Seine Haare sind schütter geworden, streng nach hinten zurückgekämmt. Auch seine Bewegungen sind in den letzten Jahren langsamer geworden, doch er wirkt dadurch nicht alt. Eher besonders vornehm und erhaben. Könige bewegen sich so.

Hos Vermögen wird inzwischen auf sieben Milliarden Dollar geschätzt. Ihm gehören Schifffahrtslinien, der Flughafen und die Fluggesellschaft von Macao, Hotels, Golfplätze, Elektrizitätswerke, Straßen, Brücken, ein Hafen, ein Fernsehnetzwerk; er ist der unangefochtene Monarch des Glücksspiels in Asien. Er hat sein Ziel erreicht, er könnte sich zurücklehnen und den Reichtum genießen. Doch aufhören kann er nicht.

Wer Ho verstehen will, muss weit zurückschauen, lange bevor der Zweite Weltkrieg Hongkong erreichte. Er war 13, als er aus der Bahn geworfen wurde. Ho war das Kind einer reichen Händlerfamilie. Sein Großvater war Comprador, einer der Mittelsmänner im Dienst der englischen Kolonialherren. Der Handel mit Opium hatte ihn reich gemacht.

Der Vater arbeitete für das einflussreiche Sassoon Handelshaus. Die Familie verbrachte die Wochenenden oft auf dem Boot oder in dem Strandhaus im Stadtteil Stanley, nach dem seine Eltern ihn später tauften. Eines Tages fand sein Vater im Büro des Firmenchefs einen aufgerissenen Umschlag auf dem Fußboden. In dem Brief hieß es, der Aktienkurs der Firma Jardine werde bald in die Höhe schnellen. Hos Vater glaubte, einen sicheren Insidertipp gefunden zu haben, er investierte sein ganzes Vermögen in Jardine-Aktien. Und verlor alles.

Nach einer Familientragödie versprach er der Mutter: „Ich werde ein Vermögen verdienen und dich glücklich machen."

Ho erfuhr es von der Mutter, die ihn eines Abends zu sich rief. „Es tut mir leid, aber ich habe schlechte Nachrichten. Ich kann deine Schulgebühren nicht mehr bezahlen", sagt sie. Sein Vater verließ die Familie. Zwei ältere Brüder begingen Selbstmord. Jede Woche musste die Mutter zum Pfandleiher gehen. Und selbst

Verwandte schauten plötzlich weg, wenn Ho ihnen auf der Straße begegnete.

Einmal musste er zum Zahnarzt. Es ist nicht genau überliefert, was dort passierte, aber es muss etwas vorgefallen sein, das ihn tief verletzte. Er rannte weinend nach Hause und schwörte seiner Mutter: „Ich werde ein erfolgreicher Mann. Ich werde ein Vermögen verdienen, und ich werde dich glücklich machen." In der Kolonialzeit war Reichtum für Chinesen die einzige Möglichkeit, Anerkennung zu gewinnen. Und das Streben nach Geld wurde zu seiner wichtigsten Motivation. Seitdem hat er jeden Tag daran gearbeitet, seinen Traum wahr zu machen. Nur wer einmal ganz unten war, kann solchen Ehrgeiz entwickeln.

Zunächst musste er lernen. Seine Schulnoten verbesserten sich schnell, und sein Fleiß bescherte ihm ein Stipendium für die Universität. Er lernte Englisch, Japanisch und Portugiesisch. Später in Macao halfen ihm seine Sprachkenntnisse, schnell einen Job zu finden. Er arbeitete von sechs Uhr morgens bis zehn Uhr nachts bei einer Handelsfirma, nach einem Jahr wurde er Partner.

Trotzdem wollte er seine Sprachkenntnisse verbessern und nahm sich Zeit für einen Portugiesisch-Kurs. Gegenüber der Schule wohnte ein Mädchen, und Ho verliebte sich sofort. Clementina war die Tochter eines berühmten Anwalts und galt als das schönste Mädchen der Stadt. Sie heirateten. Irgendwann soll ein Wahrsager ihm gesagt haben, dass Clementina die Quelle seines gesamten Glücks sei. Es heißt, dass er sich deshalb nie von ihr scheiden ließ. Doch schon nach ein paar Jahren dachte er: Ich brauche zwei Frauen, eine für den Haushalt und eine, die mich bei gesellschaftlichen Verpflichtungen begleitet. Polygamie war damals noch nicht verboten. Ho heiratete vier Frauen, er hat mindestens 17 Kinder.

Seine Ersparnisse investierte er geschickt in Bauunternehmen, und mit dem Boom nach dem Krieg verdiente er sein erstes Vermögen. Doch der Durchbruch gelang 1961, als der Gouverneur von Macao die Glücksspiellizenzen versteigerte. Ho schloss sich mit drei Partnern zusammen. Es heißt, dass sie für die Genehmigung 410 000 Dollar bezahlten.

Asiaten sind Zocker. Und Macao wurde schnell zur wichtigsten Spielhölle des Kontinents. Das Kasino Lisboa, Hos gealtertes Flaggschiff, steht noch heute: ein angestaubter Bau mit grellen Neonröhren an der Fassade, drinnen irren Zocker und Prostituierte durch ein Labyrinth aus Gängen und verrauchten Salons.

1996 betrug der Umsatz seiner Firmen fast ein Drittel des gesamten Sozialprodukts der Stadt. „Wenn der Gouverneur Geld brauchte, schaute er nach rechts“, sagte einmal ein ehemaliger Beamter der portugiesischen Kolonialverwaltung. Da stand Stanley Ho, und der gab es ihm.

Manche sagen, dass seine Freundschaften zu weit reichten. Amerikanische Justizbehörden beschäftigten sich mehrfach mit den Unterweltverbindungen des Glücksspielpatriarchen, besonders der Vorwurf der Geldwäsche tauchte immer wieder in den Untersuchungsberichten auf. Er gilt als Freund des nordkoreanischen Diktators Kim Jong-il und soll sogar dessen Party zum 61. Geburtstag in Pjöngjang besucht haben. Ho betreibt selbst in dem hungernden Schurkenstaat mehrere schillernde Kasinos. Er hat die Welt nie mit politischen oder moralischen Kriterien analysiert, für ihn zählte immer vor allem der Profit.

Viele Geschäftsleute in Macao fürchteten sich vor der Wiedervereinigung mit China im Jahr 1999. Auch Stanley Ho begann, sein Vermögen zu diversifizieren. Doch er sah auch die Chancen. Wieder behielt er recht. Denn plötzlich durften Millionen glücksspielsüchtige Chinesen nach Macao reisen. 27 Millionen Touristen waren 2007 in Macao, in nur neun Jahren hat sich die Zahl vervierfacht. Fast alle kommen wegen der Kasinos. 2006 überholte der Glücksspielumsatz in Macao erstmals das Niveau von Las Vegas – die Stadt ist jetzt das größte Kasino der Welt. Hos Firma, die Sociedade de Jogos de Macau, ging im Sommer 2008 an die Börse von Hongkong.

Hos Glücksspielmonopol allerdings ist schon vor einigen Jahren abgelaufen. Die Regierung hat neue Lizenzen versteigert. Inzwischen haben auch die großen amerikanischen Kasinos ihre Niederlassungen in Macao gegründet. An der Wasserfront stehen die bunt leuchtenden Spielpaläste jetzt direkt nebeneinander. Im vergangenen Herbst eröffnete der exzentrische Amerikaner Sheldon G. Adelson auf einer künstlichen Insel das Venetian, einen Palast mit 3.000 Hotelsuiten, eingerichtet im venezianischen Stil. Durch die Lobby schippern Gondeln auf einem künstlichen Fluss. Ho hatte nie gelernt, was Konkurrenz bedeutet. Doch seinen Titel konnte er verteidigen: Stanley Ho, der König der Kasinos.

Janis Vougioukas

Aufstieg mit Öl, Absturz mit Silber

Die Texaner Herbert und Bunker Hunt horteten das Edelmetall, um unermesslich reich zu werden – und verzockten fast das gesamte Familienvermögen.

Das Öl hat sie groß gemacht: Die Familie Hunt entdeckte in den Dreißiger Jahren des vergangenen Jahrhunderts das bis dato größte Ölfeld der Welt im texanischen Kilgore. Damit sicherte sie sich eine Führungsposition bei der Ölförderung in Amerika und wurde zu einem der ganz großen Familienclans. Anfang der Sechziger Jahre, nach der Entdeckung eines riesigen afrikanischen Ölfeldes im Lizenzgebiet der Hunts, wurde die Familie sogar zeitweise als vermögender eingestuft als ihr berühmtes Pendant: die Rockefeller-Familie.

Doch heute verbindet kaum jemand mehr den Namen Hunt mit dem schwarzen Rohstoff – ganz anders als den Namen der Rockefellers, deren Aufstieg und Reichtum eng mit dem Beginn des Ölzeitalters verbunden ist. Berühmt sind die Hunts heute vor allem noch für einen schwerwiegenden Fehler, den zwei Hunt-Söhne machten. Es war ein Fehler, der so folgenschwer war, dass er die Familie später nahezu das gesamte Familienvermögen kostete.

In den Siebziger Jahren – der Vietnamkrieg begann gerade den Amerikanern das Selbstbewusstsein zu rauben und die Inflationsrate wurde langsam zweistellig – spekulierten Nelson Bunker und William Herbert Hunt, heute 81 und 78 Jahre alt, mit Silber. Sie taten dies nicht aus Langeweile oder aus Spielsucht, wie ihr Vater Harold Hunt, der sich sein Anfangskapital für die erste Bohrlizenz mit Pokerpielen erzockt haben soll. Sie wollten vielmehr ihr Familienvermögen vor dem allgemeinen Preisverfall bewahren.

Die Hunts investierten deshalb zum einen in Ländereien und Immobilien. Noch heute gehören ihnen große, teils brachliegende Areale in diversen Vororten von Dallas. Zum anderen investierten sie in Edelmetalle. Das Halten von Gold war Privatleuten in Amerika allerdings seit 1933 verboten. Da lag es nahe, stattdessen Silber zu nehmen, zumal der Preis dafür mit 1,50 Dollar je Unze einiges an Kurspotenzial vermuten ließ.

1970 und 1973 kauften sich die Brüder Hunt zunächst 200 000 Unzen Silber. In dieser Zeit verdoppelte sich der Silberpreis auf drei Dollar je Unze. Ein Jahr später wurden die Börsen und die Aufsichtsbehörden aufmerksam: Die Hunts nannten plötzlich 55 Millionen Unzen Silber ihr Eigen – das entsprach etwa acht Prozent der gesamten Weltvorräte. Im Frühjahr 1974 stieg der Silberpreis auf sechs Dollar pro Unze, und die marktbeherrschende Stellung der Hunts sprach sich herum.

Die Brüder ließen sich ihr erworbenes Metall größtenteils physisch ausliefern. Das war ungewöhnlich. Damals wie heute erwerben Silberinvestoren im Normalfall sogenannte Kontrakte an einer Terminbörse. Diese Papiere verbriefen das Recht, zu einem bestimmten Zeitpunkt gegen ein festgelegtes Entgelt Silber einkaufen zu dürfen.

Bunker Hunt schimpfte damals an der führenden Rohstoffbörse Comex in New York: „Fast alles ist besser als Papiergeld" und „Jeder Depp kann eine Druckmaschine laufen lassen". Hunt traf damit einen wunden Punkt: Der damalige Regierungschef Richard Nixon hatte 1971 die Goldbindung des Dollar aufgehoben, und die Notenbank Federal Reserve hatte schon länger angefangen, weit mehr frisches Geld in Umlauf zu bringen als nach den Diktum des Goldstandards möglich war. Die Inflation schritt voran. Die Hunts schafften ihr Silber nach Europa, vornehmlich in die Schweiz, angeblich aus Angst, dieses könnte – ähnlich wie einst Gold 40 Jahre zuvor – vom Staat konfisziert werden.

Was zwischen 1975 und Anfang 1980 folgte, war ein Kampf der Hunts gegen die etablierte amerikanische Finanzwelt: Sie versuchten, durch weitere Aufkäufe von Silber das Angebot zu kontrollieren, um so den Preis in die Höhe zu treiben. Dazu überredeten sie weitere Familienmitglieder, ebenfalls mit größeren Summen in den Silbermarkt einzusteigen. Auch versuchten sie, bekannte Persönlichkeiten aus ihrem Ölnetzwerk, darunter den Schah von Persien sowie König Faisal von Saudi Arabien, für ihr Unterfangen zu gewinnen. Welche Motive hinter der Strategie steckten, ist unklar. Bunker und Herbert Hunt schweigen sich dazu bis heute aus.

Sie wollten ihr Kapital vor der Inflation bewahren. Und verspielten es beinahe komplett.

Bekannt ist lediglich das Ende der bis heute beispiellosen Silberspekulation: 1979 kauften die Hunts zusammen mit befreundeten Investoren nochmals Silberkontrakte über rund 40 Millionen Unzen. Daraufhin verdoppelte sich der Silberpreis auf nunmehr 16 Dollar je Unze. Den Handelsverantwortlichen der Rohstoffbörse Comex wurde dies offenbar unheimlich, zumal sie sich ausrechnen konnten, dass die Hunts sich den Betrag abermals in Silberbarren ausbezahlen lassen würden. Das würde die Verfügbarkeit des ja auch industriell genutzten Silbers weiter beeinträchtigen.

Ende des Jahres änderten die beiden wichtigsten Rohstoffbörsen ihre Regeln: Investoren durften nur noch Kontrakte über höchstens drei Millionen Silberunzen halten. Was darüber hinausging, musste bis Februar 1980 verkauft werden. Zudem erhöhten die Börsenbetreiber die Nachschusspflichten. Entwickelte sich ein Kurs in die falsche Richtung, mussten Investoren immer genügend Geldreserven hinterlegen, um gegebenenfalls Kapital nachschießen zu können. Die Hunts und befreundete Investoren kauften daraufhin noch mehr Silber – sie finanzierten dies zunehmend über Kredite. Der Silberpreis stieg weiter auf 30 Dollar je Unze. Doch die Börse schränkte die Kontraktzahl weiter ein. Als alles nichts mehr half – die Hunts hatten ihre Silberpositionen weiter ausgebaut –, setzte die Börse den Handel mit dem Edelmetall einfach aus. Nur noch Verkäufer kamen zum Zuge. Die Folge: Der Silberpreis fiel dramatisch.

Als dann der neue US-Notenbankchef Paul Volcker die Leitzinsen deutlich anhob, um der Inflation Einhalt zu gebieten, fanden die Hunts keine Unterstützer mehr. Niemand half ihnen, den Silbermarkt weiter leerzukaufen. Als der Silberpreis auf unter 20 Dollar je Unze gefallen war, mussten die Hunts endgültig aufgeben. Sie konnten an der Börse ihre Nachschusspflichten nicht mehr erfüllen und verkauften große Teile ihres Silberbestandes.

Ende März 1980 hatten sie 1,5 Milliarden Dollar Schulden aufgetürmt. Fed-Chef Volcker stimmte einem geordneten Ausstiegsplan für die Hunts zu – offenbar, weil er ein Finanzdesaster befürchtete. 1,1 Milliarden Dollar durfte die Familie über ein Bankenkonsortium am Anleihenmarkt borgen, musste dafür aber fast ihr gesamtes Vermögen von etwa acht und neun Milliarden Dollar als Sicherheit hinterlegen. 1988 meldeten die Gebrüder Hunt Privatinsolvenz an. Danach hatten sie noch 90 Millionen Dollar Schulden, die sie innerhalb von 15 Jahren zurückzahlen mussten.

Heute lebt der Hunt-Clan wieder vorwiegend vom Öl, mit dem er einst groß wurde. Die Gesellschaften rund um Hunt Oil gehören zu den wenigen größeren konzernunabhängigen Ölförderern der Welt, und an steigenden Ölpreisen ließ sich ja in den vergangenen Jahren gut verdienen. Kein schlechtes Timing der Familie Hunt – dieses Mal jedenfalls. *Simone Boehringer*

Mohnish

Musterschüler des Altmeisters

Hedgefonds-Manager Mohnish Pabrai gilt als Warren Buffetts erfolgreichster Nachahmer. Seine Strategie: Viel schlafen und nicht mit dem Management reden.

Es war kein alltäglicher Brief, der 1999 in Warren Buffets Büro eintraf. Ein indischstämmiger Amerikaner namens Mohnish Pabrai bot dem bekanntesten Investor unserer Tage seine Dienste an, genauer: Er wollte vom Bodenschrubben aufwärts alles erledigen, was von ihm verlangt würde, und dafür nicht einmal Geld nehmen. „Würde Jesus mich auffordern, etwas für ihn zu tun, gäbe es auch keine Diskussionen über Entlohnung", sagte Pabrai später dem Wall Street Journal. Buffett lehnte damals dankend ab.

Pabrai hat mittlerweile selbst ein Vermögen gemacht. Doch wann immer ihn jemand in einem seiner seltenen Interviews nach seinem Geheimnis fragt, verweist er auf das große Vorbild aus Amerika: Alles, was er erreicht habe, verdanke er Buffett. Er selbst sei nur ein Nachahmer. In Wahrheit hatte er bereits beachtliche Erfolge als Unternehmer gefeiert, als er im Jahr 1994 mit 29 Jahren zum ersten Mal überhaupt in einem Buch auf den Namen Warren Buffett stieß. In Indien aufgewachsen, kam Pabrai in die USA, um an der Clemson University in South Carolina zu studieren. Nach seinem Abschluss als IT-Ingenieur arbeitete er zwei Jahre beim Telekommunikationsunternehmen Tellabs. Mit Ersparnissen von 30 000 Dollar und einem Kredit über 70 000 Dollar gründete er 1990 den IT-Dienstleister Transtech.

Zehn Jahre später verkaufte er das inzwischen hochprofitable Unternehmen. Nach diesem Erfolg gründete Pabrai erneut eine Firma. Sie sollte junge Internetfirmen in ihrer Startphase unterstützen. Doch die Internetblase platzte und Pabrais Gründung war schon ein Jahr nach dem Start pleite. Pabrai hat jedenfalls einiges aus dieser Schlappe gelernt, wie er später immer wieder sagte. Seine unternehmerischen Erfahrungen machte er sich für die Arbeit im Finanzbereich zunutze, mit dem er schon seit Jahren liebäugelte. Angefangen hatte alles mit Peter Lynchs Anlageratgeber „Der Börse einen Schritt voraus". Pabrai las das Buch im Jahr 1994, als er sich Gedanken darüber machte, wie er sein bereits beachtliches Privatvermögen vermehren könnte. Lynch orientiert sich an den Grundsätzen des Value Investing, einer Anlagestrategie, die schon in den dreißiger Jahren von Benjamin Graham begründet wurde.

Zur Schule des Value Investing gibt es Berge von Literatur und viele unterschiedliche Auslegungen. Im Kern geht es aber darum, abseits aktueller Börsentrends Unternehmen zu finden, deren Aktien an der Börse unterbewertet sind. Maßstab ist der so genannte innere Wert eines Unternehmens. Dieser entspricht der Summe, die ein gut informierter Käufer für das gesamte Unternehmen bezahlen würde. Der Markt bewertet diesen tatsächlichen Unternehmenswert nach Ansicht der Value-Investoren nicht immer richtig – neben mangelhaften Informationen spielt bei Fehleinschätzungen auch die Psychologie der Marktteilnehmer eine große Rolle. Wer ein unterbewertetes Unternehmen ausmacht, kann demnach bei relativ geringem Risiko langfristig mit guten Renditen rechnen.

Pabrai war von dieser Methode begeistert. Er besorgte sich alles Material, was er zum Thema finden konnte, und befasste sich damit zwangsläufig auch mit dem erfolgreichsten aller Value-Investoren, Warren Buffett, der wiederum beim Gründer Graham gelernt hatte. Buffett hatte vorgemacht, wie man mit klugen und langfristigen Investments ein Milliardenvermögen verdient. Weil seine einzigartige Erfolgsgeschichte auf einfachen und bekannten Prinzipien beruht, erschien es Pabrai nur logisch, das große Vorbild zu kopieren. Erst investierte er eine Million Dollar eigenes Geld. Der hochbegabte Pabrai, seit seiner Jugend Mitglied bei Mensa, einer Gesellschaft für Menschen mit einem Intelligenzquotienten jenseits der 130, entpuppte sich als geborener Investor. Mit seinen privaten Anlagestrategien soll er in den ersten Jahren Renditen bis zu 70 Prozent erzielt haben. Als Orientierung diente ihm vor allem der frühe Buffett der sechziger Jahre, der damals einen kleinen Hedgefonds führte. Im Jahr 1999 tat es Pabrai dem Vorbild gleich und gründete seinen eigenen Hedgefonds: Startkapital waren damals eine Million Dollar, zu gleichen Teilen von Pabrai selbst und neun Bekannten aufgebracht.

Bis 2007 schaffte der Pabrai Fund durchschnittlich 29 Prozent jährliche Rendite. Das Fondsvolumen liegt bei mehreren hundert Milliarden Dollar.

Pabrai investiert in maximal fünfzehn unterschiedliche Werte. Aktuell nehmen der südamerikanische Stahlerzeuger Ternium und der Handelskonzern Sears Holdings Corporation die größten Positionen im Portfolio ein. Unter Privatanlegern, die sich in den USA seit einigen Jahren zunehmend über das Internet vernetzen, avancierte Pabrai zum Star. Auf Seiten wie Stockpickr.com oder Gurufocus.com, wo man die Bewegungen in den Portfolios bekannter Investoren beobachten kann, findet sich Pabrais Fonds unter den meistbeachteten. Der Mann, der von sich behauptet, alles nur von einem anderen abgeschaut zu haben, gehört also selbst bereits zu den meistkopierten Anlegern.

Die Finanzkrise hat freilich auch Buffetts Musterschüler nicht verschont. Er investierte in Delta Financial, einen Anbieter von Subprime-Krediten, und fiel auf die Nase, weil das Unternehmen Insolvenz anmelden musste. Den Anlegern bescherte dieses Fehlinvestment erstmals ein Jahresminus im einstelligen Prozentbereich. Doch Pabrai bleibt bei seinen langfristigen Zielen: die großen Indizes schlagen, aber mit einer kleineren Marge als bisher.

Bislang hat Pabrai zwei Bücher veröffentlicht, in denen er Privatanlegern Tipps gibt. Im jüngsten Werk vergleicht er seine Grundsätze mit der Wirtschaftsauffassung der Patels, einer ethnischen Minderheit aus seiner Heimat. Die Patels leben in der

Provinz Gujarat im Nordwesten des indischen Subkontinents. In den siebziger Jahren sind viele von ihnen in die Vereinigten Staaten ausgewandert, wo sie innerhalb relativ kurzer Zeit eine ganze Branche übernahmen. „Weniger als einer unter 500 Amerikanern ist ein Patel. Deshalb ist es erstaunlich, dass mehr als die Hälfte aller Motels im gesamten Land von Patels betrieben werden", schreibt Pabrai in dem Buch „The Dhandho Investor", das 2007 erschienen ist.

Dhandho heißt das Wirtschaftsprinzip der Patels. Pabrai übersetzt es in denkbar einfache Regeln für Anleger, allen voran: Investiere in Werte mit hohem Renditepotential bei möglichst niedrigem Risiko. Was wie eine Binsenweisheit klingt, entspricht gerade eben nicht dem Muster, nachdem die meisten Anleger gestrickt sind. In der Realität gehen viele Erfolgschancen mit hohen Risiken einher. Die Kunst eines guten Investors, wie ihn Pabrai beschreibt, besteht darin, aus der Unzahl börsengehandelter Unternehmen gerade jene herauszufiltern, die diesen einfachen Kriterien überhaupt entsprechen könnten.

Den größten Teil seiner Arbeitszeit liest Pabrai.

Damit ihm dieses Kunststück selbst gelingt, verbringt Pabrai den größten Teil seiner Arbeitswoche mit Lesen. In seinem kalifornischen Büro, das mit unzähligen Buffett-Fotos dekoriert ist, durchforstet er Zeitungen, Wirtschaftsmagazine und Bücher. Wenn er ein bestimmtes neues Unternehmen ins Auge gefasst hat, besorgt er sich alle Informationen, die öffentlich zugänglich sind. Kontakte zum Management von Unternehmen, in die er investiert oder investieren will, vermeidet er grundsätzlich. Überhaupt versucht er, nicht mehr als einen Termin in der Woche wahrzunehmen und hält täglich einen kurzen Nachmittagsschlaf. „Mein dauerhafter Modus Operandi besteht darin, dass ich annehme, ich sei einfach ein vornehmer Müßiggänger und nicht in der Investmentbranche", sagte Pabrai einmal in einem Interview. Die Hektik der Branche und die optimistischen Prophezeiungen der Unternehmensführer seien es, die einen von den wirklich guten Anlagen ablenken. Nur einige Male im Jahr stößt Pabrai auf neue potentielle Anlagemöglichkeiten. Dann kann es schon passieren, dass er sich tagelang nur mit einem einzigen Unternehmen beschäftigt.

Mit Buffett verbindet ihn nicht nur seine konservative Anlagestrategie. Beide spielen leidenschaftlich gerne Bridge und beide finanzieren gemeinnützige Stiftungen. So fand sich auch ein Gesprächsthema, als Pabrai 2007 endlich den Zuschlag für das begehrte Steak-Essen mit Buffett bekam, das jährlich über das Internetauktionshaus Ebay versteigert wird. In vier vorangegangenen Auktionen war er von anderen Buffet-Jüngern überboten worden. Gemeinsam mit einem Partner bezahlte er schließlich die Rekordsumme von 650 100 Dollar. Beim Essen sollen sich die Herren nicht über Investments unterhalten haben, sondern über ihr Engagement für wohltätige Zwecke. *Jürgen Leidinger*

Eine Blume verblüht

Mit Wetten auf den Gaspreis verzockte Brian Hunter Milliarden. Jetzt ist er zurück – und macht mit der alten Strategie wieder Geld.

Was für ein schönes Wort: Amaranth. So heißt die Blume Tausendschön, der Name wurde aus dem Griechischen entlehnt und bedeutet „unverwelklich", amárantos. Das „a" verneint, was die Araber unter marainein verstanden, vertrocknen und verwelken nämlich. Wie blitzschnell so eine imaginäre Blume verblühen kann, fanden Anleger zu ihrem Bedauern im September 2006 heraus. Sie hatten 4,5 Milliarden Dollar verloren, die Hälfte des Geldes, das in dem Hedgefonds Amaranth steckte – in nur einer Woche. Die Zahl stieg bald auf mehr als sechs Milliarden Dollar. Mehr Vermögen hat ein Hedgefonds noch nie eingebüßt. Der Skandal um Long Term Capital Management (LTCM) hatte 1998 „nur" vier Milliarden Dollar gekostet – genug, um das globale Finanzsystem in seinen Grundfesten zu erschüttern.

Der Mann, der im Jahr 2006 die Milliarden verspielte und Amaranth Advisors durch eine fehlerhafte Einschätzung des Gaspreises in den Ruin trieb, ist Brian Hunter. Er galt als Wunderknabe der Finanzmärkte und leitete damals die Energieabteilung der Hedgefonds-Gesellschaft aus Greenwich, Connecticut. Hunter gehörte zur illustren Szene der Öl- und Rohstoffspekulanten, die auf Preisschwankungen an den internationalen Handelsplätzen setzen. Im Jahr 2005 hatte der Fondsmanager seinem Arbeitgeber mit Wetten auf steigende Energiepreise noch rund eine Milliarde Dollar Einnahmen gebracht.

Hunter war das, was Erfolgsautor Nassim Taleb einen „Narren des Zufalls“ nennt: ein Zocker, der sein Glück an den Terminbörsen sucht und Erfolge seinem außerordentlichen Talent, ja Genie zuschreibt. Dabei hat er sich nur in den Klauen des Zufalls verfangen. Es ist der altbekannte Irrtum, dem auch viele Spieler im Casino erliegen: Nach einem Geldregen werden sie gierig, wollen die Glückssträhne verlängern und gehen höhere Risiken ein, um den Triumph zu wiederholen – bis sie scheitern, weil sie eben keine Genies sind. Auch Hunter verpasste den richtigen Moment, um seine Chips vom Roulettetisch zu nehmen, wie das Wall Street Journal süffisant bemerkte.

Eigentlich hätte er es besser wissen müssen. „Jedes Mal, wenn du glaubst zu verstehen, was die Märkte bewegt, passiert etwas anderes“, gestand der Händler wenige Monate vor dem Debakel in einem Interview. Futures (Terminwetten) auf Rohstoffe wie Öl und Gas sind außerordentlich launische Wertpapiere. Der Traum vom schnellen Reichtum mit diesen Spekulationsinstrumenten wird schnell zum Albtraum, denn der Verlust kann höher sein als der Einsatz. Doch man muss kein Crack sein, um die Mathematik der Hedgefonds-Manager zu verstehen: Kopf heißt, du gewinnst – Zahl bedeutet, du verlierst. So einfach ist das.

Hunter hat Mathematik und Physik studiert. Er wuchs im kanadischen Farmland in der Umgebung von Calgary auf, wo der Geist des Wilden Westen weiterlebt und ein Mann mit Cowboy-Hut sich im Büro ebenso sehen lassen kann wie auf der Ranch. Der globale Finanzjongleur in spe wurde in der Provinz groß. Als Student verdiente er sich während der Semesterferien ein paar Dollar auf Ölbohranlagen im Norden des Landes. Große Sprünge waren nicht drin. Seine ganze Energie steckte er ins Studium an der Universität von Alberta. Ein Professor entdeckte sein Talent für komplexe mathematische Modelle und Derivate.

Nach dem Examen arbeitete der damals 24-Jährige für das Pipeline-Unternehmen Trans-Canada Corp. Dort startete er seine ersten Versuche mit dem Handel von Erdgas-Optionen. Er fiel seinem Chef auf, weil er Preisanomalien am Markt frühzeitig erkannte. Hunter durfte deshalb immer größere Geldbeträge in die

Termingeschäfte investieren. Es lief gut für ihn. Doch schon bald trieb es den ehrgeizigen Computerfreak raus aus dem Pipeline-Geschäft, fort aus Kanada.

Er wechselte ins Zentrum der Hochfinanz, zur Deutschen Bank nach New York City. Dort war er für Gastermingeschäfte zuständig und verschaffte seinem Unternehmen Millionen-Dollar-Gewinne. Die Bank dankte es ihm mit einem hohen Gehalt plus Bonus. Im Jahr 2002 habe er 1,6 Millionen Dollar verdient, berichtete das Wall Street Journal. Doch dann, Ende 2003, fuhr seine Mannschaft plötzlich enorme Verluste ein. Im Februar 2004 trennte sich die Deutsche Bank von Hunter und verweigerte ihm die erhofften Bonuszahlungen. Es dürfte um viel Geld gegangen sein.

Obwohl man im Streit auseinander ging und böse Zungen Hunter als „tickende Zeitbombe“ beschrieben, hatte der keine Mühe, einen neuen Job zu finden. Er bekam ein Angebot von Nick Maounis, dem Chef von Amaranth Advisors. Der Hedgefonds, der auch an den Rohstoffmärkten sein Glück versuchte, galt unter Anlegern als heißer Tip. Es war die Aussicht auf das schnelle Geld, die die Menschen lockte. Der Boom der Weltwirtschaft und besonders die hohe Nachfrage aus China haben die Rohstoff- und Energiemärkte in einen Rauschzustand versetzt. Die Preise für Stahl und Kupfer, Öl und Gas schnellten in die Höhe. Am Anstieg, aber mehr noch an den großen Schwankungen der Rohstoffpreise, können Hedgefonds prächtig verdienen.

Amaranth hatte unmittelbar nach der spektakulären Pleite von Enron als einer der ersten Hedgefonds ein Energie-Portfolio aufgebaut. Hunter sollte helfen, das Depot zu managen. Mit seinen erfolgreichen Spekulationen wurde der Kanadier schnell zum Star der Firma. Zum Dank durfte er seinen Arbeitsplatz von Greenwich in seinen Heimatort Calgary verlegen. Von dort aus handelte er mit Erdgas-Kontrakten und frönte in seiner Freizeit dem Rodeo. Im Sommer, so erzählt man sich, fuhr er Ferrari, im Winter Bentley. Für sein Schalten und Walten bei Amaranth wurde er reich entlohnt. Wie viele Hedgefonds-Manager, die schnell zu großem Reichtum gelangt sind, scheut er die Öffentlichkeit.

Fotos des Finanzjongleurs sind noch schwerer aufzutreiben, als Geld in einem legendären Hedgefonds anzulegen.

Mit seinen Gaspreisgeschäften macht Hunter 2005 ein Vermögen. Er setzt darauf, dass sich die Preisdifferenzen zwischen Erdgaskontrakten unterschiedlicher Laufzeiten verschieben. Der Hasardeur lag mit seinen Wetten richtig. Die beiden verheerenden Wirbelstürme Rita und Katrina hatten den Preis für Erdgas auf ungeahnte Höhen katapultiert und Hunter zur Hedgefonds-Legende gemacht. Man hielt ihn für so ausgebufft, dass er immer mehr Geld in die Hände bekam. Hunter baute die Erdgas-Anlagen von Amaranth immer weiter aus – von sieben Prozent auf die Hälfte des gesamten Firmenvermögens.

Zeitweise hielt der Fonds 100 000 Erdgaskontrakte – ein Fünftel des Jahresverbrauchs der US-Haushalte. Im Sommer 2006 bewegte der Fondsmanager mit seinen Spekulationen sogar den Erdgaspreis. An einem Tag mit besonders heftigen Preisschwankungen soll Hunter einem Mitarbeiter gesagt haben: „Junge, das wird uns eine CFTC-Untersuchung bescheren.“ Die US-Terminmarktaufsicht CFTC beschuldigte Hunter später, den Gasmarkt manipuliert zu haben. Doch zunächst verstand es der Händler, seine gigantischen Geschäfte geschickt zu verschleiern.

Hunter setzte 6,5 Milliarden Dollar in den Sand. Leidtragende waren amerikanische Rentner. Hunter haftete mit keinem Penny.

Er drehte ein großes Rad. In den ersten acht Monaten des Jahres 2006 häufte Hunter einen Gewinn von zwei Milliarden Dollar an. In der Hoffnung auf eine fatale Hurrikan-Saison im Herbst 2006 wettete der Starhändler von Amaranth darauf, dass Erdgas im März 2007 teurer sein würde als im April. Das Geschäft ging gründlich schief, weil kein kapitaler Wirbelsturm in dieser Saison seine zerstörerische Bahn über die Küste der USA zog. Die Konkurrenz von Amaranth wusste um die prekären Wetten von Hunter – und hielt dagegen. Das verschärfte die Lage. Der Gaspreis fiel von zwei Dollar je 1000 Kubikfuß auf wenig mehr als 60 Cent. Das war eine gute Nachricht für Verbraucher, aber eine wirklich schlechte für Amaranth und seine Kunden. Ohne die erwartete Naturkatastrophe verloren sie viel Geld. Binnen weniger Tage wurde aus einem Jahresgewinn von 27 Prozent ein Verlust von 35 Prozent. 6,5 der einst neun Milliarden Dollar Fondsvermögen waren weg. Es war das Aus von Amaranth.

Verlierer der Pleite sind etliche Großinvestoren, darunter Pensionskassen aus Nordamerika, die die Alterssicherung von Bürgern verwahren. Hunter hat dagegen allein im Jahr 2005 zwischen 75 und 100 Millionen Dollar Prämien bekommen, bevor er den Fonds ruinierte. Haften muss er für sein Versagen nicht – ebenso wenig wie Amaranth-Gründer Nick Maounis. Der entschuldigte sich bei seinen Kunden mit den Worten: „Wir fühlen uns schlecht, weil wir unser Geld verloren haben. Wir fühlen uns noch viel schlechter, weil wir Ihr Geld verloren haben." Schuld am Desaster war das gute Wetter – nicht etwa die exzessive Risikobereitschaft von Hunter. Im Herbst 2006 hat Amaranth den Mann aus Calgary gefeuert.

Jetzt versucht der Pleitier sein Comeback. Schon Anfang 2007 hatte er einen eigenen Hedgefonds namens Solengo Capital aufgelegt. Doch das Startup wurde durch die Energiemarktaufsicht gebremst. Hunter verkaufte Solengo an die Peak Ridge Capital Group, die ihn als Berater eines „einzigartigen Hedgefonds" engagierte, so die Eigenwerbung. Anlegern werden „überdurchschnittliche Erträge" versprochen – bei gleichzeitig „reduziertem Risiko". Tatsächlich machte der Fonds im ersten Quartal 2008 knapp 50 Prozent gut. Das Pikante daran: Die Handelsstrategien haben sich seit Hunters Zeit bei Amaranth kaum verändert. Dazu gehört schon eine Menge Chuzpe.

Gier und Größenwahn sind eben feste Größen im Hedgefonds-Geschäft. Es finden sich auch immer wieder Anleger, die glauben, dass es das phantastische Tausendschön gibt. Sie sollten sich die Geschichte der Wunderpflanze Amarant in Erinnerung rufen: Die Spanier untersagten den Anbau des Krauts im 16. Jahrhundert – unter Androhung der Todesstrafe. Nach dem Verbot geriet die Amarant für Jahrhunderte fast völlig in Vergessenheit.

Catherine Hoffmann

„Er ist nicht Gott. Aber auf dem Weg dorthin"

John Meriwether brachte mit seinem Hedgefonds LTCM das Weltfinanzsystem ins Wanken. Zwei Nobelpreisträger halfen ihm dabei.

Mit dem Zug fährt man von der Grand Central Station in New York exakt 37 Minuten, dann steht man auf dem Bahnhof von Greenwich in Connecticut. Die Stadt am Long Island Sound hat sich zu einem beliebten Refugium für Wall-Street-Banker entwickelt. Wer hier ein durchschnittliches Haus kaufen will, muss 1,7 Milliarden Dollar hinlegen. Wer mit dem Auto unterwegs ist, fährt natürlich Oberklasse: In Greenwich gibt es 3769 BMWs, 3473 Mercedes-Benz, 931 Porsches, 94 Ferraris, 90 Bentleys, 65 Aston Martins, 40 Maseratis, 39 Rolls-Royces, vier Maybachs und einen Lamborghini.

Niemand ahnt, dass hier, in einem vierstöckigen Gebäude in der Steamboat Road 600, in den 90er Jahren ein kleines Unternehmen saß, das die Weltfinanzmärkte an den Rand des Kollapses gebracht hat. Sein Name: Long-Term Capital Management, kurz LTCM. Sein Gründer: John Meriwether. Dieses Unternehmen steht wie kaum ein anderes für den schnellen Aufstieg und den schnellen Fall in der Finanzindustrie, aber auch für die Gefahren des globalen Kapitalismus. Es ist zum Symbol der Selbstüberschätzung und der Gier geworden.

LTCM ist ein Hedgefonds. Diese hochriskanten Zockerklubs sammeln ihr Geld bei reichen Privatleuten, die auf eine Extrarendite schielen, außerdem bei Pensionsfonds und Versicherungen. Sie haben ihren juristischen Sitz meist in einer Steueroase, in der sich keine Aufsichtsbehörde für ihr Treiben interessiert, LTCM etwa auf den Cayman Islands. Und sie wollen besonders schnell viel Gewinn machen. Deshalb leihen sich Hedgefonds bei den Banken meist ein Mehrfaches dessen, was sie bei ihren Investoren eingesammelt haben; dadurch können sie ihren Einsatz vervielfachen.

Lange Zeit ging dabei niemand derart aggressiv vor wie Meriwether. Im Jahr 1998 verfügt sein Fonds über Einlagen von 4,7 Milliarden Dollar, hinzu kommen Schulden von 120 Milliarden Dollar. Diese gewaltige Summe steckt Meriwether in hochkomplexe Finanzinstrumente, an denen wiederum Wertpapiere im Wert von bis zu 1,5 Billion Dollar hängen. Der Hedgefonds aus der Steamboat Road bewegt damit mehr Geld, als Österreich oder Spanien in einem ganzen Jahr erwirtschaften; es ist der mit weitem Abstand größte Hedgefonds der Erde.

LTCM arbeitet anfangs auch überaus erfolgreich. Das Wirtschaftsmagazin Forbes bezeichnet Meriwether deshalb als „Archimedes", Business Week tituliert ihn als „Super-Händler", und ein amerikanischer Investmentbanker sagt über ihn: „Er ist nicht Gott. Aber er ist auf dem Weg dorthin." Der gläubige Katholik, der bereits nach Lourdes und Fatima gepilgert ist, gilt als überaus wagemutig. Bei der Investmentbank Salomon schafft er es mit seinen riskanten Geschäften fast bis an die Spitze. Doch 1991 fliegt ein Skandal in seiner Abteilung auf, ein Händler hat seine Geschäfte mit amerikanischen Staatsanleihen manipuliert. Er muss gehen – und Meriwether auch.

Als der Mann aus Greenwich ins Geschäft zurückkehrt, will er es allen zeigen. Meriwether gründet seinen eigenen Hedgefonds, der kühner sein soll als alle anderen. Er schart die besten Investmentbanker um sich, die er finden kann, darunter zahlreiche Kollegen von Salomon. Er heuert die besten Professoren und Doktoren der Finanzwissenschaft an, darunter Myrton Scholes und Robert Merton. Die beiden haben in den 70er Jahren die

Gleichung entwickelt, mit der Banken und Anleger seither den Preis von Optionen berechnen, und erhalten dafür 1997 den Nobelpreis der Wirtschaftswissenschaften.

Die Akademiker liefern die Computer-Formeln für ein scheinbar todsicheres Geschäft. Denn Meriwether wettet darauf, wie sich die Kurse von zwei Wertpapieren zueinander entwickeln. Entdecken die Computer, dass sich eine Staatsanleihe und eine Firmenanleihe, deren Kurse in der Vergangenheit immer einen bestimmten Abstand hatten, auseinander bewegen, schlägt LTCM zu. Der Fonds spekuliert darauf, dass der übliche Abstand sich wieder einstellen wird.

Wenn man die richtigen Computerprogramme hat, lässt sich dieses Geschäft auf jede beliebige Anlageart übertragen: dänische oder russische Anleihen, Devisen- und Zins-Swaps, Hypotheken- oder Mittelstandskredite. Überall driften Papiere um ein paar Zehntel auseinander, überall lässt sich, wenn man dies entdeckt, Geld verdienen. „Raketenwissenschaft" nennen Hedgefonds diese Kunst, scheinbar ohne Risiko reich zu werden.

Lange geht das Spiel gut. Zwischendurch fahren die Partner mit der Yacht aus.

Vier Jahre lang geht das gewagte Spiel gut. Meriwether und seine Partner sitzen in Chinohosen und Polohemden im Büro, und zwischendurch fahren sie mit der Yacht zum Angeln auf den Long Island Sound hinaus. LTCM erwirtschaftet eine Rendite von 43 Prozent im Jahr 1995 und von 41 Prozent im Jahr darauf. Doch dann passiert im Sommer 1998 etwas, was die Finanzwissenschaftler in ihren Formeln nicht vorgesehen haben: Russland gerät in den Strudel der Asienkrise, die Regierung in Moskau kann ihre Schulden nicht mehr bedienen.

Rund um den Globus spielen daraufhin die Börsen verrückt. Alle Modelle, mit denen LTCM bis dahin kalkuliert hat, geraten durcheinander. Es ereignet sich an den Märkten genau das Gegenteil dessen, was die Computer in Greenwich errechnet haben.

Die Folgen sind fürchterlich: Bis Mitte August verliert LTCM eine Milliarde Euro. Meriwether versucht, frisches Geld aufzutreiben. Doch als am 31. August die Börsen erneut abstürzen, zerschlägt sich diese Hoffnung. In den nächsten vier Wochen verliert LTCM weitere zwei Milliarden Dollar.
Die Federal Reserve Bank of New York, der örtliche Ableger der amerikanischen Notenbank, verfolgt mit Sorge, wie der Hedgefonds taumelt. Sie ahnt, dass die Risiken für die Weltfinanzmärkte gewaltig sein können. Mitte September wollen die Aufseher es genauer wissen: Wie viel schuldet Meriwether den einzelnen Banken? „Niemand konnte dies quantifizieren. Deshalb war das ganze so furchterregend", wird später ein führender Wall-Street-Banker sagen.

Am 22. September trommelt die Federal Reserve deshalb morgens um 7.30 Uhr erstmals fünf hochrangige Banker zusammen, darunter Douglas Warner, Chairman von J.P. Morgan, und Herbert Allison, Vorstandschef von Merrill Lynch. Die Banken haben zugleich ihre Teams nach Greenwich entsandt, um die Bücher von LTCM zu durchleuchten. Am Abend werden sechs weitere Banken zu einer zweiten Krisensitzung hinzugebeten. Nun ist klar: Selbst wenn LTCM binnen weniger Stunden sämtliche Wertpapiere verkaufen würde, könnte der Hedgefonds seine Verpflichtungen nicht mehr erfüllen. Die Zeit drängt.

Als am nächsten Morgen gegen 10.40 Uhr der New Yorker Fed-Chef William J. McDonough zur dritten Krisenrunde bittet, sieht es zunächst so aus, als stünde ein Retter bereit. Warren Buffett, der große Investor, bietet an, LTCM zu kaufen. Doch zweieinhalb Stunden später platzt das Geschäft; die Gründe sind bis heute unklar. Liegt es daran, dass Buffett Meriwether und seine Partner ganz aus ihrer Firma herausdrängen will? Möchte der LTCM-Gründer dies verhindern?

Nun müssen die Topbanker der Wall Street, getrieben von der Notenbank, selbst eine Lösung finden. Sie streiten sich. Die Anspannung ist groß. Am Ende aber legt jeder zwischen 100 und 350 Millionen Dollar auf den Tisch, um LTCM zu retten; auch drei europäische Institute, darunter die Deutsche Bank, beteiligen sich. Nur die Investmentbank Bear Stearns sagt, sie wolle keine weiteren Risiken eingehen. Insgesamt sind 3,6 Milliarden Dollar nötig, um die Kernschmelze des Weltfinanzsystems abzuwenden. Meriwether wird zugleich beauftragt, die Reste seiner Firma selbst abzuwickeln.

Der mächtigste Hedgefonds-Manager aller Zeiten ist gescheitert, doch er kann es nicht lassen. Nur ein Jahr nach der Pleite gründet Meriwether einen neuen Fonds namens JWM Partners. Das Geschäftsmodell ist dasselbe wie bei LTCM: Mit seinen Computern spürt JWM Partners untypische Kursdifferenzen auf und wettet viel Geld darauf, dass sich die Kurse wieder auf ihr normales Niveau zurückbewegen.

Doch die Finanzkrise bringt Meriwether im Frühjahr 2008 erneut in Not. JWM verliert in den ersten drei Monaten des Jahres 31 Prozent. Der Fonds hat sich mit japanischen Staatsanleihen verzockt. Und so muss Meriwether in einem Brief an seine Anleger kleinlaut einräumen: „Wir haben das Risikoprofil des Portfolios stark zurückgefahren.“ *Ulrich Schäfer*

„Spiele, als ob du morgen stirbst“

In Las Vegas wurde Kirk Kerkorian reich, verdammt reich. Doch seine Liebe zu Frauen und Autos kostete ihn Milliarden.

Er weiß, dass es Selbstmord ist. In ein Flugzeug zu steigen und über den Atlantik zu fliegen – und das ohne ausreichend Treibstoff an Bord. Er macht es trotzdem. Er klettert in den grauen Mosquito-Bomber, unter ihm schnurren zwei Rolls-Royce-Motoren; dann hebt er ab.

Es ist Krieg, und Kirk Kerkorian ist Mitte 20. Die Flugzeuge müssen von Kanada nach Großbritannien gebracht werden, dort braucht man sie für Kampfeinsätze gegen Nazi-Deutschland. Für so eine lange Strecke ist der Tank nicht ausgelegt, die Überführung gelingt nur dann, wenn der Pilot die Winde über dem Atlantik perfekt ausnutzt. 50 Prozent kommen durch.

Kirk Kerkorian bringt 33 Mosquito-Bomber nach Großbritannien. 33-mal riskiert er sein Leben. Und 33-mal gewinnt er. Es heißt, dass er nach jeder Landung erstmal eine Runde Poker spielte. Er sei der geborene Spieler, sagen gute Freunde über ihn. In seinem Leben hat der heute 91-Jährige schon viel riskiert – und meist gewonnen. So ist er reich geworden, verdammt reich: Ihm gehören 11,2 Milliarden Dollar. Das US-Wirtschaftsmagazin Forbes führt ihn 2008 in der Liste der 400 reichsten Amerikaner auf Platz 27.

Die wichtigste Lektion in seinem Leben lernt Kirk Kerkorian sehr früh: In der Depression der zwanziger Jahre verliert sein

Vater die Rosinenfarm in Kalifornien. Zuvor konnte die Familie von der Farm sehr gut leben, doch in den zwanziger Jahren gelten andere Gesetze. Die Familie muss 20-mal umziehen, kann keine Miete mehr zahlen. Schließlich landen die Kerkorians im lauten, dreckigen, überfüllten Los Angeles, wo viele andere auch nach Arbeit suchen. Als ihn später einmal jemand fragt, was er aus dem Scheitern seines Vaters gelernt habe, antwortet er: Dass man nicht alles auf eine Karte setzen soll.

Er spielt Abende und Nächte. Dann merkt er, dass nur die Besitzer von Casinos reich werden.

Als er aus dem Krieg nach Los Angeles zurückkommt, kauft er sich von den verdienten 60 000 Dollar Sold eine Cessna. Damit bringt er Spielwillige und -süchtige von LA, Kalifornien, nach Las Vegas, Nevada, wo das Glückspiel seit den dreißiger Jahren erlaubt ist. Er verliebt sich in die aufstrebende Stadt, hier will er leben, atmen, sein. Vor allem spielt er hier, Abende, Nächte. Doch schnell merkt er, dass er so in Las Vegas nicht reich wird. Reich werden hier nur die Besitzer von Casinos und Hotels.

Aus seinem kleinen Flugunternehmen wird durch Zukäufe und Expansion eine ertragreiche Fluglinie. Parallel beginnt Kerkorian in der Stadt seiner Träume mit Grundstücken zu zocken. Er kauft günstig Land außerhalb des Zentrums und verkauft es mit riesigen Gewinnen, wenn es zum begehrten Baugrund geworden ist. Ein Stück behält er jedoch selbst – er will endlich mitverdienen und das weltweit größte Hotel bauen, das „International". Das ist sein Traum, sein Leben. Er läuft über die Baustelle, in der Hand die Pläne des Gebäudes mit den 1500 Zimmern. Die Augen unter der glänzend gegelten schwarzen Haartolle strahlen selbstbewusst, er trägt ein kariertes Sakko, ein weißes Hemd, dazu eine enggebundene schwarze Krawatte. Bei der Eröffnung des Hotels im Jahr 1969 treten Elvis Presley und Barbara Streisand auf. Nun hat er es geschafft, er, der Nachfahre armenischer Auswanderer, er, der eigentlich auf den armenischen Vornamen Kerkor hört, er ist der König der Welt – oder zumindest der König von Las Vegas.

Kerkorian wird reich in Las Vegas. Er baut zwei weitere Hotels, prägt die laute und grell bunte Plastikstadt in der Wüste Nevadas wie nur wenig andere. Gleichzeitig ist er selbst nicht Teil des Glamours der Stadt, er taucht auf keinem roten Teppich auf, geht zu keiner Party, gibt fast keine Interviews, hält keine Reden. Er nutzt nicht mal Kreditkarten, besitzt keine E-Mail-Adresse, kauft nicht in öffentlichen Läden ein. Er lebt versteckt, zurückgezogen. Nur manchmal, wenn ein Boxkampf stattfindet, dann sieht man ihn in einer der hinteren Reihen sitzen. Das Knautschgesicht ist gealtert, die Haartolle nun weiß. Und zwischendurch ahmt er dann auch mal einen Schlag, einen Haken, eine Abwehr nach.

Das Boxen ist seine erste Karriere. Dass er zuschlagen kann, beweist er schon als Kind: Da fliegt er in der achten Klasse von der Schule, weil er sich mit einem Mitschüler geprügelt hat. Bald ändert er seinen Namen: vom armenischen „Kerkor" ins amerikanische „Kirk" und dann in „Rifle Right". Unter dem Künstlernamen tritt er als Boxer an, sein Bruder trainiert ihn. Berüchtigt ist „Rifle Right" für seine Rechte, die wie aus dem Gewehr geschossen Richtung Gegner zielt. Er schafft es im Weltergewicht zum Amateurmeister an der Pazifikküste. Ja, Kirk Kerkorian ist nicht nur ein Spieler, sondern auch ein Kämpfer. Bis heute.

Drei Ehefrauen hatte er in seinem langen Leben, gerungen und gekämpft hat er vor allem mit der dritten. Nur einen Monat waren sie verheiratet, das war 1999, da ist Kerkorian bereits 82 Jahre alt. Seine fast 50 Jahre jüngere Ex-Frau, die Tennisspielerin Lisa Bonder, will für das angeblich gemeinsame Kind Unterhalt einklagen – über 300 000 US-Dollar im Monat. Doch Lisa Bonder merkt schnell, dass nur nach den Regeln von Kirk Kerkorian gespielt wird. Er lässt mittels einer DNA-Probe nachweisen, dass die Tochter nicht von ihm ist. Ein weiterer Sieg für „Rifle Right".

Neben den Casinos und Hotels steckt Kerkorian sein Geld in das Filmstudio Metro-Goldwyn-Mayer – drei Mal in seinem Leben kauft und verkauft er das Unternehmen, das vor allem für seine James-Bond-Filme bekannt ist. Kerkorian ist zerrissen: Er trennt sich von seinen Spekulationsobjekten, um sie dann wieder zurückzukaufen. Er hängt eben sein Herz an Dinge. So auch an das neuesten Objekt seiner Begierde: Autos. Es ist eine unglückliche Liebe, die da 1990 beginnt, als der König von Las Vegas das erste Mal Chrysler-Aktien kauft. Fünf Jahre später will er den Konzern feindlich übernehmen – er scheitert. Als Chrysler dann mit Daimler-Benz fusioniert, klagt Kerkorian, ohne Erfolg. 2005 steigt der mittlerweile 88-Jährige bei General Motors ein – und bald wieder aus. Er verliert mehrere hundert Millionen Dollar. In diesem Jahr nun das gleiche mit Ford. Die Autos und er, es soll nicht sein – und doch kann er es nicht lassen.

Zur Ruhe wird er sich sicher so bald nicht setzen. Lautet doch eines der wenigen überlieferten Zitate: „Arbeite, als ob Du für immer lebst. Spiele, als ob Du morgen stirbst.“

Hannah Wilhelm

VI. Kapitel

Die neuen *Turbokapitalisten*

John Paulson: Der König der Krise • Sam Zell: Er tanzt auf Gräbern • Alwaleed Bin Talal: Der Wüstenprinz • Holger Härter: Ein Turbo im Porsche-Vorstand • Bill Gross: Der Briefmarkensammler • Stephen Schwarzman: Vom König zum Ekel der Wall Street

Der König der Krise

John Paulson sah den US-Immobiliencrash voraus und kassierte in einem Jahr 2,3 Milliarden Euro – so viel verdiente an der Wall Street noch nie jemand.

Im Nachhinein erscheint es fast unglaublich, wie lange so viele kluge Menschen an Wunder glauben konnten. Die Helden der Stunde sind jene, denen der Wunderglaube abging, denen also rechtzeitig klar war, dass die Preise für Häuser und Grundstücke auch in Amerika nicht ewig weiter steigen konnten.

Einer dieser Helden ist John Paulson. Der Hedgefonds-Manager aus New York hat auf den Zusammenbruch des Immobilienmarktes spekuliert und damit 2007 schätzungsweise 2,3 Milliarden Euro verdient. Das ist mehr, als ein einzelner Mensch je zuvor innerhalb eines Jahres an der Wall Street verdient hat. Das Magazin Trader Monthly, das Paulson im Frühjahr 2008 zum Sieger auf seiner Liste der Top 100 erklärte, schreibt sogar, es könne der größte Jahresgewinn in der Geschichte der Menschheit sein. Das ist zwar ein wenig kühn, schließlich gab es zu den Zeiten von König Midas, Jakob Fugger und John D. Rockefeller noch keine anständige Statistik, aber ganz unplausibel ist die Behauptung eben auch wieder nicht. Paulson selbst ist, wie die gesamte Branche, ziemlich verschwiegen. Daher gibt es keine offizielle Bestätigung für die 2,3 Milliarden Euro, doch die Schätzungen, bei denen Experten die unter Hedgefonds üblichen Honorierungsmodelle zugrunde legen, dürften ziemlich verlässlich sein.

John Paulson lebt zurückgezogen mit seiner Frau und zwei Töchtern in einem fünfstöckigen Stadthaus an der Upper East Side in Manhattan. Das 2600-Quadratmeter-Anwesen hat er in einer Zwangsversteigerung erworben – durchaus standesgemäß für jemanden, der durch die Immobilienkrise zum Milliardär wurde. Und es ist nicht irgendein Haus. Erbaut wurde es 1916 für den Banker William Woodward, dessen Familiengeschichte die Vorlage lieferte für Truman Capotes Romanfragment „Erhörte Gebete".

Im Gegensatz zu vielen eher flippigen Angehörigen der Hedgefonds-Szene kleidet sich der 1955 geborene konservativ und wird in New York nur mit dunklem Anzug und Krawatte gesehen. Geboren wurde er im New Yorker Stadtteil Queens, er studierte zuerst an der New York University und dann in Harvard. Den Umgang mit Geld lernte er anschließend bei dem legendären Finanzgenie Leon Levy in dessen Private-Equity-Firma Odyssey Partners. Später arbeitete er für Bear Stearns, der inzwischen untergegangenen New Yorker Investmentbank, und für den Finanzinvestor Gruss Partners.

Im Jahr 1994 gründete Paulson seine eigene Firma und legte einige Hedgefonds auf. Dabei hatte er zunächst überhaupt nichts mit Immobilien zu tun. Seine Fonds betrieben „Merger Arbitrage", er wettete also auf den Erfolg und Misserfolg von Firmenzusammenschlüssen. Paulsons Fonds liefen gut, aber sie erregten in keiner Weise Aufsehen. Den Übergang zu seiner sensationellen Spekulation gegen den Immobilienmarkt schilderte er in einem seiner sehr seltenen Interviews dem Wall Street Journal so: Im Laufe des Jahres 2005 waren ihm Zweifel gekommen, ob die amerikanische Konjunktur noch so robust war, wie alle glaubten. Daher wettete er auf den Kursverfall von Unternehmensanleihen, zum Beispiel aus der Branche der Autozulieferer. Doch wider Erwarten stiegen die Kurse der Anleihen, und Paulson verlor viel Geld.

Er verstand die Welt nicht mehr und fragte einen seiner Analysten: „Wo gibt es eine Spekulationsblase, gegen die wir wetten können?" Auf diese Weise entdeckte Paulson die „Subprime Mortgages", jene inzwischen weltweit berüchtigten zweitklassigen Hypotheken von Hausbesitzern mit geringer Kreditwürdigkeit. Die Spekulationsstrategie, die er im Sommer 2005 entwickelte, ist technisch kompliziert, vom Grundgedanken jedoch sehr einfach:

Die Investmentbanken hatten Hunderttausende dieser zweifelhaften Darlehen gekauft, in komplexe Wertpapiere gebündelt und an ihre Kunden vertrieben. Diese Wertpapiere namens „Collateralized Debt Obligations“ (CDO) haben es inzwischen weltweit zu zweifelhaftem Ruhm gebracht. Gegen Zahlungsausfälle bei diesen CDOs konnten sich die Anleger schützen, und zwar durch Kreditausfallpapiere, sogenannte „Credit Default Swaps“. Diese Papiere sind so etwas ähnliches wie eine Versicherung. In guten Zeiten kosten sie wenig, weil kaum ein Schuldner zahlungsunfähig wird. In schlechten Zeiten, wenn das Ausfallrisiko steigt, werden sie teurer.

Als Paulson auf den Crash setzte, verlor er zunächst viel Geld. Er behielt die Nerven.

Paulson machte nun nichts anderes, als solche Versicherungsscheine zu erwerben und auf einen Preisanstieg zu warten. Anfangs verlor er dabei Geld, denn niemand rechnete 2005 mit einer Immobilienkrise. Aber Paulson behielt die Nerven. Nach eigener Darstellung zerlegte er mit seinen Experten die komplexen Finanzprodukte in ihre Einzelheiten und analysierte jeden einzelnen Hauskredit. Dabei kam er zu dem Ergebnis, dass die Ausfallwahrscheinlichkeit viel größer war, als die Ratingagenturen glaubten; die gaben den CDOs damals noch meist die Höchstnote AAA. Im Januar 2006 gab es das erste Warnsignal. Ameriquest, einer der größten Anbieter von Subprime-Krediten, einigte sich mit den kalifornischen Staatsanwälten auf ein Bußgeld von 325 Millionen Dollar, um einen Prozess wegen betrügerischer Kreditpraktiken abzuwenden. Paulson sah sich in seiner Einschätzung bestätigt, dass der Markt faul war. Er legte einen Fonds nur für Wetten gegen den Immobilienmarkt auf und sammelte dafür bei Investoren vor allem aus Europa 150 Millionen Dollar ein. Den Fonds führte er zusammen mit dem Portfolio-Manager Paulo Pelligrini.

Anfangs lief der Fonds schlecht, denn auch in der ersten Hälfte des Jahres 2006 stiegen die Hauspreise in weiten Teilen der

Vereinigten Staaten noch. Was dann folgt, ist in der Rückschau der spannendste Teil an Paulsons Erfolgsgeschichte. Vermutlich wird ein Finanzpsychologe einmal eine Doktorarbeit schreiben über die Frage, warum der Hedgefonds-Manager im Sommer kaltes Blut bewahrte und auch die Investoren beruhigen konnte, obwohl sein Fonds an Wert verlor. Gut möglich, dass dabei eine Rolle spielt, was man bei Skat und Poker Anfängerglück nennt: Paulson war immer noch relativ neu im Immobiliengeschäft und hatte vielleicht noch kein tiefes Gefühl für die enormen Risiken, die er bei seiner Wette einging.

In der zweiten Jahreshälfte schwächte sich der Immobilienmarkt schließlich ab und der Fonds namens „Paulson Credit Opportunities Fund“ schloss 2006 mit einem Plus von 20 Prozent. Nun legte Paulson einen zweiten Fonds auf, und kurz darauf zeigte sich, wie recht er mit seiner Spekulation hatte. Im Februar 2007 meldete der wichtige Subprime-Anbieter New Century aus Kalifornien einen hohen Verlust – die Firma ist inzwischen pleite. Im Juni teilte Bear Stearns mit, dass zwei seiner Hedgefonds in Not waren und leitete damit die heiße Phase der Krise ein. Am 31. Dezember 2007 hatte der ältere Paulson-Fonds 590 Prozent gewonnen, der jüngere 350 Prozent. John Paulson war ein Star. Im Januar verpflichtete er den früheren Notenbank-Präsidenten Alan Greenspan als Berater. Das Magazin Traders Monthly behauptet, Paulson sei an der Wall Street berühmter als sein Namensvetter, George W. Bushs Finanzminister Hank Paulson, mit dem er nicht verwandt ist.

Mit dem Erfolg kamen aber auch Probleme. Zum Beispiel die Furcht, dass andere seine Ideen klauen könnten. Diese Furcht ist nicht unbegründet. Im Frühjahr 2006 hatte Paulson einem Freund, dem kalifornischen Immobilienspekulanten Jeff Greene, von seinen Ideen erzählt. Der fackelte nicht lange, wendete das Modell selbst an und machte damit – im Vergleich zu Paulson – ein kleines Vermögen. Die Freundschaft der beiden soll darüber zerbrochen sein. Inzwischen besorgte sich Paulson eine Software, die verhindert, dass Investoren seine E-Mails an andere weiterschicken können.

Außerdem erheben sich Fragen der Moral und der Selbstdarstellung. Paulson hat die Not der Hausbesitzer zwar nicht verursacht, aber er profitiert natürlich von ihr. Außerdem ist märchenhafter Reichtum in Krisenzeiten selbst in Amerika ein wenig anrüchig. Bereits im Oktober 2007 stiftete Paulson daher 15 Millionen Dollar an das Center for Responsible Lending, eine Verbraucherschutzorganisation, die geschädigten Hausbesitzern hilft. Kritiker warfen Paulson vor, dass diese Spende in Wirklichkeit ein egoistischer Akt gewesen sei: Das Center propagiert ein neues Gesetz, das Richtern erlauben würde, Hypothekenverträge zu ändern, wenn ein Schuldner zahlungsunfähig geworden ist. Das könnte den Wert dieser Hypotheken weiter senken und Paulsons Gewinne erhöhen. Ob dies wirklich eine Rolle gespielt hat, weiß niemand.

Paulson glaubt, dass seine Strategie auch über die Immobilienkrise hinaus erfolgreich sein wird. Er stellt sich auf Ausfälle bei Kreditkarten und Autokrediten ein. „Es ist noch nicht zu spät, um auf die Krise zu wetten", soll er in einer E-Mail an seine Anleger geschrieben haben. *Nikolaus Piper*

Er tanzt auf Gräbern

Sam Zell hat mit Immobilien Milliarden verdient. Jetzt macht er sich als Besitzer eines Medienkonzerns unbeliebt. Das stört ihn nicht – im Gegenteil.

Manchmal ist es die Langeweile, die einen auf neue Gedanken bringt. Dieser Zustand des Überdrüssigseins, der das Unerfüllte, die Sehnsucht bewusst macht. Sam Zell studierte Ende der sechziger Jahre Rechtswissenschaft in Chicago; gibt es Langweiligeres? Sicher. Aber Zell spürte, dass ihn das alles schlicht nervte: dieser juristische Krimskrams, dieses gottverdammte Gerechtigkeitsgetue, diese Typen und Tussis in ihren schicken Kleidern und Sportwagen. Nein, dachte er, das kann es, das darf es nicht gewesen sein.

Zell war 28, als er sich 1969 entschloss, in Immobilien zu machen. Immobilien? Zugegeben, nicht gerade spannender als die Juristerei. Bringt aber mehr Geld. Heute hat er viel davon. So viel, dass er es gar nicht ausgeben könnte, so viel hat er. Und das weiß er auch.

Zell schuf seinen Reichtum mit Dingen, die andere für verloren erklärten. Mitte der Siebziger kaufte er heruntergekommene Immobilien, die einst gut drei Milliarden wert waren, für ein paar Dollar. Zell machte daraus Hunderte von Millionen. Sein Prinzip: Er kaufte billig und spekulierte darauf, dass der Wert stieg. Zell spekulierte fast immer richtig. 1978 schrieb er einen Artikel in der Real Estate Review, in dem er unter der Überschrift „Der Grabtänzer" seinen Erfolg erklärte. Zell tanzte auf den Gräbern anderer, besser gesagt, auf den Fehlern anderer. Und, das muss man sagen, Zell tanzte lange Zeit sehr gut.

Wenn Zell nicht auf Gräbern tanzt, fährt er am liebsten Motorrad. Zusammen mit seinen Jungs, er nennt sie „Zell's Angels“, macht er jedes Jahr eine Tour. Mal Italien, mal Schweiz, mal Korsika. Auf ihren Harleys lassen sie, so sagt einer von Zells Engeln, so richtig die Sau raus. Abends trinken und essen sie sehr gut und sehr viel, rauchen Marihuana, grölen Army-Songs.

Zu Hause in Chicago fährt Zell gerne mit seiner gelben Ducati ins Büro. Anzug und Krawatte hasst er. Zell trägt Jeans, dazu T-Shirt oder aufgeknöpftes Hemd. „Sam sieht aus wie einer aus dem Wilden Westen, und so benimmt er sich auch“, sagt einer, der ihn gut kennt.

Einer, der Zell noch besser kennt, ist Will Weinstein, Professor für Wirtschaft an der Universität Hawaii. Weinstein lud Zell vor ein paar Jahren ein, um vor Studenten über Wirtschaft und Ethik zu sprechen. Damals saßen gerade die Enron-Manager vor Gericht und mussten sich für Geldwäsche und andere kriminelle Machenschaften verantworten. Einer der Studenten fragte Zell, ob er denn noch an Moral in der Wirtschaft glaube. Zell antwortete: „Leute, die in der Wirtschaft arbeiten, sind nicht anders als Sie und ich. Am Ende wird uns immer vorgeworfen, wir Hurensöhne steckten zu viel Geld ein. Na und? Ich sag Ihnen was: Ich arbeite mir jeden Tag den Arsch auf!“

Diese mit Obszönitäten und Kraftausdrücken gefärbte Sprache hat Zell, so weiß es das Magazin New Yorker, nicht aus Westernfilmen abgeguckt, sondern von seinem Vater. Der hieß Bernard Zielonka, war Pole und floh zusammen mit seiner Frau und seiner kleinen Tochter im August 1939 vor den Nazis nach Amerika. Dort änderte er seinen Namen in Zell und sagte seinem Sohn Sam, der in Chicago geboren wurde, von klein auf diesen Satz: „Junge, die Straßen hier sind mit Gold gepflastert“.

Manchmal ist es ein Satz, der einen auf neue Gedanken bringt. Mit zwölf Jahren fuhr Sam Zell einmal im Monat mit dem Bus nach Downtown Chicago und kaufte Playboy-Magazine, das Stück für 50 Cent. Daheim in Highland Park, verkaufte er sie an seine Freunde – für drei Dollar pro Heft. Es sind Geschichten wie diese, die Zells Geschäftssinn beschreiben. Und es ist die Vertreibung seiner Familie, die ihn immer wieder innerlich aufwühlt. Er sagt: „Ich denke, Jude zu sein, heißt, für immer verwundbar zu sein".

Zell fragte einen Mitarbeiter: Warum arbeiten Sie nicht härter? Haben Sie denn keine Eier?

In den Achtzigern und Neunzigern wurde Zell mit Immobilienspekulationen Multi-Milliardär. Das wichtigste war ihm immer, stets einfach zu handeln, so, dass es jeder versteht. Als ihm ein Mitarbeiter einmal einen Stapel Papier überreichte, so dick wie das Telefonbuch Chicagos, sagte Zell: „Oh nein! Schreiben Sie alles auf ein Blatt. Wenn Sie das nicht können, verstehen Sie das Geschäft selbst nicht!" Dann warf er die Blätter auf den Boden. Einem anderen Mitarbeiter rief er empört hinterher: „Warum arbeiten Sie nicht härter? Haben Sie denn keine Eier?"

Solche Beleidigungen kann sich nur leisten, wer nichts zu verlieren oder alles im Griff hat. Sam Zell hat beides. Er sagt: „So wie ich Geschäfte mache, so wie ich Risiken beurteile, gibt es keinen Platz für Gefühle". Wenn ihm jemand einen Godfather-Price biete, also ein Angebot, das er nicht ablehnen könne, dann lehne er auch nicht ab. Im Jahr 2007 verkaufte Zell das von ihm zusammengetragene Immobilienimperium Equity Office Property Trust an den Finanzinvestor Blackstone. Kaufpreis: 23 Milliarden Dollar. Bleibt die Frage: Was tun, mit 23 000 000 000?

Manchmal ist es das Geld, das einen auf neue Gedanken bringt. Einen Monat später überraschte Zell all seine Kritiker und kaufte die Tribune Company, den zweitgrößten Zeitungsverlag der USA. Zuvor hatte er nie etwas mit Medien zu tun, absolut nichts, außer die Sache mit den Playboy-Heften. Zell stieg bei einem Medienkonzern ein, der seit dem Jahr 2000 eine Krise nach der anderen erlebt hatte. Jetzt ist er Besitzer der Chicago Tribune, der Los Angeles Times, von Newsday in New York, sechs anderen Tageszeitungen, 23 Fernsehstationen und des Baseball-Teams Chicago Cubs.

Warum er sich das antut? Zell sagt, das Zeitungsgeschäft sei nicht tot. Trotzdem sieht es so aus, als sei er vom Grabtänzer zum

Totengräber mutiert. Zell hat immer wieder gesagt, der Rauswurf von Mitarbeitern löse keine Probleme. Aber bei allen Zeitungen wurden Leute auf die Straße gesetzt: 80 Reporter und Redakteure bei der Chicago Tribune, bei der Los Angeles Times mussten 230 Mitarbeiter gehen, darunter 130 Journalisten.

Zell will das, was alle Unternehmer wollen: Synergien. Aber er vergisst dabei, so Kritiker, dass der Journalismus bei der Suche nach Kosteneinsparungen seine Glaubwürdigkeit verliert. Und damit seinen Wert. Und damit seine Leser. Einer der leitenden Manager der Los Angeles Times begründete den Stellenabbau mit dem Hinweis, ein Reporter schreibe dort durchschnittlich 51 Seiten voll, ein Kollege beim Hartford Courant produziere sechsmal mehr. Manchmal zähle eben doch Quantität statt Qualität. Das Ergebnis: Zells Tribune Company ist pleite.

Kein Wunder also, dass Zell schon vor der Insolvenz bei den Mitarbeitern nicht gerade beliebt ist. Viele verabscheuen den Mann, dessen mit tiefen Falten durchzogenes Gesicht von einem weißen Haarkranz und einem kurz getrimmten Bart umrahmt wird. Eine Foto-Reporterin der Tageszeitung Orlando Sentinel sagte ihm jüngst die Meinung. Die Fotografin aus Florida fragte den Boss aus Chicago, ob er glaube, dass in einer Zeitung junge süße Hunde wichtiger seien als harte Nachrichten. Zell antwortete: „Sie legen hier die typisch journalistische Arroganz an den Tag. Sie glauben, junge süße Hunde seien nichts wert. Fuck you".

Manchmal sind es Beleidigungen, die einen auf neue Gedanken bringen. Sam Zell machte das, wovon er sonst glaubt, es nicht nötig zu haben: Er entschuldigte sich. *Alexander Mühlauer*

Der Wüstenprinz

Alwaleed Bin Talal rettete mit seinen Spekulationen die Citibank und Euro Disney. Sein Rezept: Kaufen, wenn es billig ist – verkaufen, wenn es teuer ist.

Alwaleed Bin Talal braucht Geld. Er ist 25 Jahre alt, es ist das Jahr 1980, die Wirtschaft in Saudi-Arabien boomt, und er will Teil haben am Wachstum. 30 000 Dollar Startkapital hat ihm sein Vater gegeben und ein kleines Haus. Doch das Geld ist schon aufgebraucht. Nun sitzt er bei der Saudi American Bank, die teilweise der Citibank gehört, und bittet um einen Kredit. Er bekommt ihn. Das Institut gibt ihm 300 000 Dollar, als Sicherheit dient das kleine Haus. Immerhin ist es nicht irgendjemand, der da nach einem Kredit verlangt: Alwaleed Bin Talal gehört dem saudischen Königshaus an, er ist ein Prinz. Doch allzu viel heißt das nicht: Es gibt damals mehr als 5000 Prinzen in Saudi-Arabien.

Zehn Jahre später ist alles anders. Das Schicksal hat sich gedreht. Nun ist es die Citibank, die Geld braucht. Dringend. Eines der mächtigsten Finanzinstitute der Welt wankt unter der Last der Rezession. Alwaleed Bin Talal wiederum hat 1990 mehr als genug Geld. Aus den 300 000 Dollar, die er sich einst von der Bank geliehen hat, sind in den vergangenen zehn Jahren mehr als eine Milliarde Dollar geworden. Eine Kopie des Kreditvertrags aus dem Jahr 1980 liegt noch in seiner Schreibtischschublade, als Erinnerung an die Anfänge.

1990 beobachtet der Prinz die angeschlagene Citibank genau. Wie immer, wenn er wichtige Entscheidungen zu treffen hat, zieht er sich in die Wüste zurück. Alle raten ihm: Lass bloß die Finger von der Bank. Doch der Prinz investiert: 590 Millionen Dollar, die Hälfte seines damaligen Vermögens. Damit rettet er das Institut, das ihm einst geholfen hat.

Spätestens seit Alwaleed Bin Talal die Citibank gerettet hat, ist er eine Legende. Schon zuvor war er reich, aber das Citibank-Geschäft macht ihn zu einem der reichsten Menschen der Welt. Derzeit rangiert er auf Platz 13 der berüchtigten Forbes-Milliardärs-Liste.

Während er in der arabischen Welt eine Ikone ist, kennt ihn die breite Masse in den westlichen Ländern trotzdem kaum. Wenn, dann werden nur einzelne Geschichten über ihn erzählt. Für die Amerikaner ist er der Mann, der die Citibank vor dem Ruin bewahrt hat. Für die Franzosen ist er der Retter von Euro Disney, seit er dem Freizeitpark in der Nähe von Paris finanziell aushalf.

Er füllt die Schlagzeilen, als er mit dem Sänger Michael Jackson in den neunziger Jahren ein Unternehmen gründet und 2001, als er kurz nach dem 11. September nach New York fliegt, zehn Millionen Dollar spenden will und der Bürgermeister Rudolph Giuliani das Geld ablehnt. Grund dafür ist eine Formulierung in der Pressemitteilung des Prinzen, in der er Amerika auffordert, noch einmal seine Politik im Nahen Osten zu überdenken. Zuletzt taucht Alwaleed wieder in den Medien auf, als er als eine der ersten Privatpersonen einen Luxus-Airbus A380 für angeblich 200 Millionen Dollar kauft. Auf 551 Quadratmetern und zwei Stockwerken lässt er sich, so wollen es deutsche Medien wissen, einen Palast der Winde einrichten: mit Fitnessstudio und goldenen Wasserhähnen.

Aber all diese Geschichten sind nur kleine Puzzleteile. Die Person Alwaleed Bin Talal bleibt geheimnisvoll sagenumwoben. Wie genau aus dem Startkapital von 30 000 Dollar und dem Kredit der Bank laut Forbes heute 20,3 Milliarden Dollar werden konnten, ist Teil dieser Legende. Offiziell heißt es, er habe das Geld mit Immobilien- und Grundstücksspekulationen verdient, außerdem spekuliere er seit 1987 an der Wall Street. Das britische Wirtschaftsmagazin Economist will es genau wissen und durchleuchtet 1999 die Finanzgeschäfte des Prinzen – ohne Ergebnis.

Während über US-Investor Warren Buffett oder Microsoft-Gründer Bill Gates zahlreiche Bücher erschienen sind, gibt es über den Prinzen nur eine autorisierte Biographie, geschrieben von einem CNN-Journalisten. Selbst dort bleibt er schemenhaft.

Seine Disziplin sei der Schlüssel zum Erfolg, heißt es immer wieder. Er arbeite ungewöhnlich viel und konzentriert, schlafe angeblich nur vier bis fünf Stunden pro Nacht. Sein wichtigstes Werkzeug: „Finanzinformationen! Finanzinformationen sind alles", sagt er. Deshalb stehen in fast allen Räumen seines Palastes Fernseher, oft sogar mehrere. Über 500 Geräte sollen es angeblich sein, auf denen CNN, CNBC und BBC World ständig neue Nachrichten in die Gemächer liefern.

Er schwänzt oft die Schule und schläft auf der Straße.

Diszipliniert war der Prinz nicht immer. Als Kind ist er störrisch, wild. Seine Kindheit ist nicht unbedingt glücklich, teilweise muss die Familie im Exil leben, da sein Vater, genannt „der rote Prinz", mit allzu liberalen Ansichten die religiösen Führer Saudi-Arabiens gegen sich aufbringt. Alwaleed schwänzt oft die Schule, kommt erst ein oder zwei Tage später wieder nach Hause. Er schläft auf der Straße oder auf dem Rücksitz von unverschlossenen Autos. Außerdem ist er dick. Nur Geld liebt er damals schon, das erzählt seine Mutter, Prinzessin Mona, heute noch gerne. Bekommt der Kleine Geld geschenkt, hüpft er fröhlich umher und küsst die Scheine.

Spätestens während seines Studiums in den USA verändert sich Alwaleed. Er erkennt, wie weit er es bringen kann, wenn er mit dem statt gegen das System spielt. 90 Kilogramm wiegt er damals, bei einer Körpergröße von nur 1,65 Meter. Als er feststellt, dass er mit dem Gewicht nicht mehr würdevoll aus einem flachen Sportwagen aussteigen kann, nimmt er umgehend ab. Seitdem wiegt er konstant 62 Kilogramm. Eis, Doughnuts, Milchshakes und anderen Süßkram hat er seit über 25 Jahren nicht mehr angerührt.

Neben seiner Disziplin gelten sein Geschäftssinn und sein Verstand als legendär. „Wenn man zu viele Risiken eingeht, wird man zum Spieler. Ich bin kein Spieler; ich gehe Risiken ein – aber ich tue das auf jeden Fall mit Berechnung", erklärt er. Selbst in prekären Situationen behält er einen kühlen Kopf. Zum Beispiel als am 2. August 1990 Saddam Hussein in Kuwait einmarschiert. Ganz Saudi-Arabien bekommt Panik. Nicht so Alwaleed Bin Talal. Er nutzt die Angst der anderen, um ein Grundstück mitten in Riad zu kaufen, mit dem er seit langer Zeit liebäugelt. Eigentlich ist es ihm zu teuer, doch in den Kriegswirren bekommt er es für ein Drittel des ursprünglichen Preises. Auf einem Teil des Areals baut er den Kingdom Tower, das mit gut 300 Metern bis heute höchste Gebäude des Landes. Hier residiert er im 66. Stock. Den Rest des Baugrunds verkauft er nach ein paar Jahren wieder – mit 400 Prozent Gewinn.

Die Prinzipien, nach denen der Prinz handelt, sind einfach: Er kauft ein, wenn es billig ist, und verkauft, wenn es teuer ist. Und er glaubt an große Marken. Von diesen Leitlinien ist schon sein erstes großes Projekt geprägt: In den achtziger Jahren will er eine Bank in Saudi-Arabien kaufen. Er sieht sich alle möglichen Kandidaten an und entscheidet sich: „Ich nahm die schlechteste Bank, die schon am Rande des Bankrotts stand." Er kauft sie, bereinigt alle faulen Kredite. Das Institut wird danach zur einträglichsten Bank des Landes.

Mittlerweile ist er an diversen Unternehmen beteiligt: an der Computerfirma Apple, an Ebay, der Restaurantkette Planet Hollywood, an Motorola und zahlreichen Hotelketten wie Mövenpick und Four Seasons. Das Pariser Luxushotel George V nahe den Champs Elysées gehört sogar komplett ihm.

Er besitzt einen Palast mit mehr als 300 Zimmern und 50 Badezimmern, eine Yacht, mehrere Privatflugzeuge, Hubschrauber, einen privaten Reitklub, einen Zoo und zahlreiche Swimmingpools. Seine wichtigen Investitionsentscheidungen trifft er jedoch weiterhin im Zelt bei den Beduinen, wie schon 1991, als er sein halbes Vermögen in die Citibank steckte. Immer an den Wochenenden zieht er in das Wüstenlager, etwa eine Stunde entfernt vom Stadtzentrum Riads.

Trotz seines Luxuslebens vergisst Alwaleed Bin Talal auch im Privaten das Sparen nicht. Seine Yacht hat er gebraucht gekauft –

sie gehörte vorher dem Sultan von Brunei, dann dem Waffenhändler Adnan Kashoggi sowie dem US-Unternehmer Donald Trump. Der Prinz zahlte nur 19 Millionen Dollar, das Schiff soll jedoch gut 100 Millionen wert sein. Ein wahres Schnäppchen also.

Hannah Wilhelm

Ein Turbo im Porsche-Vorstand

Mit seinen trickreichen Geschäften fährt Finanzchef Holger Härter Milliardengewinne ein.

Porsche ist ein in vieler Hinsicht bemerkenswertes Unternehmen. Nicht nur, was den seinerzeit, 2005, alle Welt überraschenden Einstieg des David aus Zuffenhausen beim Goliath Volkswagen in Wolfsburg und den bis heute eskalierenden Machtkampf darüber anbetrifft, wer bei VW eigentlich die Regie führt. Porsche hat es sogar geschafft – bis dato einmalig in der Geschichte der Konzerne –, eines der Grundgesetze der Betriebswirtschaftslehre außer Kraft zu setzen: Gewinn ist gleich Umsatz minus Kosten und damit immer kleiner als der Erlös. Im Geschäftsjahr 2007/08 fuhr Porsche 7,5 Milliarden Euro Umsatz ein, verzeichnete aber 8,5 Milliarden Euro Gewinn vor Steuern. Wie das geht? Durch Spekulationsgeschäfte, wie denn sonst.

„Wenn nichts Unvorhergesehenes passiert, dürften wir wieder ein Ergebnis erzielen, bei dem wir die Freudentränen nur schwerlich unterdrücken können", hatte Porsche-Chef Wendelin Wiedeking schon frühzeitig vielsagend die Pythia gegeben. Aber er, der Automann, der Spezialist für Technik und Produktion, schaffte solche Rekordgewinne mit noch so viel Effizienzbesessenheit und Kostenbewusstsein bei der Herstellung der 911er, der Boxster und Cayennes nicht allein. Ohne seinen Beifahrer Holger Härter wäre Porsche nicht ganz das, was es heute ist, nämlich der profitabelste Autohersteller der Welt. Der kongeniale Finanzchef der Sportwagenschmiede steht nicht annähernd in jenem Rampenlicht, in dem sich der vielfach gefeierte, bewunderte und manchmal auch angefeindete Sanierer Wiedeking sonnt. Aber die Erfolge des Zahlentüftlers im Hintergrund sind fast noch spektakulärer als die des Vorstandsvorsitzenden, der die einstige Pleitefirma in die Spitzenliga der Profitabilität hinaufwuchtete. „Der bräuchte das ganze Blech nicht, um Geld zu verdienen“, scherzt Wiedeking zuweilen über seinen Finanzjongleur und sieht ihm gerne nach, dass der Volkswirt vom Mainzer Uni-Institut für theoretische Volkswirtschaftslehre so gar kein Benzin im Blut hat. Braucht er auch nicht. „Härter ist das, was man einen exzellenten Strategen nennt“, zollt ihm ein Frankfurter Investmentbanker neidlos Lob.

Schon vor dem Coup mit dem VW-Engagement waren Härters Währungsabsicherungsgeschäfte geradezu legendär. Nordamerika ist nach wie vor der mit Abstand größte Markt für Porsche. In Vor-Härter-Zeiten stürzte ein schwacher Dollar die Zuffenhausener regelmäßig in die Krise, und auch heute treibt die Dollarkursentwicklung so manches Export-Unternehmen an den Rand des Ruins. Nicht Porsche. Härter hat mit dieser Kursentwicklung durch sein Kurs-Hedging sogar noch satte Gewinne gemacht. Wie er dabei vorgeht, darüber hat er noch bei keiner Bilanzpressekonferenz ein Sterbenswörtchen verlauten lassen.

Derivate, Hedging, Optionen – das ist die Welt des Holger Härter, und diese Welt sorgt dafür, dass ihn eine gewisse magische Aura umweht. Die wird noch verstärkt durch Härters betont gelassene und unprätentiöse Art, die ihn manchmal etwas entrückt und distanziert erscheinen lässt. Immer sachlich, immer überlegt, immer beherrscht wirkt der 52-Jährige. Aber bei den Finanztransaktionen à la Härter braucht es wohl auch starke Nerven. Welche Strategien sich das Porsche-Management auch immer ausdenkt, Härter sorgt für die finanztechnische Umsetzung. So auch beim Einstieg in Wolfsburg, der sich für Porsche inzwischen wie eine riesige Finanzinvestition auswirkt. Allein 6,8 der 8,5 Milliarden Euro Gewinn im Geschäftsjahr 2007/08 stammten aus Optionsgeschäften und Kurssteigerungen der Beteiligung von Porsche an VW. Der Kurs der VW-Aktie hat sich rasant nach oben entwickelt.

Als Porsche Ende 2005 die ersten knapp 20 Prozent am Unternehmen kaufte, lag der gerade mal bei 35 Euro.

Härter gibt sich äußerst wortkarg auf Nachfragen, wie man die erfolgreichen Optionsgeschäfte mit der Volkswagen-Aktie eingefädelt habe. Er erklärte nur, man habe Kauf- und Verkaufsoptionen erstanden und damit die VW-Aktien frühzeitig praktisch schon virtuell erworben. Wenige Wochen zuvor war Wiedeking in einem Interview gefragt worden, ob Porsche umfangreich VW-Aktien erwerbe, da deren Kurs seit Wochen gegen den Trend gestiegen sei. Der gab sich nicht ganz so wortkarg und antwortete: „Ich vermute, dass Banken kaufen. Immerhin müssen sie ja auch in der Lage sein, uns die Aktien zu liefern, für die wir die Optionen besitzen." Frage: „Das heißt, die Banken verlieren das Geld, das Sie gewinnen?" Wiedeking: „Sie kennen ja das Geschäftssystem mit den Optionen. Bei der einen oder anderen Bank wird man sich schon seine Gedanken machen." So geht das also.

Als Wiedeking Härter holte, legte er den Grundstein für seinen Erfolg

Sozusagen sein Meisterstück lieferte Härter ab, als Porsche 2007 beim Überschreiten der 30-Prozent-Schwelle den freien VW-Aktionären ein Übernahmeangebot unterbreiten musste. Binnen kurzer Zeit musste Porsche sich 35 Milliarden Euro leihen – den siebenfachen Jahresumsatz –, um im Ernstfall die freien Aktionäre abfinden zu können. Kein Problem für Härter, der in der Finanzszene aufs Beste vernetzt ist. Gebraucht hat er das Geld jedoch nicht. Das Übernahmeangebot von Porsche war für freie VW-Aktionäre bewusst so unattraktiv, dass keiner seine Aktien verkaufen wollte. Aber Porsche war es ja nur darum gegangen, nach dem geplanten Scheitern des Übernahmeangebots erst wieder bei der Finanzaufsicht die nächste Stufe anzeigen zu müssen, die 50-Prozent-Schwelle.

So gesehen war es wohl Wiedekings beste und wichtigste Personalentscheidung, als er Härter 1999 als Finanzvorstand beim

Bietigheimer Bodenbelaghersteller DLW loseiste. Dennoch ist es bemerkenswert, was der begnadete Zocker, der von „Futures" und „cash settled options" genauso schwärmt wie von der Musik Richard Wagners und den Büchern Franz Kafkas, vom Treiben auf den Finanzmärkten so hält. Insbesondere von der Börse, auf der Spekulationen über die Zukunft gehandelt werden: „Ich habe mir inzwischen abgewöhnt, nach einer fundamentalen Erklärung von Aktienkursen zu fragen. Porsche ist absolut unterbewertet. Der Anteil, den wir an VW besitzen, ist schon mehr wert als die gesamte Börsenkapitalisierung von Porsche. Wer heute die Porsche-Aktie kauft, bekommt Porsche umsonst mitgeliefert und bezahlt nur den VW-Anteil. Das ist doch absurd und beweist, dass der Bewertungsansatz hinten und vorne nicht stimmt. Die Börse spiegelt heutzutage ganz offensichtlich nicht mehr den Wert der Unternehmen wider, sondern wird von anderen Faktoren getrieben."

Dagmar Deckstein

Der Briefmarkensammler

Bill Gross arbeitet für den Allianz-Konzern in Kalifornien. Wenn es gut geht, macht er mit seinen Fonds an einem Tag Milliarden.

Zum Inbegriff der Finanzkrise ist die Wall Street geworden, diese Ansammlung von Finanzhäusern im Süden der Halbinsel Manhattan. Der Wall-Street-Banker, der im verspiegelten Wolkenkratzer hektisch vor dem Bildschirm agiert, ist das Zerrbild schlechthin für den Turbokapitalisten, der kein Maß und keine Regeln kannte und ein ganzes Finanzsystem an den Rand des Abgrunds gebracht hat: Gier ist geil. Vom Hexenkessel New York aber ist es ein ganz weiter Sprung, quer über einen ganzen Kontinent, bis nach Südkalifornien, genauer nach Newport Beach – wo ein viel beachteter Börsenmanager agiert.

Umsteigen auf dem International Airport Los Angeles, Weiterreise in einer kleinen Zubringer-Maschine für die letzten zwölf Minuten Flugzeit weiter nach Süden, Landung im Orange County. Blitzblank präsentiert sich der Regionalflughafen, mit einer überlebensgroßen Statue des Law-and-Order-Filmhelden John Wayne, ordentlich und entspannt geht es auf den Straßen zu: eine Wohlstandsgegend. In Newport Beach, malerisch am Pazifik gelegen, gibt es einen Handelsraum, in dem früh am Morgen konzentriert gearbeitet und um den Profit gerungen wird. Die Firma heißt Pimco, ist Teil des deutschen Allianz-Konzerns und weiß in ihren Reihen einen ganz Großen der Szene, Bill Gross.

Bill Gross, 64, der König des Anleihenmarktes („King of Bond"). Bill Gross, der Milliardär. Bill Gross, die Legende.

Morgens um sechs kommt der unauffällige, hagere Mann vor dem Pimco-Bürokomplex an. Zu diesem Zeitpunkt ist er bereits zwei Stunden auf den Beinen. Ist draußen in seinem Haus um vier Uhr aufgestanden, hat im Keller auf den Monitoren die Kursentwicklung in Asien und Europa gecheckt. Nun sitzt er, die Krawatte lose um die Schulter gelegt, zwischen seinen meist jungen Händlern, vier Bildschirme in Reichweite, und regiert Anlagegelder im Milliarden-Umfang. Konzentriert wird er nun einige Stunden arbeiten, dann quer über die Straße ins Fitnessstudio gehen zu seiner legendären Yoga-Stunde, den Tag ausklingen lassen mit einer Partie Golf und diesem und jenem kleinen Geschäft, ehe er nachmittags wieder zu Hause bei der Familie ist, abends ein wenig fernsehen, und dann um neun Uhr ab ins Bett. Alltag eines Spekulanten.

In New York will er nicht handeln: „Ich mag die Schreierei nicht"

Gross führt für die Fondsgesellschaft Pimco den größten Anleihefonds der Welt, im Jahr 2008 mehr als 130 Milliarden Dollar im Portfolio. Nicht mit Aktien, also Unternehmensbeteiligungen, beschäftigt sich Gross, sondern mit festverzinzlichen Vermögenstiteln, er leiht Unternehmen Geld und erhält sein Kapital später mit Zinsen zurück. Der Pimco-Mann wird für seinen untrüglichen Instinkt für die Märkte gerühmt. „Alle Börsenmanager haben einen eingebauten Wecker", sagt er. „Manche sind zu früh dran, manche zu spät. Meine innere Uhr geht meistens halbwegs genau." Das führt Gross auch auf den Ort der Handlung zurück: „In New York hätte ich nicht die Ruhe für meine Art zu handeln. Ich mag die Schreierei nicht, die ganze Hektik. Man muss viel lesen und denken, die langfristigen Trends erspüren, warten können, das Risiko weit streuen." Dann breitet er die Arme aus in Richtung Ozean und sagt: „Das ist ein guter Platz hier."

Mitte September 2008 hat er das Vermögen seines Fonds an einem einzigen Tag um 1,7 Milliarden Dollar vergrößert. Er hat im

richtigen Moment marode Hypothekenpapiere gekauft und darauf gesetzt, dass der amerikanische Staat die beiden großen nationalen Baufinanzierer Fannie Mae und Freddie Mac retten würde.
Der Mann, der 1944 in Kalifornien geboren wurde, ist kein Hosenträgertyp, kein Börsenmakler wie aus dem Film. Er ist unauffällig und gebildet. In seinem monatlichen Newsletter referiert er über Bücher, Filme, Musik. Er ist seit jeher Republikaner, begann sich aber unter George W. Bush von der Partei abzuwenden. Nicht nur wegen des Irakkriegs, den er öffentlich abgelehnt, sondern wegen Bushs Wirtschaftspolitik. „Bush hat nicht wirklich mitfühlend regiert. Er ist ein Präsident für die Reichen", sagt Gross. „Ich glaube an den American way of life, wonach man mit nichts starten und sehr reich werden kann. Aber genauso glaube ich, dass die Reichen nicht leiden würden, wenn sie etwas weniger reich würden."

Gross, der Mittsechziger, sagt, es gehe ihm nicht ums Geld. Sein Vermögen wird auf 1,2 Milliarden Dollar geschätzt. Er will beweisen, dass er der Beste ist – immer wieder. Noch 2007 stand Gross gar nicht so gut da, sein Fonds hinkte der Konkurrenz hinterher. Der Grund war: Gross hatte sich mit seiner Prognose für die Entwicklung der Leitzinsen geirrt. Das hatte ihn gewurmt.

Immer wollte dieser Junge aus Ohio der Beste sein, zeit seines Lebens. „Ich bin besessen vom Gewinnen", sagt er. Als Marathonläufer rannte er sechs Rennen in sechs Tagen. Als Student der Psychologie verschlang er ein Buch über die mathematischen Grundlagen des Kartenspiels Black Jack. Im März 1966 setzte er sein Wissen in Las Vegas um – und machte aus 200 Dollar 10 000 Dollar. Allerdings in wochenlanger harter Arbeit: 16 Stunden am Tag, sieben Tage die Woche, vier Monate lang. Dann studierte er Betriebswirtschaft in Los Angeles, heuerte in den siebziger Jahren beim Versicherer Pacific Mutual Life an, für 11 000 Jahresgehalt. 1994 gründete sich der Fondsverwalter Pimco aus und ging an die Börse, 1999 kaufte die Allianz die Mehrheit an Pimco für 3,3 Milliarden Dollar – Gross profitierte mit 243 Millionen Dollar plus 40 Millionen Dollar Jahresgehalt und Aktien obendrauf.

In Zeiten des Aktienbooms galten Anleihemanager als Börsianer zweiter Klasse, so langweilig wie Gross' Hobby: Briefmarkensammeln. Aber so wie er aus dem Anleihehandel ein Spektakel macht, werden auch die guten alten Briefmarken auf seinem Tisch zum Knaller: Er sammelt im großen Stil, gilt als einziger Besitzer einer kompletten Kollektion amerikanischer Briefmarken des 19. Jahrhunderts. Im Mai 2008 versteigerte er seine Sammlung skandinavischer Raritäten, den Erlös von mehr als einer Million Dollar spendete er für ein Entwicklungshilfeprojekt, das sich in Afrika bei der Malariabekämpfung, beim Aufbau von Kliniken und Schulen und bei der Wasserversorgung engagiert. Vor einem Jahr hat er bereits eine Sammlung britischer Briefmarken versteigert: Der Erlös von 9,1 Millionen Dollar ging an die Hilfsorganisation „Ärzte ohne Grenzen".

Gross' öffentliche Auftritte sind erfrischend, aber nicht unproblematisch. Im März 2002 kritisierte er die Informationspolitik des Weltkonzerns General Electric GE. Prompt fiel der Kurs um sechs Prozent. Kritiker warfen Gross vor, er habe nur billig einkaufen wollen. Dann das Trommeln für eine staatliche Rettung der Immobilienfinanzierer – weil Gross im Herbst 2007 auf eine Erholung hypothekengesicherter Wertpapiere zu wetten begonnen hatte.

„Ich habe den Respekt vor dem Bond-King verloren", schrieb eine Finanzbloggerin. Bei der Allianz in München dagegen lieben sie den Mann, der ihnen so viel Profit beschert. Das führt dazu, dass er ein Mehrfaches seiner Chefs in München verdient und sich einige Eskapaden leisten kann. Zum Beispiel die, dass er sich selten an der Isar sehen lässt. Stattdessen müssen die Deutschen bei Bedarf nach Newport Beach reisen. Ist ja auch schön dort am Pazifik.

Marc Beise

Vom König zum Ekel der Wall Street

Der Finanzinvestor Stephen Schwarzman krempelte Firmen um und wurde reich dabei. Der Erfolg ist ihm zu Kopf gestiegen.

Die Reporter sind an diesem Abend die Ersten, die Allerersten, die vor der New York Public Library auf ihn warten. Es ist Montag, der 18. Juni 2007, 19.30 Uhr. Wie es sich für einen echten Star gehört, lässt er auf sich warten. Pünktlichkeit ist auf der ganzen Welt verboten. Es ist heiß, kein Lüftchen auf der Fifth Avenue, nur der Gestank der Abgase und der Schweißgeruch der Kameramänner, die sich bei Starbucks noch schnell einen Becher eiskalten Kaffee geholt haben. Zusammen mit ihren Tonleuten und einer Handvoll aufgebrezelter Fernsehmoderatorinnen drängen sie sich vor dem Treppenaufgang der Bibliothek. Jeder will das beste Bild. Jeder will das beste Statement. Jeder will: den Star. Also noch mal schön: schieben, drücken, rempeln.

Der Star an diesem Montagabend heißt Stephen Schwarzman, er ist 60 Jahre alt, kämmt seine grauen Haare zum Seitenscheitel und ist einer der reichsten Menschen dieses Planeten. Er soll an diesem Abend in der Bibliothek geehrt werden. An Tagen wie diesen hasst es Schwarzman ein Star zu sein. Also pfeift er auf die Meute, nimmt den Seiteneingang. Er hat keine Lust auf kritische Fragen. Vier Tage zuvor hat ihn das Wall Street Journal öffentlich gedemütigt. Das mächtigste Finanzblatt der Welt hat ihn, Stephen Schwarzman, Chef des mächtigsten Finanzinvestors der Welt, beleidigt. Das Journal zitierte Schwarzman mit seiner Auffassung von Business. Erstens: „Ich will Krieg – nicht eine Serie von Scharmützeln." Zweitens: „Ich denke immer daran, was meinen Gegner umbringen könnte."

Manchmal sind es zwei Sätze, die genügen. Aber es kam noch dicker: Schwarzman soll sich, so weiß es das Journal, während eines 400-Dollar-Dinners – es gab Flusskrebse – über die quietschenden Schuhsohlen der Kellner beschwert haben. Mit einem Schlag wurde aus dem „König der Wall Street" (New York Times) das Ekel der Wall Street. Dieses Etikett, so meinen Kritiker, passe ganz gut in eine Zeit von rücksichtslosen Kapitalisten, die den Dow Jones, die Immobilien- und Kunstpreise in die Höhe treiben, während die Einkommen der hart arbeitenden Amerikaner stagnieren oder schrumpfen.

Bis Schwarzman zum „König der Wall Street" wurde, musste er erstmal Klinken putzen, um Geld für seine Geschäftsidee einzusammeln. Als er 1985 zusammen mit seinem Partner, dem früheren US-Handelsminister Peter Peterson, den Finanzinvestor Blackstone gründete, schuf er ein neues Unternehmensmodell in der Finanzbranche: Private Equity. Private Equity ist privates Kapital, mit dem sich Investoren an einem Unternehmen beteiligen. Das Unternehmen wird entweder umgekrempelt und dann gewinnbringend verkauft, oder zerlegt, um für die Einzelteile mehr als den Kaufpreis zu erzielen. Ein raues Geschäft, Schwarzman ist einer der Besten.

1985, als er mit 400 000 Dollar Startkapital anfing, um weiteres Geld für Firmenübernahmen einzutreiben, sagten ihm erst einmal 488 mögliche Investoren mehr oder weniger höflich ab. Schwarzman musste hartnäckig bleiben, solange bis Jack Welch, der legendäre General-Electric-Chef, und andere endlich die erhoffte Starthilfe gaben.

22 Jahre später, vier Tage nachdem er im Seiteneingang der New York Public Library verschwand, verkauften er und Peterson einen Teil ihrer Firma über die Börse. Selbst die chinesische Regierung kaufte Blackstone-Aktien. Schwarzman bekam durch den Verkauf 450 Millionen Dollar. Der 23-Prozent-Anteil, den

er weiterhin hält, war zeitweist fast acht Milliarden Dollar wert. Sein geschätztes Jahresgehalt: 400 Millionen Dollar.

Am Tag des Börsengangs arbeitete Schwarzman bis acht Uhr abends, sein Fahrer brachte ihn vor die Haustür seines 35-Zimmer-Apartments in der Park Avenue, er setzte sich vor den Fernseher und aß zu Abend. Ganz allein. Seine zweite Frau, Christine, war in Afrika auf Safari. „Alles, was ich wollte, war ein normaler Abend vor dem Fernseher", sagt er. Einfach mal in Ruhe CSI gucken. Doch dann sah er eine Live-Diskussion auf CNBC. Es ging um Blackstone, um sein Gehalt und natürlich um den Artikel im Wall Street Journal.

Damals, vor gut einem Jahr, bekam Schwarzman das ab, was ihm sein 20 Jahre älterer Partner Peterson schon immer prophezeit hatte: „Ich kaufe im Schlussverkauf ein und fahre mit dem Zug nach Washington, um Geld zu sparen. Steve lachte mich aus. Er stammt aus einer anderen Generation. Er liebt den Konsum. Er will alles und er will es jetzt."

Mit seinem dekadenten Lebensstil avancierte Schwarzman zum leichten Ziel der Wall-Street-Kritiker. Er zahlte 37 Millionen Dollar für sein Park-Avenue-Domizil, das einst dem Ölmagnaten John D. Rockefeller gehörte. 20,5 Millionen Dollar kostete das Four Winds in Florida, ein Stück Land zwischen dem Ozean und einer Wasserstraße. Dann besitzt er noch ein 34-Millionen-Dollar-Haus in den Hamptons, eines an der Küste von Saint Tropez, eines in Jamaika.

Er ging mit seiner ersten Frau in die Carnegie Hall. Während der Vorstellung studierte er Akten. Sie ließ sich scheiden.

Zu seinem 60. Geburtstag machte er sich selbst das schönste Geschenk. Keine neue Immobilie, viel besser: Er landete den teuersten Deal, den die Branche der Private-Equity-Investoren bisher gesehen habt. Für 39 Milliarden Dollar schnappte sich seine Beteiligungsgesellschaft Blackstone nach einem langen Bieterduell den größten US-Immobilienkonzern. Das musste gefeiert werden. Auf seiner Geburtstagsparty. Schon Tage vor dem Fest wurde Schwarzmans Feier mit den legendärsten Bällen verglichen, die New York jemals erlebt hatte: Truman Capotes „Black and White Ball“ 1966; der Hochzeitsempfang des Finanziers Saul Steinberg für seine Tochter 1988 mitten im Metropolitan Museum. Die New York Times schrieb in der Woche vor Schwarzmans Fest: „Mehr Gerüchte um seine Party als um seine Geschäfte.“ Mit 500 Gästen feierte er. Der Spaß kostete einige Millionen Dollar. Rod Stewart musste schließlich auch für seinen Auftritt bezahlt werden.

Stephen Schwarzmans Aufstieg ist eine Geschichte, wie sie Amerikaner lieben: Vom Mittelklasse-Jungen aus der Vorstadt Philadelphias zum Milliardär mit Luxus-Apartment an der Park Avenue. Schwarzmans Vater verkaufte Bettwäsche, seine Mutter, die aus der Bronx stammt, kümmerte sich um die drei Söhne. Als Stephen 15 Jahre alt war, schlug er seinem Vater vor, mehrere Bettwäsche-Läden aufzumachen. Sein Vater sagte: „Ich habe schon genug Geld, Dich und deine Brüder aufs College zu schicken. Wir haben ein nettes Haus und zwei Autos. Mehr will ich eigentlich nicht im Leben.“ Stephen verstand das nicht. „Ich wollte immer mehr haben“, sagt er rückblickend.

Schwarzman studierte an der Havard Business School und fing bei Lehman Brothers in New York an, bis er Mitte der achtziger Jahre zusammen mit Peterson Blackstone gründete. Ein guter Zeitpunkt für den Ausstieg. Kurz nachdem die beiden Lehman verlassen hatten, wurde der größte Insiderhandel-Skandal in der Geschichte der Wall Street bekannt. Bekannte Händler wie Ivan Boesky und Michael Milken wurden verhaftet, auch ein früherer Kollege von Schwarzman und Peterson war verwickelt. Schwarzman konnte niemand etwas nachweisen. Ein Spekulant, sicher, das war er, das ist er nach wie vor. Aber am Insiderhandel war er nicht beteiligt.

Nach seinem Ausstieg bei Lehman arbeitete Schwarzman wie ein Besessener. Er steht auch heute noch zwischen vier und fünf Uhr morgens auf, arbeitet bis zehn Uhr abends. Einmal ging er mit seiner ersten Frau Ellen in die Carnegie Hall. Als die Vorstellung anfing, holte er Akten hervor und studierte diese. Kurz darauf ließ sich Ellen von ihm scheiden.

Die Neunziger waren, so erzählte ein früherer Mitarbeiter Schwarzmans dem Magazin New Yorker, verdammt harte Jahre. „Es war lächerlich“, erinnert sich der Mitarbeiter, „wenn Steve sagte: Springt! Dann sprangen alle.“

Heute, so scheint es, springen zwar immer noch alle, wenn Steve es will. Aber Schwarzman muss auch aufpassen, dass die Kritiker nicht auf ihm herumspringen. Wie es aussieht, hat er auf seinen guten alten Partner Peterson gehört: Schwarzman stellt seinen ausschweifenden Lebensstil nicht mehr so offen zur Schau. Er zieht sich zurück. Nelson Aldrich, Chronist und Autor der Reichen-Bibel „Old Money“ sagt: „Für ihn gibt es keine Leiter mehr zu erklimmen. Er ist oben.“ Schwarzman ist vorsichtig geworden, manchmal nimmt er lieber den Seiteneingang, denn er weiß: Es ist schön zu sehen, wie ein Star geboren wird und nach oben klettert; aber manchmal ist es noch schöner, dabei zuzusehen, wie er abstürzt.

Alexander Mühlauer

Marc Beise, Jahrgang 1959, schreibt seit mehr als 20 Jahren über Wirtschaft. Zunächst fürs Handelsblatt, seit fast zehn Jahren als Ressortleiter für die Süddeutsche Zeitung (SZ). Wann immer es geht, sucht er für seine Artikel direkten Kontakt zu den handelnden Personen der Wirtschaft. Auch Bill Gross, den amerikanischen Anleihe-Guru im Dienste des Allianz-Konzerns, hat er besucht und befragt: im sonnigen Newport/Kalifornien.

Simone Boehringer, geboren 1971, schreibt seit gut zehn Jahren in der Wirtschaftsredaktion der Süddeutschen Zeitung über alles, was mit Geld, Börse und Bankgeschäften zu tun hat. Sie findet, dass Spekulation zum Börsengeschäft dazugehört, nichts Unanständiges ist, auch wenn dies in Finanzkrisen manchmal so suggeriert wird. Spekulanten könnten nur bei Über- oder Untertreibungen am Markt aufblühen. Es geht um die Bloßstellung ökonomischer Verwerfungen, manchmal auch um Gerechtigkeit.

Klaus Brill, Jahrgang 1949, ist seit 1983 Redaktionsmitglied der Süddeutschen Zeitung. Er war Korrespondent in Frankfurt, Hamburg, Rom und Washington und ist derzeit in Prag auf Posten. Zwischenzeitlich leitete er vier Jahre lang die Redaktion Seite Drei. Der große Spekulant Soros nahm sich Zeit für ein längeres Gespräch mit Brill, nur auf Deutsch wollte Soros trotz seiner Kenntnisse ungern reden.

Bernadette Calonego, in der Schweiz aufgewachsene Journalistin und Autorin, schreibt seit acht Jahren als freie Auslandskorrespondentin für die Süddeutsche Zeitung in Kanada. Früher war sie zehn Jahre SZ-Korrespondentin in der Schweiz. Da sie nebenher auch Thriller veröffentlicht, interessiert sie sich naturgemäß sehr für schillernde Figuren wie Börsenspekulanten. An Nicolas Darvas fasziniert sie, dass er ein besessener und erfolgreicher Bühnentänzer war und diesen Beruf nie aufgab – auch nicht, als er viel Geld an der Börse machte.

Dagmar Deckstein, Jahrgang 1953, kam 1989 von der Stuttgarter Zeitung zur Süddeutschen Zeitung. Sozialisiert im Ressort Innenpolitik, veredelt auf der Reportageseite Drei folgte die Hohe Schule für Intellekt und Geist – im Wirtschaftsressort. Seit 2002 ist sie Wirtschaftskorrespondentin für Baden-Württemberg. Das Spekulantentum ist der schwäbischen Gemütsverfassung geradezu inhärent, weiß der Schwabe doch seine beiden Hauptantriebskräfte – das Schlemmen und das Sparen – aufs Hamonischste miteinander zu verknüpfen. Wenn er eine Austernbar aufsucht, dann gewöhnlich ohne einen Cent in der Tasche, aber mit der Hoffnung gewappnet, mit der einen darin gefundenen Perle das Mahl bezahlen zu können. Es funktioniert.

Caspar Dohmen, geboren 1967, beschäftigte sich seit Mitte der Neunzigerjahre vor allem mit Finanzen, unter anderem beim Handelsblatt. Heute arbeitet er in Düsseldorf als SZ-Wirtschaftskorrespondent. Dany Dattel ist für ihn eine der schillerndsten Figuren, die Anfang der 70er Jahre gegen den Dollar wetteten. Dattel gehört zu den Vorgängern derjenigen Händler, die heute in den Banken täglich Milliardensummen in Währungen umschichten, um damit Geld zu verdienen. Dohmen findet, dass es längst normal geworden ist, mit Geld Geld zu verdienen – weshalb sich das Geld von der Realwirtschaft entkoppelt hat.

Harald Freiberger, geboren 1962, studierte Diplom-Journalistik in München. Er ist seit Anfang 2008 bei der Süddeutschen Zeitung als Blattmacher für die Geld-Seiten. Zuvor arbeitete er zwölf Jahre lang für die Münchner Abendzeitung, davon sechs Jahre als Ressortleiter Wirtschaft. Zwei Jahre lang relaunchte er anschließend ein Fachmagazin der bayerischen Volks- und Raiffeisenbanken.

Jörg Häntzschel, Jahrgang 1968, ist Kulturkorrespondent der Süddeutschen Zeitung in New York. Donald Trump dort zu entgehen, ist nahezu unmöglich. Die Stadt liebt „The Donald“, weil er sie an die gute alte Zeit erinnert, als man die größten Bosse an den größten Zigarren erkannte, und als Frank Sinatra sang „If you can make it there, you make it everywhere“. Trump erwidert die Zuneigung und spielt mit rührender Inbrunst den CEO fürs Boulevard. Dass die eigentlichen Geschäfte ganz woanders gemacht werden – und von Leuten, deren Namen nicht in goldenen Lettern über dem Firmensitz steht, will niemand so genau wissen.

Alexander Hagelüken, Jahrgang 1968, arbeitet seit 1995 bei der Süddeutschen. Erst Finanzredakteur, dann zehn Jahre als Korrespondent in Bonn, Berlin und Brüssel. Ende 2007 kehrte er nach München zurück, um als leitender Redakteur mit Harald Freiberger und anderen den neuen Geld-Teil der SZ aufzubauen. Versuche als Kleinspekulant werden immer wieder von kleinen Erfolgen gekrönt, die nach bestürzend kurzer Zeit von Misserfolgen abgelöst werden – an denen er natürlich nie Schuld hat.

Martin Hesse, geboren 1969, ist seit 2006 SZ-Korrespondent in Frankfurt. Zuvor arbeitete er zehn Jahre als SZ-Finanzredakteur. Der Hedgefonds-Manager Florian Homm wurde für ihn zum interessanten Sujet, weil er eine so offensichtlich zerrissene Persönlichkeit war. Außerdem ließ sich an ihm stellvertretend für viele Spekulanten die Frage untersuchen, was – außer Geld – ihn dazu trieb, zu spekulieren.

Catherine Hoffmann, geboren 1969, kam 2008 zum Start der Geld-Seiten in die Wirtschaftsredaktion der Süddeutschen Zeitung. Sie studierte Journalismus und Volkswirtschaftslehre in München und schrieb in der zweiten Hälfte der neunziger Jahre für Finanzmagazine, als die deutschen Privatanleger Börsenboom und Spekulationslust entdeckten. Nach einer Station beim Tagesspiegel in Berlin folgten sechs Jahre im Geld-Ressort der Frankfurter Allgemeinen Sonntagszeitung.

Jürgen Leidinger, geboren 1985, studiert Journalismus an der FH Wien. Den Beitrag über Mohnish Pabrai verfasste er während eines Praktikums bei der SZ. Die Geschichte des Hedgefonds-Managers zeigt für ihn, dass die Jagd nach dem großen Geld eine sehr stille und zurückgezogene Tätigkeit sein kann.

Philipp Mattheis, geboren 1979, studierte Philosophie und versuchte nebenher als Spekulant reich zu werden. Dieser Plan ging zwar schief, verschaffte ihm aber Arbeit bei einem Magazin für Daytrader. Später besuchte er die Deutsche Journalistenschule in München. Seit 2008 ist er Redakteur beim SZ-Jugendmagazin jetzt.de.

Alexander Mühlauer, 1981 in München geboren, ist Absolvent der Deutschen Journalistenschule und studierte Journalistik, Volkswirtschaftslehre und Politik in München. Seit November 2007 schreibt er fürs SZ-Wirtschaftsressort, vor allem die Geld-Seiten. Im Casino versuchte er sein Glück mit John Laws Maxime: Um von Nutzen zu sein, muss das Geld zirkulieren. Hat auch nichts geholfen.

Christoph Neidhart, Jahrgang 1954, ist Tokio-Korrespondent der Süddeutschen Zeitung. An Yasuo Hamanaka faszinierte ihn, wie sehr er sich japanische Tugenden für seine Betrügereien zunutze machte. Neidhart war Visiting Scholar in Harvard und berichtete 1990 bis 1997 für die Zürcher Weltwoche aus Rußland. Er hat mehrere Bücher geschrieben, zuletzt „Die Kinder des Konfuzius, Was Ostasien so erfolgreich macht" (Herder Verlag).

Andreas Oldag, geboren 1954. Nach dem Studium der Politik, Geschichte und Wirtschaft arbeitete er als Wirtschaftsredakteur für Die Welt. Korrespondent für die Süddeutsche Zeitung in Berlin, Brüssel, New York und derzeit London. Er schrieb über die millionenschwere britische Fonds-Managerin Nicola Horlick, die einräumte, dass Geld nicht nur reich, sondern zuweilen auch krank mache. Oldag findet, Horlicks männliche Kollegen im Londoner Finanzviertel sollten darüber mal nachdenken.

Nikolaus Piper, geboren 1952, ist Korrespondent der Süddeutschen Zeitung in New York. Vorher leitete er sieben Jahre lang die Wirtschaftsredaktion der Süddeutschen Zeitung und arbeitete bei der ZEIT in Hamburg. John Maynard Keynes, den er für dieses Buch porträtiert hat, gehört zu seinen großen Helden (der zweite ist Keynes' intellektueller Gegner Friedrich A. v. Hayek)

Alex Rühle, geboren 1969, ist Reporter im Feuilleton der Süddeutschen Zeitung. An dem Spekulanten Nick Leeson erstaunte ihn, wie jemand in kurzer Zeit so viel Geld verbrennen konnte, ohne dass es jemand merkte – während Rühle als Student von der Stadtsparkasse München das Konto gesperrt wurde, als er 80 Mark im Minus war.

Ulrich Schäfer, geboren 1967, studierte Volkswirtschaft in Münster und Journalismus in Washington. Nach einer Ausbildung an der Henri-Nannen-Journalistenschule arbeitete er sieben Jahre als Wirtschaftsjournalist beim Spiegel und danach ab 2003 bei der Süddeutschen Zeitung. Seit 2007 ist er Ressortleiter Wirtschaft. John Meriwether ist ein Phänomen. Eines, das man nicht sieht. Er lebt vor den Toren New Yorks und redet praktisch nicht mit Medien. Schäfer versuchte dennoch, sich ihm zu nähern, und studierte intensiv alles Schriftliche über Meriwether.

Hermann Unterstöger, 65, arbeitet bei der SZ seit 30 Jahren als Reporter, Kommentator und Glossist, Letzteres vornehmlich auf dem Felde des „Streiflichts". Da er auf einem oberbayerischen Bauerndorf aufgewachsen ist, hatte er zu den agrarisch geprägten Spekulationen des biblischen Joseph einen gewissermaßen kollegialen Zugang.

Hannah Wilhelm, geboren 1978, arbeitet seit Ende 2007 für die SZ-Wirtschaftsredaktion, vor allem die Geld-Seiten. Zuvor war die Absolventin der Deutschen Journalistenschule Redakteurin bei Börse Online sowie Focus Online. Sie verstößt regelmäßig und gerne gegen den Rat von Hetty Green, der Hexe der Wall Street: „Gib nicht so viel Geld für Kleidung aus."

Janis Vougioukas, Jahrgang 1976, lebt seit 2002 als Wirtschaftskorrespondent in der chinesischen Boomstadt Shanghai, von wo er den Aufstieg eines Entwicklungslandes zur Weltmacht dokumentiert. Seine Texte handeln von jungen Unternehmern, hungrigen Bauern, schnellen Geschäften, wilden Träumern, korrupten Beamten, toter Natur, verliebten Mädchen und singenden Ausländern. Kein anderes Volk beschäftigt sich so gerne und intensiv mit Geld, Spekulationen und Investitionen wie die Chinesen, sagt Vougioukas: „Ich lebe hier mit 1,3 Milliarden Spekulanten."

Willi Winkler, bekennender Kleinsparer, kommt aus Bayern und lebt deshalb schon seit Menschengedenken in Hamburg. Das Heimweh betäubt er, indem er für eine führende süddeutsche Tageszeitung schreibt. Das Geld, das er nicht hat, ruht auf der Bank. Für größere Spekulationen wäre er zu ängstlich. Manchmal aber, wenn der Tag sich geneigt hat und die Märchenstunde gekommen ist, erzählt er in vertrauter Runde, wie er vor Jahren einmal dem Rat einer Freundin folgte und einen kleineren Betrag in ungarischen Staatspapieren anlegte. „Und?" fragen die Zuhörer, „alles weg, oder?" Wenn er dann mit Betonung die Zahl „zwölf" ausspricht und zur Bekräftigung „Zwölf Prozent Zinsen!" sagt, kann er des ungläubigen Staunens beim Publikum gewiss sein. Sonst hat er noch ein paar Bücher geschrieben – zuletzt „Die Geschichte der RAF" und „Der Schattenmann", beide im Rowohlt-Verlag.

Agenturen / Bildarchive:

AKG Images: 198
AP: 254
Bloomberg/interTOPICS: 28, 92,130, 148, 212, 236, 268, 286
Corbis: 32, 54, 74, 80, 86, 98, 168, 206, 230, 248
ddp: 280
dpa/pa: 60, 104, 142, 180, 218, 224
Getty Images: 16, 118, 124, 174, 274, 292
Imago: 10
Reuters: 46, 68, 262
Österreichische Nationalbibliothek: 186
Visum/Jiri Rezac: 22

SZ Photo:

SZ Photo/Bernhard Baruch: 38
SZ Photo/Eduard Fiegel: 112
SZ Photo/Andreas Heddergott: 154
SZ Photo/Bernhard Megele: 162

Hannah Wilhelm, geboren 1978, arbeitet seit Ende 2007 für die SZ-Wirtschaftsredaktion, vor allem die Geld-Seiten. Zuvor war die Absolventin der Deutschen Journalistenschule Redakteurin bei Börse Online sowie Focus Online. Sie verstößt regelmäßig und gerne gegen den Rat von Hetty Green, der Hexe der Wall Street: „Gib nicht so viel Geld für Kleidung aus."

Janis Vougioukas, Jahrgang 1976, lebt seit 2002 als Wirtschaftskorrespondent in der chinesischen Boomstadt Shanghai, von wo er den Aufstieg eines Entwicklungslandes zur Weltmacht dokumentiert. Seine Texte handeln von jungen Unternehmern, hungrigen Bauern, schnellen Geschäften, wilden Träumern, korrupten Beamten, toter Natur, verliebten Mädchen und singenden Ausländern. Kein anderes Volk beschäftigt sich so gerne und intensiv mit Geld, Spekulationen und Investitionen wie die Chinesen, sagt Vougioukas: „Ich lebe hier mit 1,3 Milliarden Spekulanten."

Willi Winkler, bekennender Kleinsparer, kommt aus Bayern und lebt deshalb schon seit Menschengedenken in Hamburg. Das Heimweh betäubt er, indem er für eine führende süddeutsche Tageszeitung schreibt. Das Geld, das er nicht hat, ruht auf der Bank. Für größere Spekulationen wäre er zu ängstlich. Manchmal aber, wenn der Tag sich geneigt hat und die Märchenstunde gekommen ist, erzählt er in vertrauter Runde, wie er vor Jahren einmal dem Rat einer Freundin folgte und einen kleineren Betrag in ungarischen Staatspapieren anlegte. „Und?" fragen die Zuhörer, „alles weg, oder?" Wenn er dann mit Betonung die Zahl „zwölf" ausspricht und zur Bekräftigung „Zwölf Prozent Zinsen!" sagt, kann er des ungläubigen Staunens beim Publikum gewiss sein. Sonst hat er noch ein paar Bücher geschrieben – zuletzt „Die Geschichte der RAF" und „Der Schattenmann", beide im Rowohlt-Verlag.

Agenturen / Bildarchive:

AKG Images: 198
AP: 254
Bloomberg/interTOPICS: 28, 92,130, 148, 212, 236, 268, 286
Corbis: 32, 54, 74, 80, 86, 98, 168, 206, 230, 248
ddp: 280
dpa/pa: 60, 104, 142, 180, 218, 224
Getty Images: 16, 118, 124, 174, 274, 292
Imago: 10
Reuters: 46, 68, 262
Österreichische Nationalbibliothek: 186
Visum/Jiri Rezac: 22

SZ Photo:

SZ Photo/Bernhard Baruch: 38
SZ Photo/Eduard Fiegel: 112
SZ Photo/Andreas Heddergott: 154
SZ Photo/Bernhard Megele: 162